007jp Foto: rb

Weitere KulturSchock-Titel:

Ägypten, Afghanistan, Argentinien, Australien, Brasilien, China/Taiwan, Cuba, Ecuador, Finnland, Frankreich, Kleine Golfstaaten/Oman, Indien, Iran, Irland, Jemen, Kambodscha, Kaukasus, Laos, Marokko, Mexiko, Pakistan, Peru, Polen, Rumänien, Russland, Spanien, Thailand, Thailands Bergvölker und Seenomaden, Türkei, Ukraine, Ungarn, USA, Vietnam, Vorderer Orient

KulturSchock – Familienmanagement im Ausland
KulturSchock – Leben in fremden Kulturen

Martin Lutterjohann
KulturSchock – Japan

002jp Foto: ml

Impressum

Martin Lutterjohann
KulturSchock – Japan

erschienen im
Reise Know-How Verlag Peter Rump GmbH
Osnabrücker Str. 79
33649 Bielefeld

Gestaltung
Umschlag: Günter Pawlak (Layout und Realisierung)
Inhalt: Günter Pawlak (Layout), Barbara Bossinger (Realisierung)
Abbildungen: siehe Abbildungsverzeichnis S. 222

Lektorat (Aktualisierung): Dhaara P. Volkmann

Druck und Bindung: Media Print, Paderborn

ISBN 987-3-8317-1624-1
Printed in Germany

Dieses Buch ist erhältlich in jeder Buchhandlung Deutschlands, der Schweiz, Österreichs, Belgiens und der Niederlande. Bitte informieren Sie Ihren Buchhändler über folgende Bezugsadressen:

Deutschland
Prolit GmbH, Postfach 9, D-35461 Fernwald (Annerod) sowie alle Barsortimente
Schweiz
AVA-buch 2000, Postfach, CH-8910 Affoltern
Österreich
Mohr Morawa Buchvertrieb GmbH, Sulzengasse 2, A-1230 Wien
Niederlande, Belgien
Willems Adventure, Postbus 403, NL-3140 AK Maassluis

Wir freuen uns über Kritik, Kommentare und Verbesserungsvorschläge.

Alle Informationen in diesem Buch sind vom Autor mit größter Sorgfalt gesammelt und vom Lektorat des Verlages gewissenhaft bearbeitet und überprüft worden.

Da inhaltliche und sachliche Fehler nicht ausgeschlossen werden können, erklärt der Verlag, dass alle Angaben im Sinne der Produkthaftung ohne Garantie erfolgen und dass Verlag wie Autor keinerlei Verantwortung und Haftung für inhaltliche und sachliche Fehler übernehmen.

Der Verlag sucht Autoren für weitere KulturSchock-Bände.

Wer im Buchhandel trotzdem kein Glück hat, bekommt unsere Bücher auch über unseren **Büchershop im Internet: www.reise-know-how.de**

Martin Lutterjohann

KulturSchock Japan

Samurai-Feldmarschall

Inhalt

Vorwort

Japan, das ruft auch heute noch Bilder von Kirschblüten, dem schneebedeckten Vulkan Fuji, Samurais und Geishas hervor – ein romantisch verklärtes Bild, das dem von der spitzgiebeligen, kopfsteingepflasterten Ecke des Himmels, als das die Werbestrategen Deutschland den Amerikanern, Japanern und anderen verkaufen wollen, in nichts nachsteht. In dieses von natürlicher Schönheit und Tradition geprägte Japan-Bild mischen sich seit Jahrzehnten jedoch Markenzeichen, Firmennamen und Hightech-Produkte: Honda, Mitsubishi, Sony, Toshiba, Toyota und wie sie alle heißen. Das Bild des fernöstlichen Inselreiches ist geprägt von Widersprüchen – die wir mit unserem abendländisch geprägten Denken viel verwirrender finden als die Japaner selbst. Für uns ist Japan immer noch eine rätselhafte Nation. Dabei genießen Deutsche in Japan übrigens einen Vertrauensvorschuss, den es zu nutzen gilt. Gerade auch deshalb sei uns geraten, eher staunend zu beobachten, anstatt abwertend zu kritisieren.

Über Japan sind viele Bücher geschrieben worden. Keines kann das Phänomen Japan und seine Menschen vollständig erfassen. Mit dem vorliegenden Buch unternehme ich meinen persönlichen Versuch, die (scheinbaren) Gegensätze Japans zu erhellen und stärker für den Blickwinkel der Japan-Reisenden auszuleuchten, als es gewöhnliche Reiseführer können. Dabei möchte ich möglichst konkret und praktisch bleiben. Ich werde Sie vielfach mit Einzelheiten und gerade auch mit japanischen Begriffen überhäufen. Diese sind kein Pflichtlernstoff, sondern Angebote. Vielleicht können Sie bestimmte Begriffe unterwegs, vor oder nach einer Japan-Reise irgendwann einmal gebrauchen. Dann müssen Sie nicht lange danach suchen. Mir geht es in diesem Buch in erster Linie um die Menschen, ihre Mentalität, alles das, was ihnen im Leben wichtig ist.

Die Samurai-Zeit liegt gerade gut hundert Jahre zurück, sie lebt fort in unzähligen Fernsehfilmen und Comics, aber auch noch im Geist vieler heutiger Japaner. Die von den Amerikanern Mitte des 19. Jahrhunderts erzwungene Öffnung Japans für den Handel mit den westlichen Nationen wurde zum Bumerang. Die Japaner begriffen, dass sie versuchen mussten, schnell den Anschluss an deren Entwicklungsstand zu gewinnen, wollten sie eine Kolonialisierung, wie sie manche benachbarten Staaten erlebt hatten, vermeiden. Sie erkannten die materielle Überlegenheit des Westens an. Den Rückstand in dieser Hinsicht aufzuholen, verletzte nicht ihren nationalen Stolz, denn die Überlegenheit war ja nicht geistiger Natur. Heute ist Japan die zweitgrößte westliche Wirtschaftsmacht, und seine Industrie ist in manchen Bereichen führend.

Damit die Lektüre nicht zu trocken wird, habe ich stellvertretend für Sie ein junges Paar auf die Reise nach Japan geschickt. Ihre Erlebnisse sind nicht typisch, aber immerhin möglich, dabei im Grunde ganz unspektakulär. Die wirkliche Faszination einer Japan-Reise zu entdecken – das überlasse ich Ihnen.

BEGRÜSSUNG UND VORSTELLUNG

A. war, als ich B. begrüßte, im Hintergrund geblieben. Ich umfing andeutend seine Schulter und gab ihm den Blick auf den Neuling frei. Doch der wartete keinen Händedruck ab, zu dem A. mit kleinen Täuberichbewegungen Miene machte, sondern verbeugte sich tief in seinen Shorts, zweimal, dreimal, blieb knickbereit stehen, Japanisches in Spruchbändern murmelnd.

Adolf Muschg: Im Sommer des Hasen, 1965

011jp Foto: sa

In einer weiten Linkskurve glitt der Jumbo abwärts. Unmittelbar vor der Landung fiel Renates Blick auf niedrige, bewaldete Hügel und darin eingebettet silbern glänzende Felder, in denen zartgrüne Reispflanzen standen. Sie sah noch die vielen verstreut stehenden, kleinen Bauernhäuser, dann hatte das große Flugzeug auch schon japanischen Boden unter den Rädern. Zum ersten Mal im Land der aufgehenden Sonne.

Wolfgang, der neben Renate saß, dachte in diesem Augenblick an die bevorstehenden geschäftlichen Gespräche. Er wollte erfolgreich sein, wollte nicht mit leeren Händen zurückkehren. Schließlich hatte ihn seine Firma, ein mittelgroßes Münchner Elektronikunternehmen, trotz seiner erst 32 Jahre beauftragt, mit einer renommierten japanischen Firma in Kontakt zu treten und die Möglichkeit einer Zusammenarbeit auszuloten.

Renate, seine um drei Jahre jüngere Frau, hatte mit Computern und dergleichen beruflich nichts im Sinn. Sie war Grundschullehrerin. Als Wolfgang ihr von den Japan-Plänen berichtete, war sie sofort Feuer und Flamme. Sein Chef allerdings weniger, als er nämlich erfuhr, dass sie unbedingt mitwollte. Schließlich war das eine wichtige und teure Geschäftsreise, und er hatte etwas gegen die Verquickung von Business und Tourismus. Andererseits war der Termin ganz kurzfristig zustandegekommen. Wolfgang hatte deshalb seine geplante Reise nach Griechenland streichen müssen, und da Renate, für die gerade erst die langen Sommerferien begonnen hatten, hiervon mitbetroffen war, hatte der Boss schließlich eingewilligt. Ja, und nun waren die beiden auf dem „New Tokyo International Airport" bei Narita gelandet, rund 60 km von der Hauptstadt entfernt.

War jemand von „Sanei Electronics" zum Abholen gekommen? Man hatte ihnen ja die Ankunftszeit samt Flugnummer rechtzeitig vorher per Fax durchgegeben. Wolfgang sah sich in der Ankunftshalle um. Hier und dort standen Leute mit Namenstafeln in der Hand und suchten nach den dazugehörigen Personen. Da entdeckte er seinen Namen: „Mr. Müller". Zwei Herren erwarteten ihn, beide in hellem Sommeranzug mit weißem Hemd und dezenter Krawatte. Wolfgang dagegen trug noch seine bequeme Freizeitkleidung, die er wegen des langen, anstrengenden Fluges angezogen hatte.

Offenbar hatten die beiden Japaner nicht damit gerechnet, dass der junge Deutsche in weiblicher Begleitung kommen werde. Sie wirkten für den Bruchteil einer Sekunde irritiert, ließen sich jedoch nichts anmerken. Der ältere der beiden – Wolfgang schätzte ihn auf etwas über vierzig – trat vor. Im selben Augenblick, als der Münchner eine Verbeugung versuchte (schließlich war er hier in Japan), streckte der andere ihm seine Hand entgegen. Schnell reagierte er. „Na, der hat vielleicht einen schlaffen Händedruck!" dachte er bei sich.

„My name is Sato. Good afternoon, Mr. Müller." Dabei klang das „ü" eher wie ein „iu" und das „l" wie „r". So wurde aus „Müller" „Miura". „I hope you had a good flight. Welcome in Japan." Auch der zweite Japaner streckte ihm die Hand

entgegen, und Wolfgang reagierte entsprechend, aber dieses Mal war es verkehrt. Denn der andere hatte seine Visitenkarte in der Hand. Wolfgang dankte und steckte sie nach einem flüchtigen Blick in seine Gesäßtasche. Er selbst hatte noch keine eigenen Visitenkarten und entschuldigte sich dafür.

„I am Yuji Miura", sagte sein Gegenüber und fügte noch scherzhaft hinzu, dass sie ja beide praktisch den gleichen Namen hatten. Alle wandten sich nun Renate zu. Wolfgang stellte sie den Japanern vor. Auch ihr streckten sie höflich die Hand entgegen.

„Shall we go?" Die vier gingen nach draußen zum bereitstehenden Wagen, passierten die Kontrollen am Rand des Flughafengeländes und fuhren schließlich über die Autobahn nach Tokyo.

Bei Begrüßungen *(aisatsu)* ist in Japan die **Verbeugung** *(ojigi)* üblich. Dabei legen die Männer ihre Hände leicht vorn oder seitlich an die Oberschenkel. Die Frauen umfassen mit der rechten die linke Hand und legen beide zu einem Dreieck verbunden ebenfalls an die Oberschenkel, aber natürlich in der Mitte. Diese Haltung gilt als eleganter, weiblicher. Sie werden sehen, dass Japanerinnen in formellen Situationen diese Haltung oft einnehmen. Auch bei Begrüßungen im Haus auf den Tatami-Matten machen sie es ähnlich: Sie knien sich hin, das Gesäß berührt die Fersen, die Knie sind geschlossen. Vor die Knie legen sie die Hände nach innen gerichtet auf den Boden, allerdings nicht über-, sondern nebeneinander. So verbeugen sie sich dann. Das machen die Männer fast genauso, die Hände bleiben aber weiter auseinander.

Japan ist eine **hierarchisch strukturierte Gesellschaft.** Jeder Mensch hat in dieser Gesellschaft seinen besonderen Platz: Alter, Geschlecht, gesellschaftliche Stellung (z. B. Zugehörigkeit zu einer bestimmten Firma) bestimmen den Status. Dem Ranghöheren gebührt mehr Respekt, also muss sich die/der Rangniedrigere tiefer und länger verbeugen. Wenn zwei einander noch nicht kennen und ihre Stellung zueinander nicht genau abschätzen können, ist die Begrüßung eine nicht ganz leichte Angelegenheit. Denn keiner will ja unhöflich erscheinen und sich weniger tief und lange verbeugen. Beide schauen sich dann unter Höflichkeitsbezeugungen seitlich an und stimmen einander intuitiv ab. Das klingt kompliziert und ist es im Grunde auch, aber die Japaner – vor allem die älteren – haben darin natürlich Routine. Wir Westler tun uns da viel schwerer. Eine mittlere Verbeugung wird bei uns immer akzeptiert. Auch viele jüngere Japaner begnügen sich heutzutage mit einer solchen Verbeugung. Bei formellen Anlässen und der ersten Begegnung (des Tages) gilt die formelle

Verbeugung (Oberkörper ca. 30° abknicken, 3 Sek. halten), ansonsten die informelle (Oberkörper ca. 15° abknicken, 1-2 Sek. halten).

Visitenkarten *(meishi)* eignen sich sehr gut, um die gesellschaftliche Stellung auf einen Blick erkennbar werden zu lassen. Tatsächlich enthalten sie in der Regel auch genaue Angaben dazu. Understatement ist auf Visitenkarten in Japan nicht angebracht. Denn der Blick auf die Karte soll ja verraten, welche Position, welchen Titel, welche Firmenzugehörigkeit usw. jemand hat. Japaner stecken die Visitenkarte also nicht, wie wir es meistens tun, schnell weg, sondern studieren sie genau. Also erst die Verbeugung, dann der Austausch der Visitenkarten. Ranghöheren gegenüber werden sie mit beiden Händen übergeben und entgegengenommen. Sie sollten in Japan grundsätzlich Visitenkarten dabeihaben. Wenn Sie mehrere Tätigkeiten ausüben, können Sie mehrere anfertigen lassen, um sie je nach Situation oder Gesprächspartner gezielt zu verteilen. Wer z. B. in einem Verband, Verein o. Ä. eine bestimmte Position innehat, kann das auf der entsprechenden Karte ruhig mitteilen, auch wenn es mit dem eigenen Beruf nichts zu tun hat.

Wenn Sie häufig neuen Leuten begegnen, sollten Sie natürlich die Visitenkarten stets griffbereit haben und nicht lange danach suchen müssen. In Japan kann man Visitenkarten in wenigen Tagen, heute dank Laserdrucker sogar sofort, drucken lassen, und zwar beidseitig in lateinischer Schrift und auf Japanisch, denn die meisten Japaner tun sich mit lateinischer Schrift schwer. Dabei wird der Name in Katakana umgeschrieben.

014jp Foto: sa

Das ist eines der beiden Silbensysteme zu je 48 Zeichen und wird vor allem zum Schreiben von nicht-japanischen Namen und Wörtern benutzt.

Will man jemanden vorstellen, wird wie bei uns zunächst die ranghöhere Person angeredet.

Obwohl in Japan bei Begrüßung und Abschied kein **Händeschütteln** üblich ist, reichen manche Japaner aus Höflichkeit trotzdem die Hand, wenn sie es mit unsereins zu tun haben. Aber nicht immer kennen sie genau unsere Regeln. So mögen sie Frauen zuerst die Hand entgegenstrecken, oder ihr Händedruck ist zu lasch, oder sie lassen unsere Hand nicht gleich wieder los. Sollten Sie so etwas mal selbst erleben, denken Sie also daran, dass Ihre Gegenüber das Händeschütteln nicht von klein auf gelernt haben, ebenso wenig wie wir die richtige Verbeugung für die richtige Situation kennen.

Begegnen Sie einer Person zum ersten Mal, sagen Sie: „*Hajimemashite.* (Name) *desu. Dōzō yoroshiku.*" Auf deutsch: „Wir sind uns zum ersten Mal begegnet. Ich bin (Name). Bitte seien Sie mir wohlgesonnen."

Verbeugungen sind außer bei Begrüßungen (z. B. *ohaiyō gozai-masu* = guten Morgen; *konnichi wa* = guten Tag; *konban wa* = guten Abend) auch beim Abschied *(sayonara* = auf Wiedersehen), beim Entschuldigen *(sumimasen* = es tut mir Leid/Verzeihung), bevor man weggeht, oder wenn man den Aufbruch ankündigt *(shitsurei shi-masu* = ich bin unhöflich) und beim Bedanken *(arigatō gozai-masu* = vielen Dank; bzw. *arigatō gozai-mashita* = vielen Dank, Vergangenheitsform für erwiesene Gunst) üblich. Selbst beim Telefonieren verbeugen sich die Japaner oft, auch wenn sie zur Bestätigung immer „*hai*" (ja) sagen; das sind dann die typischen kurzen, nur angedeuteten Verbeugungen.

Abgesehen vom sozialen Status und Alter gibt es in der japanischen Gesellschaft einige Faustregeln dafür, wer sich tiefer zu verbeugen hat:

- Jüngere gegenüber Älteren
- Frauen gegenüber Männern (selbst wenn sie beruflich etwa erfolgreicher sind)
- Schüler gegenüber Lehrern (das würde selbst für einen Schüler gelten, der später Premierminister wird und einen früheren Lehrer wieder trifft)
- Gastgeber, Wirt gegenüber Gästen
- Verkäufer gegenüber Käufern und Schuldner gegenüber Gläubigern.

Innerhalb von Schulen, Clubs, Universitäten gibt es natürlich auch eine Rangordnung für die Schüler, Studenten oder Mitglieder untereinander, in den Firmen sowieso.

Die Tiefe der Verbeugung steht aber auch in direktem Zusammenhang mit (früher einmal) empfangenen Wohltaten, Unterstützung etc.

Japaner, die den Umgang mit Westlern gewöhnt sind, verzichten ihnen gegenüber häufig ganz auf die Verbeugung. Andererseits ist es für sie dennoch sehr ungewohnt, andere bei der Begrüßung oder beim Abschied zu umarmen oder gar zu küssen (1 x rechts, 1 x links), wie es in unserer „Bussi-Gesellschaft" vielerorts gang und gäbe ist. Auch ist ihnen der – vor allem in Amerika – schnelle **Gebrauch der Vornamen** eher unangenehm, da vor allem Männer diese untereinander oft nicht einmal gegenüber Freunden benutzen. Was bei uns als unhöflich gelten würde, nämlich die bloße Nennung des Nachnamens, ist in Japan ein Zeichen größerer Vertrautheit. Allerdings reden auch Männer Ranghöhere meist mit dem Nachnamen und *-san* (= Herr bzw. Frau) an. Frauen verwenden meist den Namen und *-san* oder sagen – wie es Kinder gegenüber Erwachsenen tun – sogar *-chan*. Gute Freunde/Freundinnen reden sich jedoch grundsätzlich mit Vornamen oder gar mit Spitznamen an.

Viele Besucher Japans denken, dass **aneinander gelegte Handflächen** (wie beim Gebet) zur Begrüßung gelten, wie in andern Ländern Asiens. Das ist jedoch nicht der Fall. Außer zum Gebet benutzen Japaner diese Geste nur, wenn sie um Verzeihung oder etwas anderes bitten.

GESCHENKE UND MITBRINGSEL

Freunde und Bekannte aus der Stadt versammelten sich um uns, Abschied zu nehmen und mit einer geringfügigen, aber herzlich gemeinten Gabe - das herkömmliche Miyage - uns zu beschenken.

Philipp Franz von Siebold, 1826

017jp Foto: sa

Der Austausch oder das **Mitbringen von Geschenken** ist in Japan keine Kleinigkeit. Wo die Pflege mitmenschlicher Beziehungen besonders wichtig genommen wird und ein sehr empfindliches Gefühl für Verpflichtungen anderen gegenüber besteht, haben Geschenke als Ausdruck der Verbundenheit, Dankbarkeit o. Ä. einen hohen Stellenwert. In kaum einem anderen Land dürfte die Geschenk-Kultur so ausgeprägt sein wie gerade in Japan.

Geschenke werden dann fällig, wenn jemand einem eine Gefälligkeit erwiesen hat. Derjenige, der diese Gunst empfangen hat, ist in der Pflicht, sich irgendwie dafür erkenntlich zu zeigen. Eine solche Verpflichtung ist manchem Japaner unangenehm, weil sie nicht mit einem Mal erledigt ist, sondern sich über die weiteren Kontakte hinzieht. Ein angemessenes Geschenk hilft jedenfalls, das „Schuldenkonto" auszugleichen.

Abgesehen von alltäglichen Anlässen gibt es jedes Jahr zwei ausgesprochene Geschenkzeiten: *o-chūgen* im Juli, also am Höhepunkt der heißen Jahreszeit, und *o-seibo* im Dezember. Zu dieser Zeit erhalten die Arbeitnehmer – soweit ihre Firma dazu in der Lage ist – einen teilweise recht üppigen Bonus, der ein Vielfaches eines Monatsgehaltes betragen kann. Dann ist also genug „Kleingeld" vorhanden, um allen Vorgesetzten, Lehrern, sonstigen relevanten Respektspersonen und eben auch denen, denen man Dank schuldet, Geschenke zu überreichen. Geschenke sind ein Ausdruck sozialer Verpflichtung *(giri),* die außer im engsten Kreis überall bei der Begegnung mit Mitmenschen, wenn auch unterschiedlich stark, mitschwingt.

Man kauft die entsprechenden Geschenke in eigenen Abteilungen in den großen Kaufhäusern. Es sind meist praktische Dinge: Butter und Käse in Dosen, gekochter Schinken, Obst, teure Melonen, Whisky und Wein, Seife, Speiseöl, Sojasoße, *calpis* (das angenehme Erfrischungsgetränk aus fermentierter Milch) etc. Praktisch sind Geschenkgutscheine großer Kaufhäuser. Mindestens ebenso wichtig wie das Geschenk ist die Verpackung. Es gibt Kaufhäuser mit mehr Prestige und Kaufhäuser mit weniger. Klar, wo Geschenke bevorzugt gekauft werden. Die Gunst kann aber auch wechseln: Mitsukoshi in Tokyo war vor Jahren in einen Skandal verwickelt, weil einmal unechte Perser-Teppiche, mit einem Echtheitszertifikat versehen, als echte verkauft wurden. Die Konsequenz war schlimm: Wer mochte in jener Zeit schon ein Geschenk mit Einwickelpapier von Mitsukoshi vergeben oder annehmen.

Ein Geschenk wird üblicherweise mit den Worten: „Es ist wertlos, nehmen Sie es aber doch bitte an!" übergeben. Die Beschenkten legen das Geschenk – scheinbar achtlos – beiseite, ohne es zu öffnen. Tatsächlich würde es von Habgier zeugen, würde man sofort das Papier aufreißen und nachsehen, was drinnen ist. Nun, meist ist es ja auch nichts Originelles. Solche verpackten Geschenke werden nicht selten ungeöffnet weiterverschenkt. Es geht eben nicht so sehr um den Inhalt als um die Geste. Geschenke als Ausdruck kreativer Einfälle oder des Versuchs, sich in die zu beschenkende Person hineinzuversetzen, sind in Japan eigentlich unüblich. Nicht zuletzt deswegen wurden zu Geburtstagen gewöhnlich keine Geschenke gemacht. Ausnahmen sind die in Japan wichtigen Geburtstage 60, 70, 77, 88, 99. Unter Freunden schenkt man sich aber doch lieber Persönliches, gerade auch bei Mitbringseln.

Falls Sie ein Geschenk erhalten haben, reicht es zunächst, sich (schriftlich) zu bedanken. Man braucht sich jedenfalls nicht sofort um ein Gegengeschenk zu bemühen. Aber früher oder später wird es fällig, oft ist es etwas Ähnliches, als Ausdruck des gleichwertigen Austausches. Doch sollte der Wert des Rückgeschenkes etwas höher sein. Im Kaufhaus bestellte Geschenke kann man zustellen lassen, dann muss man auf einem Zettel angeben, was wohin geschickt werden soll. Aber wichtigere Respektspersonen sollte man persönlich kurz aufsuchen. Das gehört zur Etikette.

Geschenke gibt man gern paarweise, aber die Zahl vier *(shi)* muss man vermeiden, da sie im Japanischen wie „Tod" klingt. Und Kranken kann man zwar Blumen (außer weiß = Trauerfarbe), jedoch keine Topfpflanzen schenken, denn diese symbolisieren „Wurzelschlagen" – und das sollte die Krankheit ja nun wirklich nicht. Im Übrigen schenkt man Blumen bei Kondolenz- und Trauerbesuchen oder beim Rendezvous, aber auch zum Abschied von der Firma in den Ruhestand gibt es Blumen.

Für Sie als Besucher ist es eine gute Idee, sich mit ein paar charakteristischen Dingen von daheim, es dürfen Kleinigkeiten sein, einzudecken – aber vergewissern Sie sich, dass diese nicht in Japan hergestellt sind.

Von Reisenden wird generell erwartet, dass sie von unterwegs Souvenirs *(omiyage)* mitbringen; zur Not gibt es z. B. am Flughafen Narita ein Geschäft für originalverpackte Souvenirs von unterwegs.

Die Anlässe für Geschenke gehen mit der Zeit. So erhalten junge Leute heutzutage Geschenke zum Geburtstag, bestandenen Examen, zum Firmeneintritt, zu Weihnachten und am Valentine's Day (St. Valentin).

Die Geschenk(un)sitte am Valentinstag treibt manche Blüten. Ausgedacht wurde sie einst von der Schokoladenindustrie und alle machen mit: die weiblichen Angestellten schenken ihren Freunden *rabu choko* (love chocolate), den ihnen sympathischen männlichen Kollegen *dôjô choko* (Mitleidschoko) und denjenigen, denen sie verpflichtet sind, *giri choko* (Pflichtschoko). Wer nichts abbekommt, kauft sich zur Tarnung selbst welche. Am 14. März dem White Day können sich die Beschenkten mit weißer Schokolade oder Marshmallows revanchieren.

JAPANER VERSTEHEN: GESTEN, VERHALTEN, MENTALITÄT

Ihre Lebensart von dem geringsten Bauern bis zu dem größten Herrn ist so artig, dass man das ganze Reich eine hohe Schule der Höflichkeit und guten Sitten nennen möchte. Und da sie als sinnreiche, neugierige Leute alles Ausländische hochachten, so ist zu glauben, dass sie uns als Fremdlinge auf den Händen tragen würden, wenn es ihnen erlaubt wäre.

Engelbert Kaempfer, 1690

021jp Foto: rb

„Nein" ist ein Wort, das die Harmonie stört, also vermeiden es die Japaner, so gut es geht. Man sagt lieber: *„chotto kangaete mi-mashô"* = lassen Sie uns noch etwas darüber nachdenken.

Japanische Gesprächspartner vermeiden bekanntlich Widersprüche, eher nicken sie zustimmend und sagen dauernd: „ja, ja" oder „yes, yes", meinen aber doch etwas ganz anderes. Sorgen Sie also immer für Harmonie und eine gute Stimmung, die nicht aufdringlich und primitiv wirkt, und versuchen auch Sie sich in non-verbaler Kommunikation. Vergessen Sie jedenfalls nicht, dass sich Ihre Gesprächspartner u. U. anders verhalten bzw. Ihr Verhalten ganz anders empfinden, als Sie denken. Dabei will man Sie nicht täuschen, sondern Ihnen lediglich Unannehmlichkeiten ersparen ...

Nonverbale Kommunikation ist ein japanisches Verhaltensideal: Die andern sollen die eigenen Wünsche und Absichten erfühlen. Es gilt als grob und primitiv, wenn man seine Gefühle mit Worten ausdrückt. Die beste Art, sich miteinander zu verständigen, ist die ohne Worte. Dieses Ideal ist natürlich nicht immer erreichbar. Auf Japanisch heißt diese Form nichtsprachlicher Kommunikation *hara-gei* (Bauch-Kunst), also mit dem Bauch, d. h. durch Intuition den andern verstehen können.

Hara ist das, was wir mit Herz im übertragenen Sinne meinen, mehr noch: Charakter, Geist, Vitalität, Rückgrat. *Hara* entspricht also weitgehend dem, was wir unter Psyche, Seele verstehen. *Hara* meint eher männliche Gefühle, bei den Frauen sitzen die im Herzen *(kokoro)*. *Hara-gei* meint die Unterhaltung von *hara* zu *hara*. Um sich so – also intuitiv – verständigen zu können, muss man *hara* lesen können. Es gibt eine Vielzahl von Ausdrücken, die mit *hara* und *kokoro* gebildet werden können, hier eine kleine Auswahl:

- *hara ga tatsu* = Bauch aufstellen = aufbrausen, sich ärgern
- *hara no aru/nai hito* = ein Mensch mit/ohne Charakter, Persönlichkeit
- *hara-guroi* = schwarzer Bauch = ein bösartiger Mensch
- *hara no kirei na hito* = ein gutherziger Mensch
- *hara o neru* = Bauch üben = sich vervollkommnen, seine Kräfte schulen, die rechte Mitte gewinnen
- *hara ga futoi* = der Bauch ist dick = ein großzügiger Mensch
- *hara-kiri* = Bauch schneiden = ritueller Selbstmord
- *kokoro ga kirei* = Herz sauber/schön = reines Herz
- *kokoro ga hiroi* = Herz weit = großzügig, tolerant
- *kokoro ga semai* = Herz eng = kleinlich

023jp Foto: sa

Jedes Volk entwickelt seine eigenen Gesten, die von Außenstehenden nicht immer verstanden werden. Zum besseren Verständnis stelle ich hier einige typische Gesten vor:

- Zustimmung wird durch Kopfnicken ausgedrückt, Verneinung oder Ablehnung durch Wedeln mit der rechten Hand vor dem Gesicht.
- Hand vor dem Mund: Frauen drücken damit ihre Verlegenheit aus, wollen aber auch nicht ordinär wirken. Deshalb verdecken sie den Mund, wenn sie lachen müssen; diese Geste verstärkt noch ein verlegenes oder schamhaftes Lächeln (das auf Japanisch *hajirai* heißt).
- Den Zeigefinger auf die eigene Nase zu richten, bedeutet: „ich".
- Mit der Handfläche nach unten winkt man jemanden herbei.

- Geht man zwischen Leuten hindurch, besonders auch zwischen auf dem Tatami-Boden oder auf Stühlen sitzenden, macht man mit der Hand eine Bewegung, als „schneide" man den Weg frei, dabei entschuldigt man sich etwa mit: „*chotto, sumi-masen* …". Dabei macht man sich etwas kleiner.
- Sind Männer verlegen, fassen sie sich an den Kopf oder kratzen sich dort, Frauen dagegen „stützen" mit einer Hand oder beiden Händen das Kinn.
- Verschränkte Arme bedeuten: Die Person denkt scharf nach.
- Ziehen Männer Luft durch die Zähne ein, heißt das ebenfalls, dass sie nachdenken, bzw. mit einer Antwort zögern. Frauen legen in einer solchen Situation den Zeigefinger an die Backe und sagen dazu etwa: „*Sô desu ne*" (so ist das also).
- Hält man die beiden ausgestreckten Zeigefinger an den Kopf und deutet damit Hörner an, meint man, dass jemand ärgerlich ist.
- Kreuzt man beide Zeigefinger, bedeutet dies, dass bestimmte Leute miteinander einen Streit ausfechten.
- Will man ausdrücken, dass eine Person, von der man spricht, dumm oder verrückt *(pa)* ist, kreist man mit dem Zeigefinger z. B. an der rechten Kopfseite im Uhrzeigersinn ein paarmal herum, macht dann eine Faust, öffnet sie plötzlich und sagt „*kuru, kuru pa*".
- Daumen hoch = Mann – kleiner Finger hoch = Frau

Lächeln: Gefühle werden in Japan im Allgemeinen verhalten und wenn, dann nicht in der Öffentlichkeit ausgedrückt. Offenherziges Verhalten gegenüber Fremden, wie wir es am typischsten von Italienern kennen, wird als unpassend empfunden. Obwohl die Japaner sehr temperamentvoll sein können, ziehen sie es außerhalb vertrauter Umgebung und in vielen Situationen vor, Gefühle nur anzudeuten. So lächeln die Japaner mit Mund und Augen und nicht mit dem ganzen Körper. Lächeln drückt Freude aus, es kann aber auch Verlegenheit oder Verwirrung signalisieren, die man den Gesprächspartner nicht spüren lassen möchte. So ist das mehrdeutige Lächeln, das wir von der Mona Lisa kennen, typisch für Japan.

Lächeln kann auch Ärger oder Trauer verbergen. Man möchte die andern nicht mit den eigenen Problemen oder Schmerzen belasten. Niemanden geht es etwas an, was im eigenen Innern vorgeht. Japan wird gern als eine Kultur der Scham bezeichnet. Damit ist gemeint, dass jeder beim Handeln stets die eigene Gruppe und deren „Gesicht" mit berücksichtigen muss. Konformismus im Verhalten wird von klein auf gefordert und gefördert. Ein Kind lernt sehr schnell, was sich gehört, wenn man ihm droht: „Wenn du dies (nicht) tust, werden die andern dich auslachen."

In Japan lächeln auch die Götter. Und sie lachen bisweilen sogar recht ausgelassen. Einst lockten sie damit die Sonnengöttin aus ihrer Höhle, in die sie sich zurückgezogen hatte. Wer weiß, ohne das Gelächter der Götter gäbe es heute vielleicht kein Sonnenlicht und auch kein Japan – jedenfalls der Legende nach.

Letztlich gibt es in Japan – wie auch bei uns – ganz unterschiedliche Arten von Lächeln und Lachen, und alle Arten haben ihre ureigenen charakteristischen Namen – nicht zu vergessen das Lachen nach Art der 5 Vokale a, e, i, o, u:

A = wa-ha-ha: großes Gelächter, nur unter Männern *(ô-warai)*
I = i-hi-hi: etwas boshaftes Lachen, Glucksen
U = u-hu-hu: verborgenes Lachen *(shinobi-warai)*
E = e-he-he: verlegenes oder schmeichelndes Lachen *(tere-* oder *oseji-warai)*
0 = o-ho-ho: Frauenlachen *(taka-warai).*

Ärger auszudrücken, gilt in Japan als kindisch. Von Erwachsenen wird erwartet, dass sie ihren Ärger im Zaum halten. Eher entschuldigt sich jemand in der Öffentlichkeit trotz gegenteiliger Meinung, um den Gegner zu beruhigen, als den Ärger mit anderen offen auszudrücken.

Auch **Trauer** sollte in der Öffentlichkeit hinter einem Lächeln verborgen werden *(kao de waratte, kokoro de naku* = mit dem Gesicht lächeln, mit dem Herzen weinen). Aber bei einer Trauerfeier sind Tränen auch für Männer *(otoko-naki)* als Ausdruck des eigenen Gefühlsreichtums voll akzeptiert. Aus Sympathie für jemanden Tränen zu vergießen, ist kein Zeichen der Schwäche, sondern eher des Mitgefühls für menschliche Nöte. Deshalb ist auch diese Art des Tränenvergießens *(morai-naki)* akzeptabel. Wer Freudentränen *(ureshi-naki)* vergießt, darf in Japan ebenfalls auf volles Verständnis rechnen.

Wünsche sollten andern gegenüber nicht direkt geäußert werden, Japaner möchten vermeiden, dass andere in große Verlegenheit kommen, falls sie die Wünsche nicht erfüllen können oder wollen.

Schüchternheit ist in Japan kein belachtes Verhalten, im Gegenteil: Wenn sich ein Paar, das sich noch nicht kennt, vor lauter Schüchternheit nichts zu sagen traut, dabei aber füreinander romantische Gedanken hegt, vertieft das nur die Beziehung.

Ignorieren: Japaner haben die Fähigkeit, Dinge oder Situationen zu ignorieren, die anderen peinlich sein könnten: Eine Frau, die in eine öffentliche, nicht nach Geschlechtern getrennte Toilette geht und einem Mann am Pissoir begegnet, ignoriert diesen. Niemand würde einer Person, die in ein Pfandhaus geht, hinterherschauen. Im Puppenspiel werden die Spieler ignoriert, und beim Anblick eines winzigen, zwischen Wolkenkratzern eingequetschten Mini-Gartens blendet man die nicht dazugehörige Umgebung einfach aus und genießt die Ästhetik des winzigen Gärtchens. Raum ist nun einmal Mangelware in Japans Städten. Der Garten schafft dagegen eine Illusion von Raum und erinnert an die Schönheit der Natur. Das nur nebenbei.

Noch zwei Haltungen, die für Japaner charakteristisch sind: **Ayamaru** – die Tendenz sich um der Harmonie willen für alles zu entschuldigen und **gaman,** aushalten können, nicht aufgeben, ertragen, z. B. die langen, unbequemen Fahrten zur Arbeit und zurück, die langen Arbeitstage, der bedingungslose Einsatz für die Firma ...

Die etwas komplizierten Regeln des Miteinander sind auch für Japaner auf Dauer anstrengend, also schaffen sie sich immer wieder mal Gelegenheit zum *bureiko* (break), also zum zeitweiligen Aussetzen der Höflichkeitsregeln. Das abendliche Essen und Trinken mit den Kollegen führt nicht selten dazu, „Fünfe gerade sein" oder sogar „die Sau raus" zu lassen, indem man unter Alkoholeinfluss auch mal den Chef kritisiert ...

Gambare oder *gambatte:* „Gib alles! Kämpfe! Tu dein Bestes/tun Sie Ihr Bestes!" ist auch so eine charakteristische Haltung, die uns überall in Japan begegnet.

Tatemae (Fassade, Begründung) und **honne** (wahres Gesicht, wahre Absicht) sind zwei wesentliche japanische Konzepte: Soziale Normen und die Harmonie in der eigenen Gruppe müssen gewahrt bleiben und haben Vorrang vor individuellen Bedürfnissen und Absichten. Hinter der Maske der Höflichkeit ist die wahre Haltung selten erkennbar. Das irritiert viele Europäer an den Japanern und anderen Asiaten.

AMAE – EIN BLICK IN JAPANS SEELE

Die Psychologie einer Nation kann nur durch Vertrautheit mit ihrer Sprache erfahren werden. Die Sprache umfasst alles, was Teil der Seele einer Nation ist und bietet deshalb den besten projektiven Test für jede Nation.

Takeo Doi

027jp Foto: rb

Um die Seele eines Volkes verstehen zu können, muss man seine Sprache kennen, denn Gedanken und Gefühle werden nun einmal durch die Sprache ausgedrückt. Aber auch die Bedeutung von Begriffen verrät vieles von der Mentalität der Sprecher. Manches Wort kann den Schlüssel zum Verständnis komplexer seelischer Abläufe vermitteln. In Japan heißt solch ein Schlüsselwort: *amae* – wörtlich übersetzt ist es das Gefühl des Säuglings an der Mutterbrust, das völlige **Urvertrauen, das Sich-gehen-lassen, Sich-aufgehoben-fühlen.** Mit *amae* umschreiben die Japaner das Gefühl, nach dem sie ihr Leben lang streben.

Zu Hause, im Kreise der Familie können sie sich gehenlassen, auch im engsten Freundes- und Kollegenkreis. Da die Japaner sich auch heute noch vor allem im Kollektiv verwirklichen, brauchen sie Gruppen, in denen sie sich wohlfühlen und entspannen können. Und tatsächlich, sein Leben lang ist der durchschnittliche Japaner in irgendwelchen Gruppen geborgen: Familie, Schulklasse, Club, Firma. Nur innerhalb eines solchen sozialen Bezugsrahmens ist es ihm möglich, sich zwanglos und ungehemmt zu verhalten.

Amae gilt nur innerhalb der engsten Gruppen. Das weitere Umfeld verkörpern die Menschen, zu denen man eine persönliche Beziehung (Gefühl, Verständnis = *ninjô*) entwickelt hat, aber zugleich auch ein Gefühl von Verpflichtung *(giri)*, etwa aus Dankbarkeit für einen erwiesenen Gefallen *(o-sewa)*. Angenommen, ich habe nette Nachbarn und bitte sie ein-, zweimal, mir z. B. Eier oder Butter zu leihen: Damit gerate ich automatisch in eine *giri*-Beziehung, denn ich schulde ihnen Dank und Erkenntlichkeit. Das ist der zweite Kreis, in dem man zwar noch enge persönliche Gefühle äußert, wo jedoch zugleich soziale Verpflichtungen mit ins Spiel kommen. Die Nachbarn oder die Angehörigen einer Firma – ohne den engsten Kollegenkreis – sind z. B. Vertreter der zweiten Stufe, aber letztlich können alle Menschen, die einem einmal einen Gefallen irgendeiner Art erwiesen haben, praktisch alle, mit denen man in persönlichen Kontakt gekommen ist, in diesen Kreis aufgenommen werden.

Man beachtet in seinem Umfeld auch *sumanai:* Man möchte nicht den guten Willen des anderen aufs Spiel setzen. Was diese Gruppe von der ersten unterscheidet, ist das Vorhandensein von *enryo* (Zurückhaltung). Wenn Sie einmal in ein Haus eingeladen werden, wird man Ihnen sicher typischerweise sagen: *„go-enryo naku“* (fühlen Sie sich wie zu Hause, machen Sie es sich bequem). Aber auch bei uns würde man es vermutlich kaum akzeptieren, wenn sich der Gast tatsächlich wie bei sich zu Hause

029jp Foto: ml

fühlte – etwa nur im Slip herumliefe, vor dem Fernseher einschliefe, auf der Toilette eine Stunde lang in Comics oder im Krimi schmökerte. Denn *go-enryo naku* bedeutet zwar: „Seien Sie nicht zurückhaltend", aber in Wirklichkeit meint man es nicht so. Eine gewisse Zurückhaltung erwartet man von seinen Gästen schon, denn schließlich hat man keine *amae*-Beziehung zu ihnen. Neben Zurückhaltung und Verpflichtung tauchen hier auch Schuldgefühle auf, und zwar immer dann, wenn ein Individuum annimmt, dass seine Handlungen zum Verrat an der Gruppe, zu der es gehört, geführt haben. Durch aufrichtig ausgesprochene Entschuldigung ist in Japan allerdings „Absolution" möglich. Damit ist eine Sache dann in der Regel erledigt.

Begeht in Japan ein Angehöriger einer Gruppe, in der *giri* und *enryo* wirksam sind, einen schwerwiegenden Fehler, dann übernimmt der Chef der Gruppe dafür nicht selten die Verantwortung: Der Minister oder der Präsident einer Firma nimmt seinen Hut. Die **Gruppensolidarität** steht in Japan über echter Verantwortung. Die der Gruppe zugefügte Schande kann der Vertreter dieser Gruppe nicht einfach übergehen. So trat einmal ein Polizeipräsident zurück, weil einer seiner Polizisten einen Mord begangen hatte – ein für Japan typisches, doch hierzulande undenkbares Verhalten: Dann säße möglicherweise kein führender Politiker mehr in seinem Amtssessel.

Jenseits des weiteren persönlichen Umfeldes sind für den Japaner die Anderen *(ta-nin)*: alle die, zu denen man kein *ninjô* entwickelt hat. Dafür benötigen sie genaugenommen kein *enryo*, also jene gewisse Zurückhaltung. Aber auch Schuldgefühle tauchen gegenüber den „Anderen" nicht auf. *Ta-nin* gehören eben nicht zur eigenen Gruppe. Man ist ihnen gegenüber mehr oder weniger indifferent.

Die Gruppen, in denen Japaner sich ganz geborgen fühlen, wo sie *amae*-Gefühle zeigen können, sind ihnen natürlich die wichtigsten. Als ungleich komplizierter empfinden sie jene Gruppen, in denen sich zwar persönliche Beziehungen entwickeln, doch ohne dass *amae*-Gefühle bestehen. Wo, wie in Japan, die Entwicklung von Ich-Stärke unterbleibt und dafür eine Gruppen-Mentalität, ja ein Gruppen-Ich entwickelt wird, ist natürlich das Bedürfnis nach Nähe zur eigenen Gruppe, also gewissermaßen zu den übrigen Bestandteilen des eigenen Ichs nur zu verständlich. Das Bedürfnis nach Nähe ist ohnehin ein menschliches Grundbedürfnis. Darin unterscheiden sich die Japaner nicht vom Rest der Menschheit. Doch dass sie dafür in ihrer Sprache ein eigenes Wort – *amae* – haben, unterstreicht den besonderen Stellenwert, den für sie das Gefühl des Aufgehobenseins in einer Gruppe besitzt, und liefert den Schlüssel zu vielen ihrer Lebensäußerungen.

In Japan gibt es für jeden seinen festen Platz in der Gesellschaft. Man hat in der Firma seine Angestellten-Vorgesetzten-Beziehung, und auch in der Familie gibt es Unterschiede zwischen oben und unten: Großeltern stehen über Eltern, Männer über Frauen, ältere über jüngeren Geschwistern, ein Erbe des Konfuzianismus, der ganz Ostasien geprägt hat. Von klein auf lernen die Kinder Loyalität, das Eingeordnetsein in eine Hierarchie und den Unterschied zwischen *uchi* (innen) und *soto* (außen). Sie lernen ebenso von klein auf, dass Individualismus gleichzusetzen ist mit Egoismus und Außenseitertum. Man gehört nie vielen Gruppen auf einmal an. Wer von Gruppe zu Gruppe wechselt, also auch von Firma zu Firma, ist suspekt, beweist damit ein Stück Gruppenunfähigkeit. Es sei denn, der Wechsel zu einer anderen Firma geschieht aus wirtschaftlicher Notwendigkeit.

Was jeder Japaner für sich im Kleinen erlebt, vollzieht sich auch im Großen: Gegenüber dem Ausland empfinden sich Japaner wie eine Familie, mit ihrem Kaiser als Oberhaupt. Diese Empfindung ist verständlich. Denn wenn sich ein Volk zweitausend Jahre in seiner Zusammensetzung nicht verändert, müssten theoretisch irgendwann alle irgendwie miteinander verwandt sein. Zwar gab es stets Klassen, aber Nebenfrauen konnten ja – wenn sie nur schön genug waren – auch aus unteren Schichten Zugang selbst bis zur Kaiserfamilie finden. Dieses Gefühl der Zusammengehörigkeit wird ergänzt durch ein Gefühl der Einzigartigkeit. Japaner sind nämlich zutiefst davon überzeugt, dass ein Außenstehender sie niemals ganz verstehen kann. In gewisser Weise wollen sie auch gar nicht vollkommen verstanden werden (obwohl sie es wiederum nicht verstehen, wenn man sie im Ausland nicht versteht und – z. B. wegen ihrer aggressiven Geschäftspolitik – nicht mag). **Ausländer,** die perfekt Japanisch sprechen, sind Japanern suspekt. Sie könnten damit zu Eindringlingen in ihre „geschlossene Gesellschaft" werden. Das gilt gerade auch für Ausländer, die in Japan leben, z. B. aus geschäftlichen Gründen. So gut der Gast aufgenommen wird, bei Daueraufenthalt muss derselbe damit rechnen, nicht mehr ganz so zuvorkommend behandelt zu werden. Da hilft dann nur eines: sich als Ausländer stets einen Schuss Hilflosigkeit bewahren. Das zieht übrigens in Japan immer, am meisten bei Beamten!

Was Ausländer bisweilen stört, wenn sie mit Japanern in Kontakt kommen, sind Kleinigkeiten:

- Japaner finden nichts dabei, persönliche Fragen zu stellen, die bei uns tabu sind, und das tun sie oft schon bei der ersten Begegnung: Alter (auch wenn Männer Frauen fragen), Oberweite, Familienstand, Gehalt.
- Da sie unter sich immer zuerst den Familiennamen, dann den Vornamen nennen, kommen Japaner damit bei uns oft durcheinander. Sie verwechseln also schon mal den Vor- mit dem Nachnamen.

- Da sich Japaner nicht die Hand geben, wissen sie oft nicht, wie das Händeschütteln genau funktioniert. Wir leiten gewöhnlich eine Menge unserer Charakterbeurteilung aus dem Händedruck einer Person ab. Aber bei Japanern darf man diesen Maßstab nicht unbedingt anlegen.
- Wenn sich ein Japaner entschuldigt, kann es sein, dass er dabei – aus Verlegenheit – lächelt. Keinesfalls bedeutet sein Lächeln, dass er die betreffende Angelegenheit lächerlich findet. Überhaupt wird ja oft die Maske des Lächelns missverstanden. Man belästigt andere eben nicht mit den eigenen Problemen, da lächelt man lieber, auch wenn wir es gerade dann nicht angemessen finden.

Aber es gibt auch manches, was die Japaner umgekehrt bei uns nicht gerade schätzen, nämlich:
- Intimitäten – dazu gehören auch Küsse – in der Öffentlichkeit auszutauschen. Selbst Händchenhalten ist unüblich. Überhaupt ist körperlicher Kontakt – außer beim Liebesspiel – sehr selten. Auch zwischen Eltern und Kindern sind Umarmungen und Küsse selten, und zwar unabhängig davon, ob sie gerade in der Öffentlichkeit oder zu Hause sind. Das gilt allerdings nicht für Kleinkinder.
- sich vor anderen die Nase zu putzen. Besser ist: sich wegzudrehen und vorher „*shitsurei-shi-masu*" (ich bin unhöflich) zu sagen.
- im Gehen zu essen (obwohl junge Leute sich heute nicht mehr so ausschließlich daran halten).
- bei Frauen: mit auseinander gespreizten Beinen zu sitzen, selbst wenn diese in Hosen stecken. Schlimmer ist noch, wenn ein Fuß auf's Knie gelegt wird.
- zu wenig Abstand zu halten. Wenn man miteinander spricht, sollte man nicht zu dicht beieinanderstehen. Denn Japaner vermeiden körperliche Berührung, zumal sie sich oftmals verbeugen, während sie miteinander reden.
- Sie mögen es außerdem nicht, wenn Ausländer zu vertrauensselig, zu laut und zu prahlerisch sind. Sie selbst nehmen sich anderen gegenüber zurück, machen sich kleiner und unbedeutender, als sie in Wirklichkeit sind. Das gehört in Ostasien zur Tradition. Dafür hebt man den anderen höher, als er ist, damit er sich gut fühlt: im Grunde ein geschicktes Verhalten, wenn man harmonische Beziehungen wünscht. Japaner vermeiden es außerdem peinlich genau, jemanden „sein Gesicht verlieren" zu lassen, also ihn zu blamieren *(mentsu o ushinau* = die Ehre/Würde/das Gesicht verlieren): Wenn man sie beleidigt, wenn man versagt, wenn man in einer Sache nicht nachgibt, obwohl man im Unrecht ist usw.

Sprichwörter

Sprichwörter verraten viel über die Denk- und Vorstellungsweise eines Volkes. Interessant ist aber auch, wie ähnlich Sprichwörter ganz unterschiedlicher Kulturen sein können. Hier ein paar typische Kostproben:

„Go ni iritewa go ni shitagai" =
„Wenn du an einen fremden Ort kommst,
versuche, dich nach dessen Sitten zu richten."

„Saru mo ki kara ochiru" =
„Auch ein Affe fällt mal vom Baum."

„Jū-nin tō iro" =
„Zehn Menschen, zehn Farben."

„Hyaku-bun wa ik-ken ni shika-zu" =
„Einmal sehen ist mehr als hundertmal hören."
(bei uns: Ein Bild sagt mehr als tausend Worte.)

„Neko ni ko-ban" =
„Goldene Münzen für die Katze"
(oder: Perlen vor die Säue)

„Hana yori dango" =
„Lieber Reiskugeln als Blumen"
(Die Japaner sind nun mal pragmatisch!)

„Mago ni mo ishō" =
„Auch ein Pferdeknecht kann vornehm angezogen werden."
(bei uns: Kleider machen Leute.)

„Deru kugi wa utareru" =
„Auf einen Nagel, der heraussteht, haut man drauf."
(also: Sich immer brav und unauffällig verhalten!)

Standescharaktere: Obwohl die Feudalzeit vorbei ist, die Stände längst abgeschafft sind und die Bevölkerung sich zunehmend vermischt, gibt es doch in Japan noch Einflüsse aus jener Zeit, die bis heute wirksam sind. Der Geist der Stände ist noch nicht völlig aufgelöst. Wie sich jemand heutzutage gibt und verhält, kann durchaus noch etwas über die soziale Herkunft der Familie aussagen.

- Der Geist der **Samurai** verlangt vollen Einsatz der Person für eine Sache, also hohe Arbeitsmoral, Disziplin, Gehorsam, Loyalität, Fleiß, Ehrlichkeit, Verantwortungsbewusstsein, weitgehendes Desinteresse an materiellem Reichtum, Gelassenheit. An führenden Positionen in der Privatwirtschaft, aber auch als Lehrer, konnten die herrenlos gewordenen Samurai ihre Tugenden weiterleben. Ihnen verdankt Japan zum großen Teil seine Wirtschaftserfolge ...
- Ein typischer Bauern-Charakter wird in Japan nicht sonderlich geschätzt. In der Feudalzeit lernten die **Bauern,** nach außen hin loyal und gehorsam zu sein. Doch diese Haltung verbarg lediglich ihre Absicht, eigene Vorteile zu wahren, d. h. zur damaligen Zeit möglichst wenig Reissteuern zu zahlen. Wer also nach außen hin freundlich, in Wirklichkeit aber feindlich oder egoistisch gesinnt ist, verrät damit Bauern-Mentalität *(hyaku-shô-konjô)* oder schlimmer noch: *kusatta-konjô* (verdorbene Mentalität).
- Die **Handwerker** dagegen haben ein sehr positives Image, sie gelten als fair, hilfsbereit, kontaktfreudig, großzügig und gastfreundlich. So sehen sich Japaner gern. Für die Wirtschaft ist zudem die Haltung der Techniker, Facharbeiter, Ingenieure u. a., sich zeitlebens der Tüftelei im technisch-wissenschaftlichen Bereich hinzugeben, äußerst nutzbringend.
- Die **Kaufleute** bildeten früher den untersten Stand, weil sie mit „schmutzigem" Geld arbeiteten. Aber die wohlhabendsten unter ihnen wurden reicher als z. B. der Kaiser, eben weil Luxus und Geld im höchsten Stand verpönt waren. Die Lust am Vergnügen, das sich die Kaufleute ja mit Leichtigkeit leisten konnten, kennzeichnete diesen Stand. Dass dieser Hang in den Städten auch heute noch sehr weit verbreitet ist, erkennt der Besucher schon beim ersten Anblick der ausgedehnten Vergnügungsviertel. Zur Moral der Kaufleute sei gesagt, dass Betrug für sie ausgeschlossen war, Vertrauen dagegen alles bedeutete. Die traditionelle Tendenz zum Verkauf von Qualitätsware zu günstigen Preisen gilt auch heute noch und ist seit Japans Eintritt in den Welthandel einer der Gründe für den wirtschaftlichen Erfolg des Landes.

Landschaftliche Mentalitätsunterschiede: Wie in jedem großen Land gibt es auch in Japan beträchtliche Mentalitätsunterschiede, was angesichts der mehr als dreitausend Kilometer großen Entfernung zwischen Okinawa im Süden und der Nordspitze Hokkaidôs nicht verwunderlich ist. Die Menschen im Norden gelten z. B. als verschlossener und schwerer zugänglich, während die im Süden als großzügiger, kontaktfreudiger und gutmütiger angesehen werden. Als besonders traditionsbewusst sind die Bewohner von Kyôto bekannt, jedoch auch als etwas geizig, weich, elegant, aufs Äußerliche achtend, bisweilen unaufrichtig. Die Menschen in Osaka gelten dagegen als geschäftstüchtig und geizig – nur nicht wenn es ums Essen geht. Insgesamt großzügig geben sich die Leute in Tokyo. Geld können sie nicht lange bei sich behalten, lassen sich aber nichts anmerken, wenn nichts mehr da ist.

Nun, das sind alles grobe Vereinfachungen. Vielleicht finden Sie das eine oder andere dennoch bestätigt. Aber wie das eben so ist mit Vorurteilen und oberflächlichen Aussagen: wenn man sie für richtig hält, findet man auch ständig Bestätigungen. „Selektive Wahrnehmung" nennt man dies in der Psychologie ...

Diskriminierte Minderheiten

Japan ist ein Inselreich, das sich weitgehend isoliert vom Rest der Welt entwickelt hat. Zwar sind die Ureinwohner aus allen möglichen Richtungen auf die Inseln gekommn: vom asiatischen Festland ebenso wie aus Südostasien, ja selbst aus Polynesien, aber das ist lang her. Seit über zweitausend Jahren hat sich die Bevölkerungszusammensetzung praktisch nicht verändert. Völkerwanderungen wie in Europa haben in Japan nicht stattgefunden. So hat Japan die homogenste Bevölkerung aller großen Nationen. Unter den 125 Millionen Bewohnern des Kaiserreichs sind fast zwei Millionen Ausländer – in Deutschland, das etwa 82 Millionen Einwohner hat, sind es etwa viermal soviel. Weil es in ihrem Land so wenig Ausländer gibt, tun sich die Japaner schwer mit allen, die nicht zu ihresgleichen gehören. Das gilt bis heute, obwohl Japan weltoffener geworden ist und von vielen Tausenden von Touristen Jahr für Jahr besucht wird.

Unter der Ausländerfeindlichkeit der Japaner leidet vor allem die **koreanische Minderheit** im Lande. Die rund zwei Millionen Koreaner kamen nicht aus freien Stücken auf die Inseln, sondern wurden nach 1910 als Zwangsarbeiter nach Japan geschafft, um dort z. B. in den Kohlebergwerken unter unwürdigen Bedingungen zu arbeiten. Im 2. Weltkrieg wurden sie auch in den Rüstungsbetrieben eingesetzt. Und damit wurden auch viele von ihnen durch die erste auf Menschen abgeworfene Atombombe am 6. August 1945 in Hiroshima getötet. Ihrer wurde nie gedacht, nie erhielten sie Entschädigungen, weder von Japan, noch von Korea. Erst 1990 wurden solche erstmals in Aussicht gestellt. Bis heute wird darüber diskutiert – gezahlt wurde bisher noch nicht.

Aber das sind nur die extremen Beispiele. Der Alltag von heute ist unrühmlich genug: Nach dem Korea-Krieg Anfang der 1950er Jahre wurden die Koreaner in Japan in zwei Gruppen gespalten, die Sympathisanten Süd- und die Nordkoreas. Die Anhänger Südkoreas kehrten teilweise nach 1945 in die Heimat zurück, zwanzig Jahre später – nach Abschluss des Normalisierungsvertrages zwischen Japan und Korea – gingen weitere 350.000 Menschen nach Südkorea. Aber noch immer leben über 600.000 Koreaner im Land, viele von ihnen besitzen keine Staatsbürgerschaft, weder die koreanische noch die japanische. Sie haben keinen Zugang zu den üblichen sozialen Leistungen und werden von den Behörden schikaniert.

Manche Koreaner versuchen, sich so total an Japan anzupassen, dass sie Hoffnung auf Einstieg in eine übliche Firmenkarriere hegen. Es mussten einige Firmeneinstellungen, die rückgängig gemacht wurden, weil sich herausstellte, dass ein Bewerber Koreaner war, per Gerichtsbeschluss durchgesetzt werden. Ein Großteil der Koreaner lebt in Ghettos wie dem im Osten Osakas gelegenen Stadtteil Ikuno, der 180.000 Menschen zur zweiten Heimat geworden ist. Viele finden Arbeit in der Vergnügungsindustrie und geraten damit in die Nähe der Gangsterorganisationen (Yakuza).

Nord- und Südkorea strecken natürlich auch ihre Arme nach Japan aus. Da gibt es die südkoreanische Kampforganisation „Mindan" und die nordkoreanische „Soren", der sich ein Drittel der japanischen Koreaner verbunden fühlt. Diese Organisationen bieten eigene Kindergärten, Schulen, Universitäten, Krankenhäuser usw. und verlangen von ihren Anhängern, dass sie koreanische Schulkleidung tragen und sich keinesfalls in die japanische Gesellschaft integrieren. Man sieht diese Schuluniformen tatsächlich immer wieder im Straßenbild.

Eine andere, unsichtbare Minderheit sind die **Eta** (wörtlich übersetzt: voller Schmutz, gesteigert: *Etta*), offiziell **Buraku-min** genannt. Sie sind reinrassige Japaner, aber ihre Vorfahren haben Berufe ausgeübt, die im buddhistisch-shintoistischen Japan als rituell unrein und damit nicht gesellschaftsfähig galten: Schlächter, Gerber, Leichenwäscher, Totengräber. Sie lebten etwas außerhalb der Städte am Ufer von Flüssen, dienten den Herren des Tokugawa-Shogunats teilweise als Spitzel und lebten während dieser Zeit durch ihre Monopolstellung zwar nicht gerade schlecht, waren dafür aber mit dem Makel der Unreinheit behaftet. Sie bildeten die unterste Stufe der Gesellschaft. Die Tokugawa-Regierung hatte das Recht, z. B. unbootmäßige Bauern in diese Unterschicht hinabzustoßen. So war das Vorhandensein der *Eta* ein wirksames Herrschaftsinstrument.

Ihre offizielle „Befreiung" im Jahre 1871 bedeutete für die *Buraku-min* keinen echten Vorteil: Sie gingen dadurch nämlich zugleich ihrer Monopole und damit ihrer traditionell gesicherten Einkommensmöglichkeiten verlustig. Aber es gibt noch einen anderen Grund: Viele Firmen wollen genau wissen, woher die Familie eines Bewerbers stammt, und man kennt schließlich die Sondersiedlungen, die *buraku*. Wer also von dort stammt, ist ein *Eta*, was bedeutet, dass andere Bewerber ihm vorgezogen werden.

Es gibt heute noch rund 6000 *buraku* am Rand der großen Städte, in denen zwei bis drei Millionen *Eta* leben sollen, keine geringe Zahl also. Wie den Koreanern bleiben ihnen zumeist Tätigkeiten als Kleinstunternehmer, Hilfsarbeiter, Tagelöhner, Hausierer, Schlachter, Straßenkehrer, Lumpensammler, ja selbst Bettler, also gesellschaftlich unterprivilegierte Einkommensmöglichkeiten vorbehalten. Eine Integration in die Mehrheitsbevölkerung ist im Grunde trotz des unermüdlichen Engagements der *Buraku*-Befreiungs-Liga noch nicht möglich. Eine Heirat zwischen *Eta*-Angehörigen und normalen Japanern bringt nämlich immer noch Schande über die Familie der „Normalen", und so bleiben die *Buraku-min* auch heute noch zwangsläufig weitgehend unter sich. Und wegen ihrer schlechten sozioökonomischen Situation kommen sie sowieso nicht recht weiter: schlechtere schulische Erziehung, siebenmal höhere Zahl von Sozialhilfeempfängern als im Landesdurchschnitt, hoher Prozentsatz chronischer Erkrankungen etc.

Die japanischen Normalbürger sprechen nicht gern über die *Buraku-min*, sie verdrängen dieses Thema ebenso, wie sie die militaristische Vergangenheit und die Kriegsverbrechen Japans verdrängen. Man glaubt, die *Buraku-min* sprächen eine andere Sprache, verbreiteten Krankheiten oder seien Gangster. Am besten, man denkt überhaupt nicht an sie und meidet ihre Gegenwart. Machen Sie selbst einmal die Probe auf's Exempel. Meine Informationen über die *Eta* habe ich jedenfalls größtenteils nicht von Japanern ...

Eine Minderheit, die noch erwähnt werden muss, sind die Ureinwohner Nordjapans, die **Ainu,** zu denen sich noch über 20.000 Bewohner Hokkaidos zählen; alle sind jedoch bereits mehr oder weniger stark mit Japanern vermischt. Früher wurden sie als Nicht-Japaner diskriminiert, heute leben viele als Touristenattraktion in künstlichen *Ainu*-Siedlungen *(kotan)*. Die *Ainu* haben gewisse kaukasische Merkmale (starker Bartwuchs) und sind mit sibirischen Völkern und entfernt auch mit den Indianern verwandt. Zur japanischen Sprache bestehen gewisse Ähnlichkeiten.

Der starke Yen hat seit den 1980er Jahren Hunderttausende von legalen und illegalen **Gastarbeitern** ins Land gelockt, vor allem von den Philippinen, aus China, Pakistan, Bangladesh und Iran als Gastarbeiter in 3-K-Jobs (*kitsui* = anstrengend, *kitanai* = schmutzig, *kiken* = gefährlich) bzw. mit Künstler-Visum im Entertainment, sprich: Sex-Business, vor allem aus den Philippinen, Thailand, China u. a. – zum Nutzen der Wirtschaft, aber zum Missfallen vieler, wenn nicht der meisten Japaner, die in ihnen u. a. eine Bedrohung der öffentlichen Sicherheit sehen. Vor allem Chinesen fallen in letzter Zeit immer häufiger durch organisierte Kriminalität auf.

ESSEN UND TRINKEN

Das habe ich in Japan geliebt:
dass dort die Mahlzeiten kein tierisches Gewicht haben.
Sie erscheinen schon in abstrakter Anordnung
auf dem Tisch, entmaterialisiert, ein Muster aus
farbigen Elementen, geschmackvoll isolierten Stoffen,
sie riechen meist nach Fisch, sie verbreiten scharfe
Wässer und Essenzen im Mund, knarren vegetarisch
oder verflüchtigen sich wie ein salziger Kuss.

Adolf Muschg: Im Sommer des Hasen, 1965

039jp Foto: rb

Die Limousine, mit der die vier von Narita nach Tokyo gefahren waren, hielt vor einem modernen, mittelgroßen Hotel in der Nähe des Hauptbahnhofs. Die beiden Japaner boten Renate und Wolfgang an, sie abends zum Essen auszuführen. So reizvoll dieser Vorschlag war, aber nach dem langen Flug wollten sie sich erst einmal erfrischen und anschließend ausspannen. Mr. Sato und Miura gingen mit vor zur Rezeption, da die Reservierung des Hotels durch „Sanei Electronics" vorgenommen worden war. Wolfgang dankte beiden für die Einladung zum Essen und bat sie um Verständnis dafür, dass sie am ersten Abend schon früh zu Bett gehen wollten. Sie verabredeten sich für 9 Uhr am nächsten Morgen. Schließlich verabschiedeten sie sich voneinander.

Renate und Wolfgang fuhren im Lift nach oben. Ihr Zimmer lag im achten Stock. Sie wollten sich zwar duschen und umziehen, dachten aber gar nicht daran, sich schon schlafenzulegen. Sie hatten das nur als Vorwand vorgebracht, um sich ohne fremde Hilfe ins Abenteuer Tokyo stürzen zu können. Das Zimmer war nicht sehr geräumig, aber alles war vorhanden: Doppelbett, Bad mit Toilette, Fernseher, Kühlschrank ...

Am frühen Abend verließen sie das Hotel und bummelten in Richtung Ginza. Es wurde langsam dunkel, und Tokyo begann sich zu verändern. Die Augen wurden in den Bann der flackernden, ständig wechselnden Lichtreklame gezogen. Die zahllosen Lokale hatten ihre Auslagen beleuchtet. Die Qual der Wahl begann. Hätte es doch nur ein einziges Restaurant gegeben, aber so gingen sie immer weiter, neugierig, was als nächstes käme. Die meisten Lokale hatten draußen je eine Schale oder einen Teller mit ihren angebotenen Gerichten ausgestellt. Das machte die Orientierung leichter - aber wie würden die Sachen schmecken? Irgendwo mussten sie den Anfang machen. Sie hatten mittlerweile schon die Harumi-dori, die Hauptstraße der Ginza erreicht. Der Zufall trieb sie in ein Hochhaus, in dem es von Lokalen - nach der Reklame zu urteilen - nur so wimmelte. Nicht alle Namen konnten sie entziffern. Auf gut Glück fuhren sie mit dem Lift hinauf und stiegen irgendwo aus. Die Türen zu den Lokalen waren geschlossen. Sie betätigten die Klingel zu einem, das irgendwie sehr japanisch aussah. Eine junge Dame in elegantem Kimono öffnete die Tür. Sie lächelte etwas verlegen, rang sich aber nach einigen „Schrecksekunden" ein paar englische Brocken ab. Sie bedauerte, die beiden Ausländer nicht einlassen zu können. Aber dies sei ein Club, nur für Mitglieder. Sie entschuldigte sich und schloss dann wieder die Tür.

Sie versuchten es ein Stockwerk höher. Dieses Mal hatten sie mehr Glück. Wieder hatten sie versucht, in ein durch und durch japanisch wirkendes Restaurant eingelassen zu werden. Sie wurden von der Empfangsdame gefragt, ob sie reserviert hätten, aber nach ihrem Verneinen dennoch in ein kleines Nebenzimmer geführt, das sich mit einer Schiebetür öffnen ließ. Die ebenfalls in einen Kimono gekleidete Dame schlüpfte aus ihren Sandalen und öffnete die Schiebetür, wobei sie in die Knie ging. Wolfgang und Renate betraten das Zimmer. Die Dame erschrak, als sie beide in Straßenschuhen das mit Reisstrohmatten ausgelegte Zimmer betraten. Sie entschuldigte sich und deutete darauf. Die beiden kapierten und entledigten sich ihrer Schuhe, die sie vor die Tür stellten. Sie setzten sich an den niedrigen Tisch auf ein Sitzkissen. Die Bedienung reichte ihnen die Speisekarte. Nun war es an Renate und Wolfgang, sich zu erschrecken. Die Preise waren gepfeffert. Es gab nur ein Komplettmenü, das pro Person mehr als 10.000 Yen kostete. Renate und Wolfgang berieten sich kurz und kamen dann zu dem Schluss, dass sie nicht mit solch einem Hammer beginnen wollten.

Auch wenn es ihnen peinlich war, aber sie standen auf, entschuldigten sich mit dem Argument, dass sie nur ein paar Kleinigkeiten essen wollten, und ließen sich dann - nachdem sie wieder ihre Schuhe angezogen hatten - hinausbegleiten.

„Das nächste Mal müssen wir besser aufpassen", meinte Renate. Gleich nebenan sahen sie in der Auslage Gerichte, die preiswerter waren. Die Preisangabe war auch für sie lesbar. Die meisten Gerichte kosteten um die 1000 Yen. Das war genau das Richtige. Sie gingen hinein, wurden von der Bedienung in weißem Jackenkittel mit leichter Verbeugung, freundlichem Lächeln und einem „irasshai-mase" (Herzlich willkommen) begrüßt und gingen an einen freien Tisch. Die Bedienung brachte ihnen je eine henkellose Tasse mit heißem grünem Tee. Sie hatten doch noch gar nichts bestellt. Hoffentlich war der nicht zu teuer. Der Bedienung wollten sie gerade ihre Wünsche vortragen, die deutete aber in Richtung Ausgang zur Kollegin, die an der Kasse saß. Sie machte mit ihren Fingern eine Art Viereck. Meinte sie Papier?

„Es sieht so aus, als ob wir erst an der Kasse unsere Wünsche vortragen müssen", meinte Wolfgang. Sie gingen nach vorn und zeigten auf die Gerichte, die sie sich soeben ausgesucht hatten. Die junge Frau verstand und tippte den Betrag ein. Mit dem Kassenbon gingen sie zu ihrem Platz zurück und übergaben diesen der Bedienung. Die aber konnte mit den Zahlen nicht allzu viel anfangen. Es gab offenbar mehrere Gerichte derselben Preislage. Sie fragte die beiden nach den Namen der Gerichte. Wieder mussten sie aufstehen. Zusammen mit der Bedienung gingen sie zum Fenster und deuteten auf die Wachsmodelle. Ein Leuchten des Verstehens huschte über das Gesicht der Japanerin.

Wieder an den Platz zurückgekehrt, erhielten sie zusammengerollte Tücher, die in einer verschlossenen Zellophantüte steckten. „Das sind bestimmt die Servietten", meinte Renate. Die beiden probierten jetzt den Tee. Der war nun nicht mehr heiß und leicht bitter. Auf dem Tisch vermissten sie Zucker und Milch. Zu Hause waren sie offensichtlich mit grünem Tee noch nie in Berührung gekommen. Sie riefen die Bedienung und deuteten auf die Tassen, woraufhin sie mit ihrer Teekanne zum Nachschenken kam. So war das nicht gemeint. Sie machten eine Handbewegung, mit der sie Zucker andeuteten. Die Bedienung schien zu verstehen und sagte: „Sorry, no sugar". Na, dann eben nicht. Das war aber ein komisches Lokal. Sie servierten unaufgefordert Tee und hatten noch nicht einmal Zucker und Milch!

Wenige Augenblicke später wurden die beiden bestellten Reisgerichte serviert. Renate und Wolfgang öffneten die Serviettentüten und wunderten sich, dass die schon feucht waren. Das waren ja eher Waschlappen als Servietten! Sie blickten sich im gut besuchten Lokal um und sahen bei Tischnachbarn, die gerade angekommen waren, dass diese sich mit den Tüchern Gesicht und Hände wuschen.

Das Essen selbst war nicht sonderlich exotisch: Das eine war Reis mit einer Art Currysauce, das andere hatte Ähnlichkeit mit Gulasch. Für den Einstieg nicht schlecht. Als die Bedienung abräumte, fragten sie nach den Namen der Gerichte: Das eine klang wie „kare-rice", das andere wie „hayashi-rice". Wolfgang legte noch 100 Yen Trinkgeld auf den Tisch, dann standen sie auf und schickten sich an zu gehen. Sie hatten das Lokal noch nicht verlassen, als die Bedienung sie eingeholt hatte und Wolfgang die 100-Yen-Münze, die er offensichtlich vergessen hatte, zurückgab. „This is for you", erklärte er und zeigte mit seinem Finger auf die Frau. Die lachte verlegen, schüttelte den Kopf und wehrte das Angebot ab. „Na dann eben nicht", murmelte Wolfgang und steckte das Geld wieder ein.

Kurz darauf standen sie wieder auf der Straße. Die Ginza war immer noch sehr belebt. Das Feuerwerk der Lichter wirkte jetzt, wo es dunkel war, noch erregender. Renate und Wolfgang bummelten gemütlich zurück zum Hotel.

Wie das Grundbedürfnis nach Nahrungsaufnahme gestillt wird, darin unterscheiden sich Völker und Kulturen teilweise ganz erheblich. Der natürliche Lebensraum bestimmt weitgehend, wie und wovon sich die Menschen ernähren. Die Japaner haben immer einen wesentlichen Teil ihrer Nahrung dem Meer entnommen. Außerdem wurde auf den Schwemmböden der flachen Täler und in den wenigen Küstenebenen seit alter Zeit Reis angebaut. Reisanbau ist bekanntlich eine Gemeinschaftsarbeit, die nicht nur arbeitsintensiv und zeitautwendig ist, sondern auch ein großes Maß gegenseitiger Rücksichtnahme und Mithilfe erfordert, denken wir nur an die ausgeklügelte Wasserverteilung, das Pflanzen und Umsetzen der Setzlinge etc. Zu Reis haben die Japaner wie etwa auch die Thailänder ein ganz besonderes Verhältnis, das man durchaus als ehrfürchtig bezeichnen kann.

Ungekochter Reis heißt; *o-kome,* gekochter Reis *go-han. 0* und *go* werden an bestimmte für Japaner wichtige Worte vorn angehängt. *Go-han* (ehrenwerter Reis) bedeutet zugleich Mahlzeit, Essen. *Go-han o taberu* (Reis essen) heißt also allgemein: essen. In der vornehmen japanischen Küche wird Reis erst gegen Ende der Mahlzeit serviert. Die traditionelle Etikette des Reisessens schreibt vor, dass jeweils mehr als nur eine Schale Reis gegessen werden sollte, denn eine Schale ist die „Portion" für die Verstorbenen, die der Tradition nach vor den buddhistischen Hausaltar gestellt wird. Heute wird diese Etikette nicht mehr streng befolgt. Ein Trick ist, sich die erste Schale Reis nur halb füllen zu lassen.

Reis, Meeresfrüchte und Gemüse sind so etwas wie der Grundbestandteil der japanischen Küche. Aber was Ihnen vom ersten Tag an im Land auffallen wird, ist die ungeheure Vielfalt der angebotenen Speisen, die weit über diese Grundelemente hinausreicht. Die Fähigkeit der Japaner, fremde Einflüsse aufzunehmen und an ihre Bedürfnisse anzupassen, hat auch zu einer großen Bereicherung der einheimischen Küche geführt. Da gibt es z. B. eine große Zahl ursprünglich chinesischer Gerichte, die in China heute niemals so zu finden sein werden, weil sie längst japanisiert wurden.

Das gilt auch für europäische Einflüsse. Ein deutsches Beefsteak und Nudeln, Pizza oder Spaghetti schmecken in Japan einfach anders als in den Ursprungsländern. Auch der beliebte Curry-Reis *(kare-raisu)* oder Schweineschnitzel *(ton-katsu)* haben ihr eigenes Arrangement und ihren besonderen Geschmack. Curry-Reis kann ich überall in Japan essen. Das gleiche gilt für die gesamte ausländische Küche. Die Gerichte schmecken um Nuancen anders, die Beilagen unterscheiden sich, aber innerhalb Japans sind sie einander oft überraschend ähnlich, als ob es da eine Art abgesprochenen Standard gäbe.

043jp Foto: ml

Eine Ausnahme bilden die amerikanischen Fast-food-Ketten, die ja bewusst damit prahlen, dass ihre Hamburger überall in der Welt fast identisch schmecken, also auch in Japan. Trotz des großen Reichtums an Lokalen und Gerichten, die aufzuzählen ein Buch kaum ausreichen würde, sind unter den jungen Leuten auch in Japan diese „Junk-food-Tempel" sehr beliebt, wie die hohen Umsätze und ihre weite Verbreitung zeigen.

Ein Teil der Vielfalt der japanischen Küche resultiert aus der großen Experimentierfreude der Japaner. Die Riesenkonkurrenz treibt sie aber auch immer wieder an, nach noch raffinierteren Zubereitungsarten, Zutaten, Arrangements usw. zu suchen.

Früher war Japan im Grunde ein armes Land. Selbst der Kaiser lebte bescheidener als so mancher heutige Neureiche. Es gab nur ein begrenztes Angebot an örtlich verfügbaren Meeresfrüchten und Gemüsearten. Daraus hat sich in Japan ein Hang zu besonderer Wertschätzung der in einer jeweiligen Jahreszeit verfügbaren Nahrungsmittel oder regionaler Spezialitäten entwickelt. Noch heute, wo die Transportwege längst erleichtert sind, wo der Austausch über Ländergrenzen hinweg auch in Japan stark zugenommen hat und wo dank verbesserter Lagerungsmöglichkeiten u. Ä. Nahrungsmittel auch außerhalb bestimmter Jahreszeiten verfügbar sind, halten die Japaner weiterhin an der Tradition fest, bestimmte Gerichte nur in einer bestimmten Jahreszeit zu essen, was teils auch klimatisch bedingt ist. Kalte Nudeln isst man nun einmal nur im heißen Sommer, dafür sind wiederum die köstlichen Eintöpfe, die man sich am Tisch selbst gart, ganz charakteristisch für den Winter.

Im Winter bekommt man auch den berüchtigten *fugu* (Kugelfisch) zu essen, dessen Leber und Eierstöcke das tödliche Gift Tetrahydrotoxin enthalten. Nur Köche mit einer Sonderlizenz dürfen *fugu* zubereiten. Es gibt jedes Jahr Tote, weniger in den Lokalen, aber auch dort, wenn etwa ein Gast auf winzige Stücke der tödlichen Leber besteht und den Genuss zu einer Art japanischem Roulette gestaltet. Überlebt er es, hat er von den verbotensten Früchten gekostet und genießt sie dementsprechend – andernfalls stirbt er unter Qualen. Einer der berühmtesten *kabuki*-Schauspieler, *Bando*, starb in dem Jahr, als ich zum ersten Mal in Japan war. Ich ließ mich dennoch nicht davon abbringen, *fugu* zu essen, aber ausschließlich vom zarten, weißen Fleisch.

Japaner konnten früher nur selten ins Ausland verreisen, heute sehen wir sie fast überall. Sie gehören mittlerweile zu den reiselustigsten Völkern der Welt. Im eigenen Land sind sie immer schon gern herumgereist und haben dabei dann besonders gern die regionalen Spezialitäten gekostet und wohl manche Reise nur aus diesem Grund unternommen. Die abgepackten Spezialitäten einer Gegend oder eines Ortes, oft eingelegte Gemüse, sind teilweise im ganzen Land bekannt. In jedem Kursbuch kann man nachlesen, was es wo gibt.

Die Japaner möchten vor allem den Eigengeschmack einer Zutat voll zur Geltung kommen lassen. Also bemühen sie sich um möglichst frische und qualitativ gute Zutaten. Gerichte sollten im Grunde auch leicht zu kochen sein. Sehr wesentlich ist neben der bewussten Einfachheit der ausgeprägte Sinn für höchst ästhetische Arrangements. Es sind oftmals wirklich kleine Kunstwerke, die in japanischen Küchen geschaffen werden. Sie zeugen in ihrer Schlichtheit und Eleganz vom Einfluss des Zen auf die japanische Kultur. In der Tat entwickelte sich die vornehmste und für uns am typischsten japanische Küche, die *kaiseki-ryōri,* aus den Bedürfnissen nach kleinen, leichten Mahlzeiten vor einer Teezeremonie. *Kaiseki-ryōri* verbindet sich vor allem deshalb auch mit Kyoto, der alten Kaiserstadt und dem Zentrum der traditionellen japanischen Künste. Einfachheit, Stille *(wabi)* und unaufdringliche Eleganz *(sabi)* sind ja auch Grundkonzepte japanischer Kultur, wie wir sie in Tempeln und Gärten, in der Tuschemalerei, Gedichtkunst und eben auch beim Essen erkennen können. Hinzu kommt, dass japanisches Essen grundsätzlich sehr gesund, frisch, leicht verdaulich und vielseitig ist. Vielleicht ist das einer der Gründe dafür, dass Japaner heute in der Welt die durchschnittlich höchste Lebenserwartung haben.

So typisch wir diese japanische Haute Cuisine empfinden, so sehr unterscheidet sie sich doch von dem, was Japaner alle Tage essen. Da gibt es für manche wohl überraschenderweise die große Liebe der Japaner zu Nudelgerichten, z. B. *râmen* (chinesische Nudeln), *udon* (weiche, breite Weizennudeln) und *soba* (Buchweizennudeln). Solche Nudelgerichte werden gern als leichte Zwischenmahlzeiten unterwegs oder mittags eingenommen. Sie gehören zu den preisgünstigsten Gerichten.

Milchprodukte gibt es in Japan erst seit dem Ende des letzten Krieges. Früher gab es fast keine Rinder, also weder Kuhmilch noch Butter, Käse usw. Schweine waren auch selten, am häufigsten im Süden Kyushus, der der chinesischen Küche schon etwas nähersteht, das gilt insbesondere für Nagasaki. Heute gibt es mehr Schweinefleisch, z. B. in vielen abgewandelten chinesischen Gerichten, die *chūka-ryōri* (chinesische Küche) heißen oder in Form der beliebten Schweineschnitzel. Das *Kobe-* und *Matsuzaka-*Beef für die super(teuren) Steaks ist international bekannt (die Rinder werden zum Teil mit Bier gefüttert und massiert). Traditionell üblich war dagegen immer schon Geflügel, mit am beliebtesten die *yaki-tori,* auf Spießen gegrilltes Hühnerfleisch.

Süßigkeiten werden eher zwischendurch gegessen als unmittelbar nach dem Essen. Heimisches Obst sind im Frühjahr Erdbeeren, im Sommer Pfirsiche, Pflaumen, Kirschen und Wassermelonen, im Herbst Äpfel, Nashi-Birnen, Weintrauben und Kaki, im Winter Mandarinen. Obst kann sehr teuer sein, weil das Äußere ganz wichtig ist. Da gibt es Geschenkpackungen, bei denen eine Netz-Melone rund 3000–4000 Yen kostet. In der Art des Obstessens unterscheiden sich die Japaner von uns: Was geschält werden kann, wird geschält, also grundsätzlich Äpfel, Birnen (köstlich die im Kühlschrank gekühlten Nashi-Birnen), sogar Weinbeeren.

Lokale: Anders als bei uns gibt es in Japan eine verwirrende Fülle von Speziallokalen, die sich in ihrer Einrichtung und ihrem Speiseangebot sehr stark voneinander unterscheiden. Manche sind preiswert, manche sind sehr teuer und elegant. Die Rede ist hier wohlgemerkt nur von einheimischer Küche (*-ya* = Lokal).

Ryôtei: Japanische **Spitzenrestaurants** wirken von außen oft wie traditionelle japanische Wohnhäuser. Man muss vorher reservieren und kommt ohne Einführung durch einen Stammgast oft gar nicht hinein. Durch in elegante Kimonos gekleidete Bedienung *(nakai san)* wird die vornehme japanische Küche *(kaiseki-ryōri)* serviert. Die Speisen werden in kleinen Portionen künstlerisch arrangiert und auf erlesenem Geschirr dem Auge und Gaumen dargeboten – ein ästhetischer Hochgenuss. Es gibt klare Suppen, rohen Fisch (meist Meerbrasse, Flunder), gegrillten Fisch, gedünstetes Gemüse u. a., immer in einer Vielzahl von Gängen, die in einer bestimmten Reihenfolge aufgetragen und gegessen werden. Die Speisen richten sich immer nach den Jahreszeiten. Sollten Sie einmal die Chance haben, *kaiseki-ryōri* zu essen, können Sie sich glücklich schätzen. Vielleicht werden Sie dazu eingeladen. Es gibt eine gewisse Etikette beim Essen im *ryôtei,* es ist daher günstig, beim ersten Mal in Begleitung von Japanern zu kommen und sie als Führer durch das Essen dabeizuhaben. Normalerweise kostet ein Menü nicht unter 10.000 Yen pro Person.

Sukiyaki-ya: Auch diese Restaurants sind recht vornehm eingerichtet. Hier wird vor allem *Sukiyaki* vor den Augen der Gäste in einem Eisentopf

047jp Foto: mr

auf Gasflamme zubereitet. Je nach Lokal tun dies auch die Gäste selbst. Japaner mögen diese Art von am Tisch zubereiteten Eintopfgerichten, deren Name meist auf *-nabe* (Topf) endet. Aber es sind Spezialitäten der kalten Jahreszeit, die im Sommer nur von uns Ausländern *(gai-jin)* gegessen werden. Erst wird etwas von dem in hauchdünne Scheiben geschnittenen Rindfleisch angebraten, dann wird die Spezialsoße *warishita* (aus Sojasauce, süßem Reiswein und Zucker) darübergegossen, in der dann das restliche Fleisch und das Gemüse gegart wird. Mit Stäbchen wird das Gegarte herausgefischt, in ein Schälchen mit verquirltem rohem Ei getaucht und dann mit etwas Reis, der in einer Extraschale serviert wird, gegessen. Beliebt ist auch *shabu-shabu,* das aus ähnlichen Zutaten besteht. Es wird aber im Feuertopf in Brühe gegart. Dazu gibt es zum Eintunken eine angenehm säuerlich-würzige Soße. Da Fleisch teuer ist, sind *Sukiyaki* und *Shabu-shabu* nie billig. Hinzu kommt, dass zum *Sukiyaki* gern Wein getrunken wird, obwohl Bier m. E. besser passt.

Sushi-ya: Hier wird der berühmte rohe Fisch *(sushi)* gegessen. Es sind meist kleinere, sehr saubere Lokale. Der dunkelblaue Vorhang *(noren)* über der Tür zeigt an, dass geöffnet ist (das gilt auch für andere traditionelle Lokale). Preis und Qualität sind unterschiedlich. Frische ist natürlich das oberste Gebot. Sie bekommen erst mal grünen Tee serviert, bestellen vielleicht zunächst etwas in Streifen geschnittenen Thunfisch, Meerbrasse, Tintenfisch o. Ä., die mit geraspeltem Rettich serviert werden. Getunkt wird beides in Sojasauce, in die je nach Geschmack scharfer Meerrettichsenf *(wasabi)* verrührt wird. Dann bestellen Sie entweder eine Art Menü (z. B. *jō, chū, nami* = teurer, mittel, Standard, vornehm ausgedrückt: *matsu, take, ume* = Kiefer, Bambus, Pflaume) oder zeigen jeweils auf das, was Sie haben wollen. *Nigiri-zushi* heißt die Art, die am bekanntesten ist und aus Tokyo stammt. Dabei wird mit Essig, Salz und Zucker gewürzter Reis mit der Hand zu rechteckigen kleinen Bissen geformt, auf die kommt etwas Meerrettich-Senf und darauf der eigentliche Belag. Beliebt ist Thunfisch, meist vom Bauch, Hummerkrabben, Lachseier, Lachs, Tintenfisch oder Flunder. *Sushi* wird immer in die mit Meerrettich-Senf gewürzte Sojasauce getunkt, und – wenn Sie es schaffen – mit dem Fisch nach unten in den Mund gesteckt. Bier und Reiswein (heiß) schmecken gut dazu. *Sushi* wird gern telefonisch bestellt und ins Haus geliefert, etwa so: *„nami hito ori"* (Bitte ein Paket Standardsushi). *Kaiten-zushi* ist *sushi* vom Fließband, das auch im Ausland immer häufiger anzutreffen ist.

Tempura-ya: Das Wort stammt aus dem Portugiesischen, das Gericht ist heute jedoch typisch japanisch, der Vorläufer kam im 16. Jahrhundert mit den Portugiesen nach Japan. Verwendet werden Hummerkrabben, *kiso,* ein kleiner Weißfisch, dazu viele Arten von Gemüse, u. a. kleine grüne Paprika, Kürbis, Auberginen, Zwiebeln, Lotoswurzeln, Pilze und Karotten. Die Zutaten werden in einem Teig aus Mehl, Ei, Salz und eiskaltem Wasser gewälzt, dann in Öl gebacken und am besten sofort über die Theke serviert. Dazu gibt es die Soße *tentsuyu,* in die noch geraspelter Rettich verrührt wird. Am einfachsten ist es, das fertige Menü *teishoku* zu bestellen, es enthält eine Auswahl an *tempura,* dazu Suppe und etwas eingelegtes Gemüse *(tsuke-mono).* Das kostet meist etwas mehr als 1000 Yen.

Soba-ya: In den traditionellen Nudel-Lokalen werden *soba* (Buchweizennudeln) oder *udon* (breite, weiche Weizennudeln) gegessen. Sie müssen in der Regel wählen, ob Sie ein Gericht als *soba* oder *udon* wollen. Nur als *soba* wird *mori-soba* oder *zaru-soba* serviert, ein beliebtes Sommergericht: Sowohl die Nudeln als auch die Soße sind kalt, dazu gibt es kleine Lauchringe und Meerrettichsenf. Nur als *udon* gibt es das Wintergericht *nabeyaki-udon,* wobei die Zutaten im Topf gekocht und sehr heiß serviert werden. Zusätzlich würzen kann man mit *shichimi* (7-Gewürz), eine Art Chili. Beim Übergang vom alten ins neue Jahr essen Japaner übrigens grundsätzlich lange, dünne Nudeln, als Symbol für ein langes Leben. Diese Nudeln werden als *toshikoshi-soba* bezeichnet.

Tonkatsu-ya: Hier gibt es paniertes, in Streifen geschnittenes Schweineschnitzel *(tonkatsu),* das mit *o-sôsu,* einer Art Worchestersauce übergossen und meist mit gehacktem Kohl serviert wird. Gut schmecken auch panierter Fisch, Austern und paniertes Gemüse (mit Zusatz *furai* von engl.: *fried*).

Yaki-tori-ya: Gegrillte Hühnerspießchen mit Lauch. Die Spieße werden erst gesalzen oder in eine Spezialsoße (Lokalgeheimnis) getaucht und dann über Holzkohlenglut gegrillt. Auch Innereien (je nach Bestellung) kommen auf die Spieße. Nach der Arbeit finden sich *salarimen* (Firmenangestellte) gerne zu einigen Spießchen und Getränken in diesen kleinen, durch rote Laternen *(aka chō chin)* markierten Lokalen ein, die man auch durch den appetitanregenden Geruch, der von ihnen ausgeht, findet.

Chūka-ryōri: Hier gibt es preiswerte chinesische Gerichte, z. B. Frühlingsrollen *(haru-maki),* gedünstete oder gebratene Maultaschen *(gyōza),* gedämpfte, in Teig gewickelte Fleischbällchen *(shūmai)* und eine Vielzahl von chinesischen Gerichten, die an den japanischen Geschmack angepasst wurden. Wenn Sie andere Gerichte ausprobieren wollen, suchen Sie sich diese am besten mit Hilfe der Wachsmodelle aus, oder zeigen Sie auf ein Gericht, das am Nachbartisch gegessen wird und appetitlich aussieht: *are o kudasai* = jenes bitte.

Shoku-dō: Hier können Sie eine Vielzahl verschiedener Gerichte, die meist preiswert sind, bekommen. *Shoku-dō* kommt von *shokuji-dokoro* und heißt einfach Esslokal. Es gibt hier verschiedene Reisgerichte, die oft auf *-don* oder *-raisu* enden, z. B. *katsu-don* (mit Schweineschnitzel), *ten-don* (mit *tempura), oyako-don* (mit Huhn, Zwiebeln, Ei), *kare-raisu* (Curryreis), *hayashi-raisu* (Reis mit einer Art Bolognese-Soße), *omu-raisu* (mit Huhn und Erbsen gemischter Reistopf, darüber ein Omelett, begossen mit Ketchup). Solche Gerichte sind gute Einstiege in die japanische Küche, sie erfordern keine große Risikobereitschaft. Beliebt ist auch *chahan*, gemischter, gebratener Reis, in dem alle möglichen Reste verwertet werden können. *Chahan* wird daher oft zu Hause gegessen.

Ko-ryōriya (wörtlich: kleines Restaurant): Hier gibt es kleine Appetithäppchen mit Fisch, Gemüse u. a., die beim Trinken gegessen werden. Hier ist der Hauptzweck noch das Essen, im *nomi-ya* (Bar) wird vor allem getrunken, aber auch dort gibt es kleine Snacks.

Robata-yaki: Wer es rustikal mag, wird an diesem Lokaltyp Gefallen finden. Fisch, Gemüse, *tōfu* (Sojabohnenkäse), Kartoffeln u. a. werden über Holzkohlenglut gegrillt. Man schaut zu und sitzt an der Theke. Die Lokale sind im Stil von Bauernhäusern eingerichtet. Nostalgie gibt es heutzutage gerade auch in Japan.

Kissa-ten: In den Cafés, die manchmal auch *kôhi-shoppu* (coffee-shop) oder tea-room heißen, können Sie ebenfalls essen, insbesondere auch frühstücken. Hier gibt es einige europäische Gerichte, die aber dennoch etwas anders als bei uns schmecken, beispielsweise Spaghetti mit deutschem Beefsteak oder gratinierte Makkaroni.

Im Übrigen sind die Cafés, von denen es in Japan etwa 120.000 gibt, Orte, wo Sie bei einer Tasse teuren, aber sehr sorgfältig zubereiteten Kaffees oder Tees so lange bleiben können, wie Sie wollen. Man trifft dort Freunde, hält geschäftliche Besprechungen ab oder liest (in Cafés werden häufig Comics und anderer hochgeistiger Lesestoff angeboten). Viele Cafés sind auf eine bestimmte Musikrichtung spezialisiert, z. B. Pop, Jazz, sehr häufig auch Klassik, wobei auch Hörerwünsche entgegengenommen werden. Daneben existieren auch einige bizarrere Varianten, wie die vor Jahren einmal beliebten Topless-Cafés oder die *no-pan-kissa* (No-Panties-Cafés, mit Spiegeln auf dem Boden), wo die Bedienung entweder „oben ohne" oder ohne Höschen arbeitet. In manchen Cafés sind in die Tische Videospiele eingebaut. Sie sehen, man hat in Japan einen ausgeprägten Sinn für Service, Unterhaltung und Befriedigung selbst der ausgefallensten Kundenwünsche.

Neben den eher westlichen Cafés gibt es auch die traditionell japanischen, sie heißen *kanmi-kissa.* Hier gibt es japanische Süßigkeiten zum grünen Tee. Wer es gern süß mag, sollte sie unbedingt mal aufsuchen, allerdings sind hier die Frauen meist unter sich. Männer gehen höchstens mit ihren Freundinnen/Frauen dorthin. Im Sommer gibt es hier (aber auch anderswo) das erfrischende geraspelte Eis mit Sirup, *kaki-gori.*

Sollten Sie einmal Lust verspüren, vegetarisch essen zu gehen, dann kann ich Ihnen die *shōjin-ryōri* empfehlen – das ist die Kost der buddhistischen Mönche. Es gibt zwar Speziallokale dafür, aber am besten wird sie Ihnen sicher in einem Tempel schmecken (es ist übrigens auch in vielen Tempeln gegen eine „Spende" möglich, dort zu übernachten).

Yatai: Die kleinen, überdachten Imbissstände finden Sie in der Nähe von Bahnhöfen, auf dem Gelände von Tempeln oder Schreinen, in Parks, bei Festen u. a. Hier gibt es eine Vielzahl von Snacks:

- *okonomi-yaki* = Pfannkuchen, gefüllt mit Gemüse, Fleisch, Ei oder Meeresfrüchten, gebraten auf geheizter Eisenplatte *(teppan),* bestrichen mit der *o-sōsu,* der japanischen Variante der Worchestersauce, wird zusammengeklappt serviert.
- *tako-yaki* = kleine, mit Krakenstücken gefüllte Teigkugeln, werden auch meist mit *o-sōsu* betrichen und oftmals in kleinen Packungen gekauft; *okonomi-yaki* und *tako-yaki* können verpackt auch mit nach Hause genommen werden.
- *Ishiyaki-imo* = auf heißen Steinen gebackene Süßkartoffeln *(satsuma-imo);* die Verkäufer ziehen damit durch die Straßen und rufen langgezogen: *„ishiyaki-imo".*
- *tomorokoshi* = gegrillte, mit Sojasoße bestrichene Maiskolben.
- *râmen* = chinesische Nudelsuppe. Die Nudeln sind aus Mehl, Ei, Salz, Mineralwasser hergestellt, die Brühe aus Schweine- oder Hühnerknochen, gewürzt mit Sojasoße, Sojapaste oder Salz. Die Nudelsuppe wird garniert mit Lauch, Schweinebratenscheibe, Spinat, Frischkäse oder anderen Zutaten.
- *yaki-soba* = chinesische Nudeln, die zusammen mit *o-sōsu* und den Zutaten (Chinakohl, Krabben, Schweinefleisch, Tintenfisch usw.) gebraten werden. *Yaki-soba* wird mit getrocknetem Meerlattich *(o-nori)* bestreut. Dazu gibt es eingelegten Ingwer.
- *o-den* = in Spezialsoße gegarte Zutaten wie Fischkäse, Eier, Kartoffeln, Rettich u. a. Wird mit kaltem Reiswein und Schnaps *(Shōchū)* serviert.
- Daneben gibt es noch viele andere traditionelle Imbissarten.

Wenn Sie nebenbei, z. B. am Bahnhof etwas essen wollen, können Sie auch in den billigen Stehlokalen eine Kleinigkeit zu sich nehmen. Sie heißen *tachi-gui* (wörtlich: stehend-essen), meist gibt es *râmen, soba* oder *udon,* sie kosten oft unter 300 Yen. Natürlich kann man heute überall auch Fastfood, bissig „Junk-food" genannt, essen. Die Filialen der zumeist amerikanischen Ketten machen selbst in Japan gute Umsätze. Beliebt sind auch japanische Fast-food-Ketten, z. B. Morinaga Love und die 24 Std. geöffneten Convenience Stores *(kombini).*

Regionale Spezialitäten: Der japanische Inselbogen erstreckt sich von der Nordspitze Hokkaidos über 3000 km bis nach Okinawa, das Klima im Norden erinnert an Skandinavien, es ist bereits subarktisch, im Süden dagegen fühlt man sich in die Südsee versetzt. Da ist es kein Wunder, dass auch die Küche ziemlich große Unterschiede aufweist. Auf Hokkaido gibt es Lachs und Hering, Kartoffeln, selbst Lamm (z. B. beim Gengis-Khan-Fondue). Ansonsten sind im winterkalten Hokkaido wie im nicht minder rauen Tohoku, dem Norden Honshus, die Eintopfgerichte *(nabemono)* sehr schmackhaft und beliebt. In Tokyo treffen Sie natürlich auf alle regionalen und internationalen Küchen, aber die Stadt hat auch ihre eigene Spezialitäten, wie z. B. das erwähnte *nigiri-zushi.* In Kyoto findet man erwartungsgemäß vor allem die elegante Küche, wie es dieser Stadt mit den tausend Tempeln, zweihundert Schreinen und den herrlichen Gärten gebührt.

Überall beherrschen normalerweise Fisch und lokale Gemüse die Küche, Unterschiede liegen oft vor allem im Arrangement. In Nagasaki entwickelte sich durch die frühen internationalen Kontakte eine eigenständige Mischform, die an die chinesische Küche erinnert, also gerade auch Schweinefleisch verwendet.

Lunchpakete: Sie sind eine japanische Besonderheit. An jedem Bahnhof finden Sie die *ekiben* (*eki* = Bahnhof, *bentō* = Lunchbox). Viele sind so berühmt, dass die Reisenden dafür Umwege in Kauf nehmen, um an einem bestimmten Bahnhof ein bestimmtes *ekiben* zu erstehen. Sie enthalten grundsätzlich örtliche Spezialitäten, meist Reis, Gemüse, Fisch, aber in jeweils sehr unterschiedlicher Zusammenstellung. Billiger und bequemer lassen sich örtliche Leckerbissen nicht kennen lernen, und der Verzehr macht viel Spaß. Wenn man mit dem Zug fährt, braucht man nicht auszusteigen, um an das jeweilige *ekiben* zu kommen: Man kann es vom Fenster aus kaufen oder aber direkt im Zug.

Lunchpakete gibt es auch außerhalb der Bahnhöfe. In besonderen Geschäften, *bentō-ya,* kann man viele verschiedene Arten von (auch warmen) *bentō* kaufen. Viele Berufstätige nehmen sich *bentō* zur Arbeit mit und verzehren sie dann direkt am Arbeitsplatz. In den Kantinen der großen Firmen, Universitäten usw. kann man übrigens sehr preiswert essen.

Da können Sie auch essen, falls Sie sich mal in einer Universität oder einer Firma aufhalten sollten.

Besonders für Berufstätige gibt es natürlich in vielen Lokalen Mittagsmenüs, die preiswert sind. Sie heißen immer *teishoku* und bestehen aus Reis, Suppe und dem jeweiligen Hauptgericht, z. B. gegrilltem Fisch und eingelegtem Gemüse. Wie ich schon bei der Vorstellung des *sushi-ya* erwähnt habe, bestellen sich viele Berufstätige, aber auch Hausfrauen, ihr Essen telefonisch, *demae* nennt man das. Deshalb sehen Sie überall auf den Straßen Angestellte der Lokale auf Motorrädern oder Fahrrädern Essen transportieren. Oft haben sie hinten eine Vorrichtung, auf der das Essen liegt.

Getränke: O-cha = grüner Tee (im Gegensatz zu **kô-cha** = schwarzer Tee). Er ist, wie ich schon erwähnt habe, nicht fermentiert, sondern wird gedämpft und erhitzt. Damit wird die Oxidation vermieden. Tee wird in Japan vor allem in der Gegend von Uji bei Kyoto und Shimizu angebaut, Sie werden ihn aber überall, selbst in Privatgärten antreffen.

Der grüne Tee wird nicht ganz so heiß überbrüht (ca. 80 °C) wie der schwarze Tee und braucht nicht länger als etwa eine Minute zu ziehen. Sie können die Blätter auch mehr als einmal überbrühen. Das Schriftzeichen für Tee ähnelt übrigens dem für Medizin *(kusuri)*, in der Tat galt Tee ja ursprünglich als eine Medizin, da sein Vitamin C-Gehalt sehr hoch ist. Aber er ist zugleich auch typisch für das japanische Essen: einfach, nahrhaft, ästhetisch und darüber hinaus ein Symbol für das alte kulturelle Erbe.

Sehr angenehm und stilvoll ist die Sitte – sowohl im eigenen Haus wie auch in Lokalen –, dem Gast gleich nach dem Hinsetzen eine henkellose Tasse mit dampfendem grünem Tee anzubieten. Man kann sich immer wieder nachschenken lassen, soweit dies die Bedienung nicht von selbst tut. Nach dem Essen gibt es spätestens noch einmal Tee. Denn er neutralisiert den Geschmack, ist erfrischend und durststillend, wenn auch leicht bitter. Natürlich wird *o-cha* immer ohne Zucker, Milch oder Zitrone getrunken. Er kostet nie etwas, gehört einfach zum Service (in Cafés gibt es auch eisgekühltes Wasser, vor allem im Sommer).

Wenn Sie Tee traditionsgerecht trinken möchten, nehmen Sie die Tasse mit einer Hand, stützen sie von unten durch die andere Hand und trinken den Tee ruhig, langsam und in kleinen Schlucken. Dazwischen setzen Sie immer wieder ab. Die Tassen haben oftmals einen Deckel (besonders zu Hause). Den legen Sie, während Sie trinken, verkehrt herum rechts neben

Ihre Tasse – anschließend decken Sie Ihr Getränk wieder zu. Die Teetassen gibt es oft paarweise (*meoto-jawan* = Ehepaar-Teetasse), wobei diejenigen für die Frau etwas kleiner sind.

Wenn es zum Tee – wie bei der Teezeremonie – traditionelle Süßigkeiten gibt (*wagashi* = japanischer Kuchen), liegt immer ein zierliches Bambusstöckchen bereit, mit dem Sie jeweils ein Stück abtrennen können. Die *wagashi* sind sehr süß, aber in Verbindung mit dem leicht bitteren Tee gerade richtig.

Zum berühmten japanischen Service, für den noch nicht einmal Trinkgeld gegeben wird, gehören auch (und vor allem in den Cafés) die herrlich entspannenden und erfrischenden nassen Tücher (im Sommer kalt, sonst heiß) für Gesicht, Hals und Hände. Sie heißen *o-shibori* und werden heute auch schon in vielen Flugzeugen gereicht.

Sake = **Reiswein.** Aus Reis mit gemalzter Reishefe und Wasser fermentiert, ist also genaugenommen Reisbier. Er wird meist heiß, im Sommer auch kalt und dann gern auf Eiswürfeln getrunken. Angeblich soll sein Rezept den Japanern um 300 n. Chr. von den Göttern verraten worden sein. Früher konnte er nur im Winter hergestellt werden, heute lässt sich dies mittels großer Kühlanlagen auch im Sommer bewerkstelligen. Der Alkoholanteil beträgt 15–16 %. *Sake* wird in drei Klassen angeboten:

- *tokkyū* (Sonderklasse),
- *ikkyū* (1. Klasse) und
- *nikyū* (2. Klasse).

Aus 60 kg Reis lassen sich etwa hundert 1,8-l-Flaschen *sake* brauen. Die Qualität ist für uns nicht so leicht zu unterscheiden wie bei unseren Traubenweinen. Die Geschmacksrichtungen sind im wesentlichen *ama-kuchi* (eher süßlich), *chūō-kuchi* (mittel) und *kara-kuchi* (trocken). Insgesamt gibt es etwa 4000 Sorten. Die in Stroh verpackten Holzfässer, die Sie vielleicht einmal in Schreinen oder Tempeln sehen, enthalten Reiswein, der gestiftet wurde. Man sieht solche Fässer auch auf Neujahrsparties, Eröffnungen einer neuen Firma usw. Reiswein serviert man, indem man ihn aus der Flasche in das kleine vasenähnliche Gefäß *tokkuri* einfüllt und dieses dann im heißen Wasserbad erhitzt (der *Sake* darf nicht kochen, er verliert neben dem Alkohol dann auch sein Aroma. Manche mögen ihn mittel (*nurukan,* 40 °C), ich mag ihn lieber heiß (*atsukan,* bis 60 °C).

Biiru = **Bier.** Ursprünglich haben deutsche Brauer den Grundstein für die inzwischen mächtigen und umsatzstarken japanischen Bierbrauereien gelegt. Asahi, Kirin und Sapporo sind wohl die bekanntesten Marken. Japanisches Bier schmeckt auch verwöhnten Deutschen. Die Flaschen sind etwas größer, aber auch teurer als bei uns, im Laden kosten sie meist um die 500 Yen, im Lokal selten unter 700 Yen. Bier ist nach dem Zweiten Weltkrieg unter den alkoholischen Getränken zum beliebtesten aufgestiegen und hat *sake* vom 1. Platz verdrängt.

Uiskii = **Whisky,** das vielleicht beliebteste Getränk der *salarimen,* die es gern mit Wasser und Eis trinken, eine Sitte aus der Zeit, als der in Japan erzeugte Suntory-Whisky nur so genießbar war. In vielen Bars haben die Männer nicht zuletzt als Statussymbol ihre eigenen Flaschen mit umgehängtem Namensschildchen oder gekennzeichnetem Etikett. Davon trinken sie dann bei jedem Besuch etwas, bis eine neue Flasche angebrochen wird. Neben Whisky mit kaltem (Soda-)Wasser *(mizuwari)* gibt es ihn auch mit heißem Wasser als eine Art Grog *(oyuwari).*

Shōchū = aus Getreide oder Kartoffeln destillierter trockener **Schnaps.** Lange Zeit kaum getrunken, wird er seit einigen Jahren wieder durchaus geschätzt, vor allem als *chū-hai* (*shōchū* - highball), wobei *shōchū* mit Sodawasser, Eis und Sirup vermischt wird – ein angenehm erfrischendes Getränk. *Shōchū* kann auch heiß getrunken werden (zur Hälfte *shōchū,* zur Hälfte heißes Wasser). Aus *shōchū* wird mit Zuckerbrocken und den im Juni geernteten, sauren grünen Japan-Aprikosen *(ume)* der köstliche *ume-shu* hergestellt, ein beliebtes Hausrezept je eine Lage *ume* und eine Lage Zucker, darüber *shōchū,* unserem Rumtopf nicht unähnlich, aber angenehm süß-sauer.

Mirin = **süßer Reiswein.** *Mirin* wird nicht pur getrunken, sondern in erster Linie zum Kochen verwendet. Am Neujahrstag mixt man *mirin* mit *sake* und diversen Gewürzen, von denen man annimmt, dass sie die Kraft besitzen, böse Geister von der Familie zu vertreiben bzw. fernzuhalten. Dieses Getränk heißt *toso.*

Wein ist mittlerweile immer beliebter geworden, nicht nur der importierte. Es gibt nämlich auch gute einheimische Weine, wie z. B. aus Tokachi oder der Gegend um Kofu (z. B. *katsunuma*). Der angebotene Wein aus Deutschland, z. B. Liebfrauenmilch wird meist nur in mittlerer Qualität abgeboten und ist unverhältnismäßig teuer.

Zum Abschluss noch ein beliebtes alkoholfreies Erfrischungsgetränk: *calpis,* ein fermentiertes, süß-säuerliches Milchgetränk, das mit Wasser verdünnt wird und heiß oder kalt (mit Eis) sehr angenehm schmeckt.

Japan ist das Land der Verkaufsautomaten *(jidŏ-hanbaiki),* einer kommt auf 10 Bewohner. Es gibt dort neben den üblichen Getränkedosen u. a. auch heißen und kalten Tee oder Kaffee in der Dose. Die Automaten sind fast überall zu finden, in Hotels, auf Bahnsteigen, in Zügen, auf manchem Berggipfel ...

Ess- und Trinksitten: Westliche Höflichkeit wird immer akzeptiert. Die Japaner sind zu höflich, um es uns nachzutragen, wenn wir die japanische Etikette nicht genau befolgen. Aber es empfiehlt sich doch, das eigene Verhalten an dem der Gastgeber oder der andern Leute in einem Lokal auszurichten.

Wichtig ist das korrekte Benutzen der Essstäbchen. Im *soba-ya* und ähnlichen Lokalen werden Sie Einweg-Stäbchen aus der Papierhülle ziehen, sie auseinanderbrechen und dann in eine Hand nehmen (aber die Stäbchen anschließend nicht gegeneinander reiben, so, als ob Sie Splitter entfernen wollten). Ansonsten liegen die Stäbchen, die in Japan oft lackiert sind und spitz zulaufen (was das Essen mit ihnen etwas schwieriger gestalten kann als in China), auf der Ablage, mit der Spitze nach links. Sie nehmen sie mit der linken Hand, legen sie in die rechte Hand (bei Linkshändern natürlich umgekehrt), dann umfassen sie das untere Stäbchen mit Daumen und Ringfinger und das obere mit Zeige-, Mittelfinger und Daumenspitze. Das obere Stäbchen ist das bewegliche, während das untere unterm Daumen eingeklemmt wird und zwischen dem ersten und zweiten Glied des Ringfingers ruht. Nach dem Essen oder bei Pausen werden die Stäbchen wieder auf die Ablage gelegt. Sie sollten mit den Stäbchen nicht

- Essen aufspießen; möglichst zum Servieren die Servierstäbchen benutzen, ansonsten die eigenen verkehrt herum (aus Hygienegründen);
- in der Luft herumwedeln, bevor Sie den nächsten Bissen nehmen;
- im Essen herumfahren;
- eine Schale mit der Hand hochheben, die die Stäbchen hält.
- Auf keinen Fall dürfen Sie die Stäbchen (aufrecht) in den Reis stecken. Auf diese Weise wird nämlich der Reis vor dem Hausaltar für die verstorbenen Vorfahren als Speiseopfer dargeboten. Damit könnten Sie Ihre Gastgeber schockieren (s. auch „Was bringt Unglück?" S. 128).

Es wird immer gemeinsam mit dem Essen begonnen, da auch das Essen meist auf einmal serviert wird. Also nicht gleich beginnen, wenn die Suppe auf dem Tisch steht. Die wird nämlich auch zwischendurch gegessen, nichtunbedingt als Vorspeise. Das eingelegte Gemüse *tsukemono* wird mit eigenen Stäbchen serviert. Mit diesen nehmen Sie nur so viel, wie Sie wollen, auf Ihren Teller oder in Ihre Schale und legen die Stäbchen danach wieder zurück. Sie essen also nicht damit, sondern benutzen dafür Ihre eigenen Stäbchen. *Tsukemono* wird am Schluss mit dem letzten Rest Reis gegessen.

Die Suppenschale wird an den Mund gehoben und die Suppe geschlürft, wobei Sie – anders als bei uns – durchaus Geräusche machen dürfen. Aber bitte nicht rülpsen! Das machen die Chinesen, als Zeichen des Essgenusses.

058jp Foto: sa

Mit den Stäbchen können Sie feste Bestandteile in den Mund schieben. Das Zerteilen eines gegrillten Fisches gehört zu den Feinheiten. Die Gräten bleiben sauber am Rand des Tellers liegen. Auf jeden Fall sollten Sie größere Bissen mit den Stäbchen zerteilen, bevor Sie sie in den Mund nehmen. Reis sollten Sie immer ganz aufessen, das verlangt der Respekt vor dem Reis, der nicht mit Sojasoße o. a. gewürzt werden sollte. Das ist schlechter Stil. Der reine, weiße Reis soll auch so bleiben (Ausnahme: Frühstück, wenn das Ei verquirlt und mit dem Reis vermischt wird). Für Sojasauce gilt andererseits, dass sie nur in kleinen Mengen auf das dafür bereitstehende Tellerchen gegossen wird. Bei Schalen mit Deckeln wird nach dem Essen der Deckel wieder auf die Schale gelegt. Aber Fehler sind – wie gesagt – für uns halb so schlimm, ich selbst habe auch immer wieder etwas falsch gemacht, ohne, dass ich es zu spüren bekam. Uns auf schlechte Tischsitten aufmerksam zu machen, wäre eben unhöflich.

Es ist in Japan üblich, sich nicht selbst einzuschenken, wenn man in Gesellschaft ist – es sei denn, es geht leger zu. Das gegenseitige **Einschenken** fördert nun einmal die Atmosphäre des Miteinander und führt dazu, dass man ständig mit den anderen in Kontakt ist. Wenn Ihnen eingeschenkt wird, sollten Sie vorher den Rest *sake* im Schälchen hinunterspülen und es dann zum Einschenken hinhalten. Einer der Gründe, weshalb diese Schälchen in der Regel so klein sind, liegt in dieser Sitte des Austausches und Austrinkens begründet. Bei Bier ist es anders, da trinkt man stets ein bisschen von oben weg. Beim Nachschenken wird dann der Rest aufgefüllt. Bei größeren Parties, auf die ich noch zu sprechen komme, empfiehlt es sich, nicht allzu viel bei jedem Schluck wegzutrinken, weil ständig nachgeschenkt wird. Die „Profis" nippen bei solchen Gelegenheiten nur ein wenig, wenn sie ihren klaren Kopf behalten wollen.

Wenn Japaner abends nach der Arbeit noch einige Zeit miteinander verbringen, um sich in kleinen Lokalen oder Bars zu entspannen, kann es vorkommen, dass jemand plötzlich ruft: *„tsugi e ikō"* = „gehen wir zum nächsten (Lokal)", woraufhin alle sofort aufbrechen, oft sogar die Getränke unausgetrunken stehen lassen. Es ist selbstverständlich, dass alle mitgehen, denn so etwas fördert wiederum den Gruppengeist. Dieser „Sport", *hashigozake* genannt, ist übrigens heute auch unter Frauen nicht unbeliebt. Es zahlt dabei oft der Ranghöchste, unter Freunden teilt man sich die Rechnung, das heißt auf Japanisch: *warikan.* Ansonsten mögen Japaner es nicht gern, dass über Geld überflüssig diskutiert oder gar gestritten wird. Deshalb halten sie nichts von genauer Aufteilung der Gesamtsumme nach dem Motto: Wer hat was gegessen? Diese gewisse Geringschätzung des Geldes stammt noch aus der Samurai-Zeit und äußert sich auch darin, dass Handeln bis auf wenige Ausnahmen unüblich ist. Man hat Vertrauen zu den Lokal- und Ladenbesitzern. Sie machen schon einen fairen Preis. Beim Essen also steht lieber jemand schweigend auf und zahlt für alle. Die Japaner haben natürlich ein gutes Gespür dafür, wer damit gerade dran ist. Man möchte schließlich das eigene „Gefälligkeits-Konto" nie zu stark belasten, sondern ist immer auf Ausgeglichenheit bedacht. Man muss aber schnell reagieren und sich die präsentierte Rechnung schnappen, sonst kommt einem jemand anderes zuvor. Wenn Sie in einen Club eingeladen werden, zahlt der Gastgeber, der Clubmitglied ist.

Was sonstige Vergnügungen und Parties betrifft, so werde ich an anderer Stelle noch etwas ausführlicher darauf eingehen. Bei solchen Gelegenheiten darf übrigens reichlich getrunken werden. Japaner begegnen Betrunkenen oft mit einer großen Toleranz – ein Schwips ist manchmal günstig, um Kummer und Ärger loszuwerden. Auch sieht man es Betrunkenen wohlwollend nach, wenn sie sich kindisch oder sonstwie unkorrekt verhalten. Aber: Beim Autofahren gilt Null Promille! Da sind Japaner im Allgemeinen konsequent. Im Übrigen vertragen sie häufig nicht viel, werden schnell beschwipst und lassen es dann oft dabei bewenden. Gegen den Kater hilft am nächsten Morgen eine saure Aprikose *(umeboshi)* zu grünem Tee, auch *cha-zuke* (Reissuppe) und Kakifrüchte (Persimone). Kater heißt übrigens: *futsukayoi.*

Im Râmen-Nudelrestaurant

Nützliche Ausdrücke:

Zu Beginn des Essens sagt man:
itadaki-masu (ich nehme)
Am Ende:
gochisō-sama (es war ein köstliches Essen)
Es schmeckt gut, lecker:
oishii (desu)
Die Bedienung wird oft fragen:
nanni nasai masu ka = Was wünschen Sie bitte?
Ich möchte das bitte:
are o kudasai
Was ist dies?
Kore wa nan desu ka?
Haben Sie dies?
Kore wa ari-masu ka?
Was empfehlen Sie mir?
Nanni ga o-susume desu ka?
Was schmeckt heute gut, was können Sie heute empfehlen?
Kyō wa nanni ga oishii desu ka?
Dauert es lange, bis es fertig ist?
Jikan ga kakari-masu ka?
Was kostet dies?
Kore wa ikura desu ka?
Wenn Sie fragen:
Ikura desu ka? bezieht sich das auf die ganze Rechnung.
Muss man vorher Bons kaufen?
Shokken o kau no desu ka?
Wie heißt dieses Lokal/Restaurant/dieser Laden?
kono mise no namae wa nan desu ka?
Wann öffnet/schließt das Lokal?
Mise wa nan-ji ni aki-masu/shime-masu ka?
Bitte (noch) grünen Tee/kaltes Wasser
o-cha/o - mizu (o) kudasai
Bitte geben Sie mir Messer und Gabel (und Löffel)
Naifu to foku (to supūn) kudasai
Noch etwas (Nachschlag, Suppe, Reis o. Ä.) bitte
o-kawari kudasai
Noch eins (ein Stück von etwas) bitte
mo hitotsu kudasai
Prost, zum Wohl
ikki! ex!
Wo ist bitte die Toilette?
Toire wa doko desu ka?
Zahlen bitte
o-kanjo o-negai-shi-masu

Literatur: Ich habe das Thema Essen und Trinken bewusst sehr ausführlich behandelt, verrät es doch eine Menge über die japanische Mentalität. Außerdem kommen Sie täglich damit in Berührung. Dennoch musste ich auf vieles verzichten, was wert gewesen wäre, hier erwähnt zu werden. Sie können sich in Japan natürlich mittels praktischer kleiner Bücher weiter informieren. Empfehlenswert sind:

- Kimiko Nagasawa/Camy Condon: **Eating cheap in Japan,** Shufunotomo, Tokyo; viele Fotos und Beschreibungen der Gerichte.
- **Eating in Japan,** Japan Travel Bureau, Reihe: Japan in your pocket, 950 Yen; modern und witzig aufgemacht, keine Fotos, aber sehr viele Zeichnungen.
- Russell Mascus/Jack Plimpton: **The Guide to Japanese Food and Restaurants,** Shufunotomo, Tokyo; beschreibt alle japanischen Lokaltypen, nennt die zum Bestellen nötigen Begriffe und rund 740 Lokale in Tokyo, zahlreiche Fotos und Lageskizzen.

Alternativ lohnt sich ein Blick auf die ebenfalls englischsprachige Tokyo Food Page: www.bento.com.

ÜBERNACHTEN

Du kennst den Einzug in ein japanisches Haus. Der Kimono, den du gleich anziehen könntest, nicht bloß der dünne Yukata, der natürlich auch, liegt demütig in einer Lackschale im Eck, der Gurt ist in einer der teuren. Links gegenüber die Wand, die man nicht mehr vergisst, die ein Leben lang die Verhältnisse bestimmt.

Adolf Muschg: Im Sommer des Hasen, 1965

063jp Foto: rb

Als Renate und Wolfgang vom Fahrstuhl zu ihrem Hotelzimmer gingen, kamen sie an einem offenen Raum vorbei, in dem einige Automaten standen. Da gab es in Dosen verschiedene Softdrinks und andere Sachen, die sie nicht kannten. An einem der Automaten konnte man einen Knopf drücken, ohne vorher zu bezahlen. Aus Spaß drückte Wolfgang dagegen, und im nächsten Augenblick schoss ein Haufen Eisringe in die Öffnung. Schnell hielt er die Hände dorthin und grapschte das Eis zusammen. „Renate, gib mir schnell so einen Pappbecher, hier neben mir, am Automaten."

Jetzt hatten sie also genug Eis. Aber was für Getränke sollten sie nehmen? Konnte man Reiswein mit Eis trinken? Der wird doch immer nur heiß getrunken, oder? Macht nichts, dachte sich Wolfgang. Wir probieren es einfach. Er warf einige 100-Yen-Münzen ein und bekam als Gegenwert eine Dose sake sowie das Wechselgeld.

In ihrem Zimmer gab es zwar einen gut gefüllten Kühlschrank, aber die Preisliste bestätigte, dass die Selbstbedienung am Automaten billiger war.

„Wie wär's mit etwas Fernsehen?" fragte Wolfgang.

„Gern, das Fernsehprogramm verrät ja angeblich viel über die Menschen in einem fremden Land, selbst wenn man nichts versteht."

Wolfgang schaltete das Gerät ein. Der Kanal, den er eingeschaltet hatte, brachte gerade eine der beliebten Gourmetsendungen.

Als Wolfgang umschaltete, bemerkte er den Zettel, auf dem die Regeln für die Fernsehbenutzung standen: Dadurch, dass er eingeschaltet hatte, würden ihm automatisch eine Stunde TV-Benutzung auf die Rechnung gesetzt werden. Na ja, zahlt ja die Firma. Man konnte aber auch kostenlos fernsehen: Das hauseigene Werbefernsehen ließ sich extra ansteuern.

Auf dem Tisch entdeckten sie eine Art Kocher mit Kännchen. „Schau mal, Renate, hier gibt es den grünen Tee sogar in Beuteln. Soll ich uns einen aufkochen?"

„Eine gute Idee, der grüne Tee schmeckt mir zwar nicht besonders, soll aber gut gegen den Durst sein." Den eisgekühlten Reiswein hatten sie schon hinter sich, er hatte zwar etwas eigenartig, aber durchaus annehmbar geschmeckt.

„Sag mal, wo schaltet man denn den Kocher ein?" Wolfgang hantierte an dem Gerät herum, fand jedoch keinen Schalter.

„Ruf doch mal unten bei der Rezeption an."

„Die werden uns für die tiefsten Provinzler halten, irgendein Trick ist dabei. Ich muss das rauskriegen. Er stellte schon mal das mit Wasser gefüllte Kännchen auf den Kocher und machte sich dann auf die Suche nach der Beschreibung. Aber nun bemerkte er auf einmal, dass sich auf dem Kocher – wie von Zauberhand – bereits etwas tat. Das Wasser fing langsam an zu sieden.

„Aha, so geht das: wenn man die volle Kanne draufstellt, wird durch das Gewicht der Elektrokocher eingeschaltet – raffiniert."

Nachdem Wolfgang das sprudelnde Wasser in die Becher gegossen hatte, machte er die Probe aufs Exempel. Er stellte die leere Kanne auf den Kocher zurück – nichts rührte sich. Dann drückte er dagegen, und schon wurde es warm.

Während sie den Tee ausschlürften, sahen sie noch etwas fern. Doch der lange Flug forderte energisch seinen Tribut. Morgen war ja auch noch ein Tag ...

Japan ist leider ein teures Reiseland, aber es gibt durchaus Möglichkeiten, den Aufenthalt erschwinglich zu gestalten. Wer auf Geschäftskosten reist, sollte das Image der Firma und der eigenen Stellung jedoch berücksichtigen und die Unterkunft entsprechend auswählen. Im Klartext heißt das: Will die eigene Firma einen guten Eindruck machen, gestattet sie ihren nach Japan entsandten Vertretern die Übernachtung in Luxushotels. Davon gibt es in Japan jede Menge. Sie weisen einen Standard auf, an den selbst unsere Spitzenhotels nur selten herankommen. Denn die traditionelle Höflichkeit und Servicementalität verbinden sich hier mit absolutem Luxus und höchster technischer Perfektion. Gutes hat natürlich seinen Preis, d. h. pro Nacht u. U. einige hundert Euro.

Selbst wenn Sie nie eine Übernachtung in den Spitzenhotels erwägen sollten oder können, einen Besuch sind sie immer wert. In gewisser Weise stellen sie moderne architektonische Gegenstücke zu den westlichen oder orientalischen Palästen der Vergangenheit dar. An die traditionelle, auf Schlichtheit bedachte japanische Ästhetik knüpfen andererseits die teilweise sehr sehenswerten Gärten an, die zu einigen Tophotels gehören.

Nach unten hin gibt es natürlich vielfältige Abstufungen. Normale Hotels haben grundsätzlich Bad, Fernseher und Telefon. Im Preis inbegriffen ist außerdem ein Frühstück, für das man meist Coupons erhält, die man dann bei der Bedienung abgibt. Die einfachsten und preiswertesten Hotels im westlichen Stil sind die **Business-Hotels:** Sie haben sehr kleine Zimmer mit einer Nasszelle. Ein solches Hotel *(bijinesu-hoteru)* bietet allerdings grundsätzlich keinen Frühstücksservice; auch reicht der Platz oft nicht für einen Kleiderschrank. Garderobenhaken im Zimmer dienen als Ersatz. Die japanischen Geschäftsleute, die zumeist in Business-Hotels absteigen (daher der Name) stört diese Einschränkung nicht, da sie sowieso keine Kleidung außer der, die sie am Leib tragen, mit sich führen und überhaupt am liebsten nur mit kleinem Handgepäck reisen.

Apropos Kleidung: Die meisten Japaner wollen mit ihrer Kleidung nicht auffallen (sehen wir mal von den jungen Leuten in Tokyo-Harajuku ab), auch ist dies bei aller Konsumfreudigkeit ein Ausdruck der traditionell gelassenen Haltung gegenüber materiellen Gütern. Diese zu besitzen, ist zwar sehr angenehm, aber man möchte sich in keinster Weise davon abhängig machen. So gehören deutlich gezeigte Besitzerfreude oder gar

-stolz nicht zu den traditionellen japanischen Gepflogenheiten. Das nur nebenbei. Business-Hotels findet man im Übrigen grundsätzlich nur in den Städten.

Eine etwas seltsame Variante sind die **Capsule-Hotels** (Kapselhotels), die vor allem in der Nähe großer Bahnhöfe zu finden sind. Es sind kleine Schlafzellen, neben- und übereinandergestapelt, immerhin komplett mit Klimaanlage, Radio und Fernsehen. Es geht dort entsprechend laut zu, aber innerhalb der Kapsel ist es erstaunlich ruhig. Es gibt ein gemeinsames Bad *(o-furo)*, für Gepäck nur einen recht kleinen Spind. Die Standardmaße einer Kapsel betragen etwas über 2 Meter Länge, jeweils knapp über 1 Meter Höhe und Breite. Fast ausschließlich für Männer, einige wenige für Frauen.

YMCA und YWCA bieten wie überall auf der Welt auch in Japan vergleichsweise preiswerte Unterkünfte an. Billiger sind jedoch die **Jugendherbergen,** für die Sie natürlich einen gültigen Ausweis brauchen, der aber auch beim ersten Einchecken erhältlich ist. Die Youth-hostels *(yusuhosteru)* liegen landschaftlich zumeist sehr reizvoll, manchmal aber auch ziemlich weit entfernt vom Ortskern. In Kyoto, Hiroshima usw. liegen sie konsequent am Stadtrand, in Tokyo findet man sie allerdings zum Glück mittendrin (es gibt dort übrigens mindestens zwei: eine ist im Olympischen Dorf in Yoyogi – nahe dem Meiji-Schrein – untergebracht, in etwas nüchterner Atmosphäre, die andere, angenehmere, in Ichigaya. Wegen ihrer immer noch verhältnismäßig niedrigen Preise sind Jugendherbergen sehr gefragt.

Das bedeutet, dass Sie sich am besten mindestens zwei Monate vorher um eine Reservierung (auf Englisch, per Fax bzw. per e-mail) bemühen sollten. Folgende Angaben werden dabei gewünscht: Name, Adresse, berufliche Tätigkeit, Geschlecht, Pass- und Mitgliedsnummer (bei Reservierung müssen Sie also Mitglied sein), Ankunfts- und Abreisetag (in Tokyo werden meines Wissens nach wie vor lediglich drei Übernachtungen hintereinander gestattet) sowie die Information, welche Mahlzeit (z. B. Abendessen) am Tage der Ankunft von Ihnen gewünscht wird. Ich selbst habe zwar nur selten Reservierungen im Voraus vorgenommen, aber in den Hauptreisezeiten um Neujahr, während der „golden week" von Ende April (Tag des Grünen) bis zum 5. Mai (Kinder-Tag) und darüber hinaus sowie in den Sommermonaten Juli und August (Ferien), zeitweise auch im Herbst, müssen Sie mit einer vollen Auslastung der Unterkünfte rechnen. In diesem Fall wäre es ziemlich riskant, auf vorherige Reservierungen zu

Gestapeltes Schlafen im Kapselhotel

067jp Foto: mr

verzichten. Das gilt ohnehin für alle preiswerten Unterkünfte. Denn die Studenten in Japan verreisen schließlich auch gern. Es gibt in den Jugendherbergen keine Altersbeschränkung.

Ryokan: Dies sind ein- bis zweigeschossige Gasthäuser, idealerweise in traditionellem Baustil errichtet. Sie werden normalerweise als Familienbetriebe geführt. Da Tradition hier einen hohen Stellenwert hat, tragen die dort angestellten Damen einschließlich der Besitzerin gute Kimonos. Mit einem *„irasshai-mase"* (Herzlich willkommen) werden Sie beim Betreten des *ryokan* begrüßt. Ist es sehr gepflegt, werden die Sie begrüßenden Damen sich sogar in der formellen *seiza*-Position hinknien.

Wie im Privathaus entledigen Sie sich in der Vorhalle Ihrer Schuhe und schlüpfen in die oben auf der Stufe bereitstehenden Pantoffeln. Dann werden Sie in Ihr Zimmer geführt, das normalerweise keine Nummern trägt, sondern meist nach Blumen benannt ist, was die Identifizierung erschwert, sollten Sie die Schriftzeichen nicht verstehen. Die Schiebetüren sind traditionellerweise nicht abzuschließen, heute ist das aber häufig möglich. Sie betreten nun vom Gang aus einen kleinen Vorraum. Über eine Stufe, an der Sie die Pantoffeln zurücklassen, gelangen Sie in den eigentlichen Wohnraum. Dort ist alles auf vollkommene Ästhetik ausgerichtet. Hier zeigt sich die Qualität des *ryokan* auf das deutlichste. Die Nische mit dem Rollbild, davor das Blumenarrangement sind eigentlich obligatorisch. *Shoji* als Fenster

068jp Foto: sa

(also mit Reispapier bespannte Lattenroste zum Schieben) gehören ebenso dazu. Vor Regen muss man sich dennoch nicht fürchten, denn da die Dächer weit auskragen, wird das Papier nicht nass. Alternativ gibt es auch Glasfenster. Die Schiebetüren verbinden Räume, sie verschließen auch Wandschränke.

Wenn Sie das Fenster zur Seite schieben, sollten sich Ihre Augen an einem Garten erfreuen können, einem typisch japanischen selbstverständlich. Im Zimmer stehen Teegeschirr und Thermoskanne für den grünen Tee bereit (ein paar Blätter in das Eisenkännchen, mit dem heißen Wasser überbrühen und kurz darauf (nach ca. 1 Minute) in die Tassen gießen (Mehrfachaufguss ist bei grünem Tee möglich). Heute gehört ein Fernseher mit zur Ausstattung. Auch ein Telefon und manchmal sogar ein Kühlschrank beeinträchtigen als Zugeständnisse an den modernen Lebensstil die Ästhetik der Räume. Für alle Gäste liegt ein Hauskimono mit wattierter Jacke, falls es nicht gerade Hochsommer ist, bereit. Eine Heizung ist in *ryokan* nicht eingebaut. Im Winter kann es dort also sehr kalt sein. Allerdings kann man sich dagegen auch in traditionell gebauten Häusern behelfen, etwa durch kombinierte Heizkühler oder heizbare Teppiche, auch ist unter dem niedrigen Tisch im Winter stets eine Heizbirne eingebaut.

Egal ob Mann oder Frau, beide tragen die gleiche Yukata des Hauses. Damit geht man später auch draußen spazieren, wobei evtl. die Überjacke darüber getragen wird. In vornehmen *ryokan* hilft Ihnen das Zimmermädchen beim Umziehen. Gleich nach Betreten Ihres Zimmers wird das Mädchen bzw. die Dame Ihnen Tee servieren. Die Höflichkeit erfordert es dabei, dass sie nach Betreten der Tatami-Matten nur noch auf den Knien durch das Zimmer rutscht – solange Sie anwesend sind.

Die Zimmer werden übrigens nicht nach Einzel- oder Mehrbettzimmern unterschieden: *Ryokan* sind im Grunde nämlich für Gruppen gedacht, und möglichst sollte die Gruppe in einem Raum untergebracht werden. Denn bekanntlich fühlen sich Japaner in ihrer Gruppe am wohlsten, selbst wenn diese recht groß ist – Hauptsache man bleibt zusammen. Die Wände zwischen den Zimmern lassen sich in traditionell gebauten *ryokan* deshalb grundsätzlich mit wenigen Handgriffen – wie in herkömmlichen Privathäusern – entfernen, so dass Räume geschaffen werden können, die auch größeren Gruppen Platz bieten. Üblicherweise schlafen dann auch Männer und Frauen im selben Zimmer – solange sie zur selben Gruppe gehören. Miteinander verreisende Dorfgruppen kennen sich schließlich gut genug, um nichts Besonderes daran zu finden.

Das Abendessen wird je nach Qualität des Hauses im Zimmer oder im Speisesaal serviert, und zwar meist bereits gegen 18.30 Uhr. Vorher gehen Sie am besten schon mal ins Bad, das in Orten mit Thermalquellen an das gesundheitsfördernde Wasser angeschlossen ist. Das Becken im *ryokan* sollte viel größer als im *sento*, dem öffentlichen Bad, sein und sich dank großer Fenster möglichst in die umgebende wirkliche (und nicht bloß aufgemalte) Natur einpassen. Für Japaner ist das Bad im *ryokan* im Grunde so wichtig wie das anschließende Abendessen.

Wenn Sie in Ihr Zimmer zurückkehren, dürfte Ihr Bett bereits gemacht sein. Auf dem lackierten Tisch wird auf Tabletts und in kleinen Schälchen das Abendessen serviert. Da man in *ryokan* oft nur eine Nacht verbringt, ist dort das Essen zwar sehr gut und reichlich, aber es wiederholt sich u. U. Abend für Abend. Das Essen in guten *ryokan* entspricht dem Standard der super-ästhetischen *kaiseki-ryōri.* Sie dürfen *sashimi* (rohen Fisch in Scheiben), gegrillten Fisch, eine Art Eintopf *(nimono),* eingelegtes Gemüse, *tempura,* kleine Häppchen als Vorspeise u. a. erwarten. Zum Trinken können Sie Bier und *sake,* aber auch beispielsweise Whisky bestellen – grünen Tee gibt es sowieso. Nach dem Essen machen Sie vielleicht noch einen kleinen Abendspaziergang, der ein paar Barbesuche nicht ausschließt. Sicher gehen Sie vor dem Schlafen noch einmal ins Bad.

Vegetarisches Essen beim Übernachten in einem Tempel

So traditionell wie das Abendessen ist das Frühstück. Reis, ein rohes Ei, das mit dem Reis vermischt und mit getrocknetem Meerlattich *(o-nori)* gegessen wird (indem man die Meerlattich-Blätter mit den Stäbchen auf den Reis legt, damit geschickt ein Röllchen um den Reis wickelt und dieses dann in etwas Sojasoße tunkt). Getrockneter Fisch, Miso-Suppe und eingelegtes Gemüse sind untrennbare Bestandteile eines traditionellen Frühstücks. Ausnahmsweise können Sie auch Toast und Kaffee oder schwarzen Tee bekommen (statt grünem Tee), wenn Sie der Bedienung rechtzeitig Bescheid sagen. An der Rezeption zahlen Sie dann vor Ihrer Abreise. Ausgerechnet an einem solchen Ort japanischer Tradition gibt es eine Gepflogenheit, die vom sonst Gewohnten abweicht: Das Zimmermädchen erhält in einem kleinen Umschlag häufig ein freiwilliges Bedienungsgeld *(kokoro-zuke)*, und zwar gleich zu Beginn des Aufenthaltes. Das Geld darf übrigens nie „nackt" übergeben werden, was man – außer beim Einkaufen – in Japan überhaupt stets vermeidet.

Ryokan-Wirte mögen manchmal Ausländer höflich abweisen – aus denselben Gründen wie bei den *minshuku* (s. u.): Traditionell japanisch zu übernachten heißt ja zunächst einmal, sich an den dafür charakteristischen Wohnstil anzupassen und sich in die Gruppe der anderen Gäste einzufügen. Wer im *ryokan* zu übernachten pflegt, weiß schließlich, wie man sich dort zu benehmen hat. Sonderwünsche einzelner Gäste gehören nicht zur Tradition japanischer Gästehäuser. Genau davor haben manche *ryokan*-Besitzer nämlich Angst: dass die Westler sich bei ihnen nicht zurechtfinden, ständig irgendwelche Sonderwünsche äußern und zu Peinlichkeiten Anlass geben. Wer mit Grundkenntnissen der japanischen Sprache aufwarten kann, hat in dieser Situation natürlich eindeutige Vorteile. Denn gutes Zureden vermag die Wirtsleute oftmals umzustimmen ...

Es versteht sich von selbst, dass die vom Tourist Information Center (T.I.C.) vorgeschlagenen *ryokan* sämtlich zur Aufnahme von Ausländern bereit sind. Die Besitzer können dort auch sprachlich wenigstens bruchstückhaft zur Verständigung beitragen. Es gibt eine alljährlich herausgegebene Broschüre: **„Hospitable and Economical – Japanese Inn Group"**, die beim T.I.C. erhältlich ist: www.jpinn.com, E-mail: info@jpinn.com). Über 60 *ryokan* in ganz Japan werden darin in den wesentlichen Einzelheiten vorgestellt: Name, Telefon-Nummer, Adresse, Lageplan, nahegelegene Sehenswürdigkeiten und Möglichkeiten zu Aktivitäten.

Die Preise sind jeweils für Einzel- und Mehrfachnutzung der Zimmer angegeben. Erstaunlich ist, dass die Preise für Einzelbenutzung nicht sehr hoch liegen: meist um die 4000-5000 Yen, nur gelegentlich über 6000 Yen (Stand: 2007), und in diesem Preis ist nicht selten ein Bad im Zimmer inbegriffen, was ja ansonsten für *ryokan* eher untypisch ist. Wenn sich drei oder vier Personen ein Zimmer teilen, sinkt der Übernachtungspreis oft auf unter 4000 Yen pro Person, dazu kommt dann noch das Frühstück (wahlweise japanisch oder westlich), das meist um die 1000 Yen kostet und das Abendessen, für das etwa 3000 Yen berechnet werden. Es gibt sogar eine ganze Reihe von *ryokan* mit westlich eingerichteten Zimmern – für mich ist das allerdings ein Widerspruch. Andererseits findet manch ein Reisender die Kombination aus westlichem Komfort und familiärer Gasthofatmosphäre sicherlich reizvoll und es ist klar, dass die zur „Japanese Inn Group" zusammengeschlossenen *ryokan* auf Ausländer voll eingestellt sind, ja möglicherweise kaum noch japanische Gäste beherbergen. Daneben gibt es vor allem in der Nähe von Bahnhöfen noch *ryokan* genannte Einfachunterkünfte japanischen Stils.

Man muss bedenken, dass es früher ausschließlich *ryokan* gab. Die ersten westlichen Hotels entstanden ungefähr vor hundert Jahren an den von Westlern am häufigsten frequentierten Orten. Überall sonst herrschten nach wie vor die traditionellen *ryokan* vor. Nun sind sie aber heute doch etwas aus der Mode gekommen, denn war es früher üblich, jedes Jahr ein paar Ferientage in einem ländlichen *ryokan* zu verbringen, meist in einem Thermalbadeort *(onsen)*, reisen junge Leute heutzutage lieber in die weite Welt hinaus. So sind es überwiegend ältere Leute, die auf ein paar geruhsame Tage in einem *ryokan* einkehren. Oft haben die Aufenthalte die Funktion einer kurzen Kur. Mehrere tägliche Bäder sollen dann das Leiden, um deretwillen man ein *onsen* aufsucht, lindern helfen.

Übernachtungen in Thermalbadeorten *(onsen)*: *Ryokan* besuchen Sie also am besten in den Thermalbadeorten in landschaftlich schönen Gegenden. In Tokyo gibt es auch nette, teilweise sogar recht preiswerte *ryokan*, und selbst in den Luxushotels können Sie japanisch wohnen. Aber die Umgebung spielt eben doch eine gewisse Rolle. Am charakteristischsten sind sie nun einmal in den *onsen* im Gebirge oder an der Küste. Dort gibt es außer den *ryokan* auch große *onsen*-Hotels, die manchmal exotische Dschungelbäder und überhaupt Becken in allen Variationen aufweisen, teils sogar auf mehrere Etagen verteilt. In Orten auf der Izu-Halbinsel und in Kyushu finden Sie solche Badepaläste. Sie sind auf jeden Fall einen Besuch wert und verraten viel über die kindliche Freude der Japaner am Baden, oft sind sie herrlich kitschig. Im T.I.C. (z. B. Touristeninformation im *Tôkyô-kôtsû-kaikan*) nahe der Yurakucho Station wird man Ihnen auch solche Adressen nennen können.

Es gibt um die 13.000 *onsen* in Japan, jeder vierten wird heilende Wirkung zugesprochen. Da die Inseln vulkanischen Ursprungs sind, findet

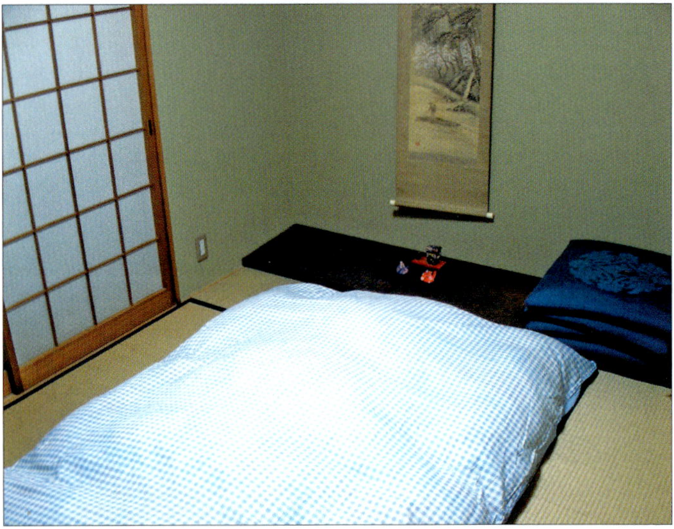

072jp Foto: rb

man sie überall. Es gibt sehr unterschiedliche Arten von Thermalbädern. Oft wird einfach das heiße Wasser durch Rohrleitungen in die einzelnen *ryokan* und Hotels geleitet. Im *yuki-guni,* dem Schneeland in Richtung Japan-See, liegt im Winter der Schnee meterhoch, selbst in den Tälern. Aber dank der *onsen* sind die Straßen schneefrei: Kleine Rohre sind in die Straßen verlegt, und wie mit Sprinkleranlagen werden die Straßen ständig von warmem Wasser übersprüht.

Ungleich romantischer sind die natürlichen Bäder im Freien, *rotenburo,* in denen man oft noch gemischt baden kann, was ja früher in Japan allgemein üblich war. Einmal badeten wir in solch einem gemischten *rotenburo,* das mitten in einem Gebirgsfluss angelegt war. Die romantischsten finden Sie irgendwo in stillen, abgelegenen Gebirgstälern. Solche schöngelegenen *rotenburos* vermitteln den Badenden ein Höchstmaß an Entspannung und ästhetischem Genuss. Selbst die in Japan heimischen Makakken(-Affen) genießen sie im Winter.

Andere Arten von Bädern sind: *hômatsuyoku* (das Wasser ist mit Luftblasen angereichert, gibt es natürlich und künstlich): *mushi-buro* (heißer Dampf wird in Kabinen geleitet, der Kopf schaut oben heraus), z. B. in Goshogake Onsen, Akita, Nord-Japan; ganz im Süden Kyushus kann man in heißem Sand baden: *sunamushiyu;* bekannt ist Ibusuki Onsen, Kagoshima, wo es übrigens auch einen Badepalast gibt. Etwas nördlicher, in der

Provinz Oita, schwimmt im Wasser der Becken von Myoban-Onsen eine Art Orangen. Die Becken übernehmen damit die Funktion von Schönheitsbädern.

Übernachtungen in Tempeln: Vielfach bieten Tempel Übernachtungsmöglichkeiten. In manchen dürfen Paare im selben Zimmer übernachten. In der Regel gilt jedoch: Männder und Frauen schlafen in getrennten Räumen. Die Atmosphäre ähnelt der von *ryokan.* Allerdings servieren im Tempel keine kimonobekleideten Mädchen, sondern Mönche. Auch sind die Speisen grundsätzlich vegetarisch, höchstens etwas Fisch ist dabei. Dabei ist diese Küche *(shōjin-ryōri)* nicht minder raffiniert und elegant als die berühmte *kaiseki-ryōri.*

Es wird im Allgemeinen erwartet, dass die Gäste früh am nächsten Morgen am buddhistischen Ritual teilnehmen, was eine eindrucksvolle und unvergessliche Erfahrung sein kann. Die Übernachtungen haben in der Regel ihren festen Preis, d. h. man zahlt eine festgesetzte „Spende". In Koyasan (südlich von Osaka auf einem 800 Meter hoch gelegenen Plateau) können Sie unter über 50 Tempeln der großen Shingon-Sekte Ihr Quartier für die Nacht aussuchen. In manchen Zen-Tempeln können Sie eine Zeit lang ein Mönchsleben führen, z. B. in Kamakura. Wieder finden Sie im T.I.C. nähere Hinweise zu Tempelquartieren.

Die preiswertesten Übernachtungsmöglichkeiten sind die **minshuku** und die **koku-minshukusha.** Beide sind äußerlich den *ryokan* ähnlich. Sie bieten zwei Mahlzeiten an: Frühstück und Abendessen. *Koku-minshukusha* sind **staatliche Gästehäuser,** während *minshuku* **private Familienpensionen** sind. Die staatlichen Einrichtungen verlangen derzeit etwa 5000 Yen, während die privaten im Allgemeinen darüber liegen. Es gibt *minshuku,* die fast so gut geführt sind wie *ryokan,* also notfalls als Ersatz für die zumeist wesentlich teureren traditionellen Gasthöfe dienen können. Gute *ryokan* kosten heute nämlich selten unter 10.000 Yen, jedenfalls schlafen Sie im Minshuku in rein japanischen Zimmern auf Tatami-Matten. Die Zimmer sind bisweilen durchaus elegant. Das Bad ist meist nicht größer als das einer Familie. Das Abendessen kann sehr gut sein. Es ähnelt dem von *ryokan* ebenso wie das Frühstück. Ich würde sagen: Ein gutes *minshuku* ist einem einfachen *ryokan* zumindest ebenbürtig. Ich mag die familiäre Atmosphäre dort. Oft ähnelt sie jedoch der von Pensionen bei uns: d. h. der Gastronomiebetrieb überwiegt. *Minshuku* wie *koku-minshukusha* sind

Man schläft im Futon auf dem Tatami-Boden

Adressen, über die Sie minshuku reservieren können:

- Japan Minshuku Center, Kotsukaikan Building, 2-10-1 Yuraku-cho, Chiyoda-ku, Tokyo 100, Tel. 3216-6556 (Kotsukaikan ist das Staatl. Fremdenverkehrsamt), e-mail: aaa@minshuku.co.jp, info@koyado.net
- Japan Minshuku Association, Nogiku Building 505, 4-10-15, Takadanobaba, Shinjuku-ku, Tokyo 160, Tel. 3364-1855
- Im bereits erwähnten Tourist Information Center (T.I.C.), Tokyo 100, Tel. 3201-3331, kann man Ihnen auch die Adressen der *koku-minshukusha* vermitteln und hat überhaupt eine Liste mit „Reasonable Accommodations in Japan" vorrätig. Da finden Sie auch preiswertere *ryokan* angeboten.
- Japan Youth Hostels, Inc., Hoken Kaikan Bldg., 2, Sadoharacho, 1-chôme, Ichigaya, Shinjuku-ku, Tokyo 162, Tel. (03) 3269-5831

unter Studenten verständlicherweise sehr beliebt. Dementsprechend sind rechtzeitige Reservierungen nur zu empfehlen.

Da man in der Provinz in *minshuku* häufig noch nicht auf Ausländer eingerichtet ist, könnte bei mangelnden Sprachkenntnissen das ausgewählte *minshuku* leider schon „besetzt" sein. Das liegt dann nicht an Ausländerfeindlichkeit. Man möchte - wie im *ryokan* - dadurch nur Peinlichkeiten für beide Seiten vermeiden: Die Wirtsleute sprechen kein Englisch und können Ihnen daher nicht angemessen zu Diensten sein. Außerdem nehmen Sie - nicht ganz zu unrecht - häufig an, dass Ausländer die Art der Übernachtung im *minshuku* eben doch nicht richtig verstehen und zu viel Fehler machen, was ja auch den andern Gästen gegenüber peinlich wäre. In Feriengebieten gibt es auch echte **Pensionen,** *penshon* genannt. Sie sind etwas moderner, haben oft einen eigenen Tennisplatz und servieren auch schon mal internationale Küche. Auch sie sind Familienunternehmen.

Eine Hotelspezialität darf nicht fehlen, wenn von Japan die Rede ist: die **Love Hotels.** Sie sind vor allem außerhalb der Städte daran zu erkennen, dass sie ungewöhnliche, oft romantischen Vorstellungen entsprechende Formen haben: Schlösser und Burgen sind am beliebtesten, aber auch Schiffe sieht man des Öfteren. Innen sind sie noch phantasievoller ausgestattet: Früher waren Muscheln, Kutschen, Oldtimer, Luxuslimousinen und Raumschiffe beliebt und dienten als sexfördernde Betten, die zudem meist mit vielen technischen Extras, Spiegeln, Videokameras usw. ausgestattet waren. Heute gibt es eher Videos und Karaoke. Alles soll jedoch der Steigerung der Lust dienen.

Die Love Hotels *(rabu hoteru)* sind Stundenhotels, vor allem für Ehepaare, die der häuslichen Enge für Stunden oder eine ganze Nacht entfliehen wollen. Angesichts papierner Schiebetüren und beengtem Zusammenleben bleibt für Intimitäten traditionell wenig Raum in Japan. Gern kommen auch junge Paare hierher, die noch keine eigenen vier Wände oder sonst eine geeignete „sturmfreie Bude“ haben. Natürlich vergnügt man sich in solchen Hotels auch mitunter auf Geschäftskosten. Billig sind diese Hotels nicht: pro Stunde über 3000 Yen, nach 22 Uhr gibt es Ermäßigung, und die ganze Nacht kostet oft weniger als im normalen Hotel. Jedoch können Sie in der Regel erst ab etwa 17 Uhr einchecken und nur bis etwa 10 Uhr des nächsten Morgens bleiben. Überhaupt ist es üblich, in Hotels nicht vor 15 Uhr einzuchecken. Jedes Hotel hat jedoch in dieser Hinsicht eigene Regeln. Statt Love Hotels nennen sich viele dieser, aber auch andere Hotels heute lieber Boutique Hotels.

EINKAUFEN UND KONSUMIEREN

Obgleich du es dir vielleicht nicht gestehen möchtest, das, was du gern kaufen möchtest, ist nicht der Inhalt eines Ladens - du willst den Laden selbst und den Ladenbesitzer, und ganze Straßen voll Läden ...

Lafcadio Hearn, Lotos

077jp Foto: rb

Pünktlich um neun Uhr stand der Wagen von „Sanei Electronics" vor dem Hotel. Herr Miura war allein gekommen, um Wolfgang abzuholen. Der hatte sich mit dem Zeitbedarf für das Frühstück verrechnet und kam mit Renate erst zehn Minuten später in die Hotelhalle herunter. Wolfgang hatte sich eine helle, leichte Sommerhose und darüber ein Polo-Hemd angezogen, auch Renate war sommerlich leger gekleidet. Herr Miura trug denselben Anzug wie am Vortag. Wolfgang entschuldigte sich für die Verspätung. Herr Miura meinte, das mache doch nichts, dabei sah er auf die Uhr und zog durch die Zähne hörbar Luft ein. Zu Renate gewandt fragte er: „What are your plans for today?" Eigentlich hatte sie ja mit in die Firma fahren wollen. So eine japanische Firma war doch etwas Besonderes – dem Geheimnis des jahrzehntelangen Wirtschaftswunders persönlich nachspüren zu können ...

Aber die Frage von Herrn Miura konnte nur bedeuten, dass sie nicht erwünscht war. Sie schaltete blitzschnell und antwortete, dass sie die berühmten Kaufhäuser der Ginza besuchen wollte. Das hielt der Japaner für eine gute Idee. Er fügte noch hinzu, dass er sie beide an diesem Abend zum Essen einladen wolle. Er werde an der Rezeption die Adresse des Restaurants hinterlassen. Mit dem Taxi könne sie dann dorthin nachkommen.

Nachdem Wolfgang und Herr Miura gegangen waren, machte sich Renate wie am Abend zuvor in Richtung Harumi-dori, der Hauptstraße der Ginza, auf. Dort angekommen, bog sie an der Hauptkreuzung nach links ab und ging zu den großen Kaufhäusern Mitsukoshi und Matsuya hinüber. Obwohl es schon nach halb zehn war, hatte weder das eine noch das andere Haus geöffnet. Ihr kamen schon Zweifel, ob ihre Uhr die richtige Zeit anzeigte, als sie am Eingang des Matsuya eine kleine Menschentraube erblickte. Renate ging dorthin und sah drinnen eine Reihe von Verkäuferinnen in Uniform in einer Linie aufgereiht. Davor stand ein Herr im dunklen Anzug. Er sprach zu den Mädchen, gab ihnen scheinbar letzte Anweisungen. Punkt zehn Uhr kam er zur Eingangstür und sperrte auf, im selben Augenblick riefen die jungen Damen den Kunden ein höfliches „O-hayo gozaimasu, irasshai-mase, o-hayo gozai-masu" entgegen und verbeugten sich vor ihnen.

Renate ging zu einer Orientierungstafel und sah nach, wo sich Schirme befanden. Normalerweise gab es so etwas im Parterre. Aber auf der Tafel stand 1. Stock. Also ging sie hinüber zur Rolltreppe, wo sie erneut von einem Empfangsmädchen begrüßt wurde. Sie grüßte zurück. Oben angekommen, suchte sie vergeblich nach der Abteilung. Schließlich fragte sie, wo die Schirme zu finden seien und wurde ins Parterre zurück verwiesen. Aber da stand doch 1. Stock, wandte sie ein. Ja, unten sei der erste, hier befinde sie sich schon im 2. Stock.

Also fuhr sie wieder nach unten, um die Erkenntnis reicher, dass in Japan die Etagen anders gezählt werden. Den Schirm hatte sie sich schnell ausgewählt. Sie hatte aus Deutschland keinen mitgebracht. Hier regnete es zwar nicht, aber sie hatte erfahren, dass ein Taifun auf Tokyo zukam. Da war es besser, wenn sie ge-

gen die erwarteten starken Regenfälle gewappnet war. Als sie den Preis sah, fragte sie die Verkäuferin, ob kein Nachlass möglich sei. Sie war ja hier in Asien und zu handeln war dort bekanntermaßen üblich. Aber die Verkäuferin bedauerte freundlich, ein Nachlass sei leider nicht möglich. Renate gab ihr zwei 1000-Yen-Noten. Die Verkäuferin nahm sie entgegen, berechnete mit ihrem Abacus den Wechselgeldbetrag, ging davon und kam wenige Augenblicke später mit dem Restbetrag und dem in eine Tüte verpackten Schirm zurück. Sie entschuldigte sich bei Renate, dass sie sie hatte warten lassen und bedankte sich noch einmal.

Anschließend fuhr sie mit dem Fahrstuhl ganz nach oben. Vom Dach bis zum Tiefgeschoss bummelte sie dann durch die Abteilungen, besuchte eine Galerie, genoss den Anblick des Porzellans und der Kimonos, kaufte sich noch ein paar preiswerte Volkskunstartikel, aß eine Kleinigkeit in einem der vielen kleinen Esslokale im Tiefgeschoss und wandte sich dann dem Rest der Ginza zu ...

Schon ein oberflächlicher Besuch der großen Einkaufsviertel Tokyos (Ginza, Shinjuku, Shibuya, Ikebukuro, Ueno ...) vermittelt dem fremden Besucher einen Einblick in die **Bedeutung des Konsums in Japan.** Kaufen gilt heute als erste Bürgerpflicht und größte Leidenschaft der Japaner, auch wenn der Geldbeutel in unsicheren Zeiten wie diesen nicht mehr so locker sitzt. Ihr Land, das nach dem Krieg wirtschaftlich einen mindestens ebenso großen Aufschwung nahm wie die Bundesrepublik Deutschland, verfügt ja nur über geringe und unbedeutende Bodenschätze. Es muss alle Rohstoffe importieren und lebt letztlich vom Verkauf der im Land hergestellten Erzeugnisse ins Ausland. Aber mit seinen 125 Millionen Einwohnern ist auch der heimische Markt nicht zu verachten. Dabei müssen die Töchter und Söhne Nippons für die gleichen Produkte zu Hause allerdings oft mehr bezahlen als im Ausland und das nicht nur in den Einkaufsparadiesen Hong Kong und Singapur.

Einer der Gründe dafür sind die protektionistischen Maßnahmen des Staates, die es ausländischen Herstellern so schwer machen, in Japan Fuß zu fassen. Die Japaner sehen nicht ein, dass sie es ihren Konkurrenten allzu leicht machen sollen. Wer im Land erfolgreich verkaufen will, muss die Spielregeln beachten und sich außerdem auf die Vorlieben der einheimischen Bevölkerung einstellen. Das traditionelle Verteilungssystem mit mehrstufigem Zwischenhandel ist ein weiterer Grund.

Nirgendwo auf der Welt gibt es meines Wissens größere **Einkaufspaläste** als in Tokyo. Der Ehrgeiz der Kaufhausgiganten ist es, alles unter einem

Dach anzubieten, was es auf unserer Erde zu kaufen gibt. Natürlich ist dieser Anspruch nicht einlösbar, aber er macht deutlich, dass das Angebot der japanischen **Kaufhäuser** (*depâto*, von engl. department store) in der Qualität dem von Fachgeschäften bei uns entspricht. Die Fachgeschäfte in Japan haben grundsätzlich keine größere Auswahl an bestimmten Produkten als die Kaufhäuser.

Japanische Kaufhäuser bieten nebeneinander Japanisches und Westliches an: Kimonos und westliche Kleidung; japanische Möbel für mit Tatami ausgelegte traditionelle Zimmer, die es auch noch in modernen Appartmenthochhäusern gibt, und westliche Möbel für die mit Wohnzimmerschränken und Couchgarnituren ausgestatteten, oft unwohnlich wirkenden Empfangszimmer in vielen japanischen Häusern. Diese Zweigleisigkeit setzt sich überall fort: beim Geschirr, beim Essen. Irgendwo las ich, dass Archäologen der Zukunft aus unserer Zeit nichts weiter vorzufinden bräuchten als ein japanisches Kaufhaus, um ein annähernd vollständiges Bild der Kultur und Zivilisation des 21. Jahrhunderts zu erhalten.

Die Kaufhäuser bemühen sich nämlich auch um Kultur und Kunst. Kunstgalerien, manchmal sogar Theater und eine Vielzahl auch internationaler Restaurants gehören zum Angebot.

Ganz gleich, wie Sie zu Konsum und Konsumpalästen stehen, Tatsache ist, dass Sie in Kaufhäusern viel über das heutige Japan erfahren können. Alle Kaufhäuser sind täglich bis 20 bzw. 21 Uhr geöffnet. Es gehört zu den großen Vergnügungen japanischer Familien, am Wochenende durch die Einkaufsviertel zu ziehen. Besonders beliebte Viertel in Tokyo sind zum Beispiel Ikebukuro, Shinjuku (mit der riesigen unterirdischen Einkaufspassage) und Ginza (gilt als das feinste Shopping-Viertel). Schließlich ist das Wochenende die einzige Zeit, wo die ganze Familie in Ruhe einen Einkaufsbummel machen kann.

Sie werden feststellen, dass viele große Kaufhäuser mit gleichnamigen privaten Eisenbahnlinien verbunden sind: Seibu in Ikebukuro, Odakyu in Shinjuku, Tobu in Asakusa usw. Das ist kein Zufall: die Besitzer der Eisenbahnlinien kamen irgendwann auf die Idee, dass sich dort, wo die Eisenbahnlinien in Tokyo beginnen, profitable Einkaufszentren errichten ließen, also bauten sie über die Bahnhöfe mehr oder weniger große Warenhäuser. Die traditionellen Namen Mitsukoshi, Matsuya, Matsuzakaya und Takashimaya haben heute einen Teil ihres einstigen Renommees gegenüber den Emporkömmlingen unter den Kaufhäusern eingebüßt, das Takashimaya ist allerdings immer noch etwas feiner als die anderen. Dafür sind Hankyu und Seibu dank eigener Baseball-Mannschaften während der Saison in den Köpfen der baseballbegeisterten japanischen Männer präsenter.

Neben den großen Kaufhäusern gibt es auch viele **Shopping-Komplexe,** wo Sie noch um 22 Uhr einkaufen können. Manche **Supermärkte** haben rund um die Uhr geöffnet, die so genannten *kombini* (convenience stores).

Ich kenne einige kleine **Lebensmittelläden,** die Tag für Tag von 8 Uhr bis Mitternacht geöffnet sind. Ich erinnere mich insbesondere an einen Laden, in dem ich immer einzukaufen pflegte. Der Besitzer war nicht im Laden, wenn keine Kunden da waren. Es gab eine Klingel, mit der man ihn rufen konnte. Oder man rief in den Laden hinein: *„sumi-masen"* (bedeutet etwa: Entschuldigen Sie bitte die Störung!). Dann kam er freundlich aus seinem Wohnzimmer hinter dem Laden heraus, in dem er sich immer dann aufhielt, wenn keine Kunden zu bedienen waren. Sein Laden hatte keine Türen, er stand weit offen. Erst um Mitternacht ließ der Besitzer die Metall-Rolläden herunter. Nur drei Tage im Jahr machte er den Laden dicht: an Neujahr, vom 1. bis 3. Januar. Wahrscheinlich fuhr er dann in eines der Thermalbäder im Gebirge oder auf der Halbinsel Izu, vielleicht auch zu Verwandten. Urlaub kannte er nicht. Und dennoch wirkte er nie gestresst oder unzufrieden.

Wie bei uns ist **Handeln** in Japan nicht üblich und bis auf wenige Ausnahmen nicht möglich. In den Kaufhäusern und Supermärkten gelten Fix-

081jp Foto: rb

Rechnen mit dem Abacus

Der *soroban* (**Abacus**) ist – wie Sie jederzeit beim Einkaufen beobachten können, in Japan immer noch beliebt. Manche sind so geübt mit dem *soroban*, dass sie den Betrag der Registrierkasse mit der Hand noch einmal kontrollieren. Es gibt heute sogar *soroban* mit Taschenrechner: für die komplizierteren Fälle. Denn mit dem *soroban* rechnet man nur die vier Grundrechenarten, das dann aber so schnell wie mit dem Taschenrechner. Wer mit dem *soroban* gut umgehen kann, ist im Kopfrechnen ebenfalls gut, denn er kann sich bildlich die Lösung vorstellen. Vor einiger Zeit sah ich einmal die Cousine meiner Frau bei einer etwas umfangreicheren Rechnerei mit den Fingern an der Tischkante das Hin- und Herschieben der Kugeln simulieren, während sie die Aufgabe im Kopf rechnete (jap. *Anzan*).

Anders als der russische und chinesische Abacus mit den dicken Perlen hat der japanische *soroban* über dem Quersteg nur eine Perlenreihe: das ist die 5er-Reihe: 5, 50, 500, 5000, die darunter sind die Einerperlen:
1, 10, 100, 1000 etc. Durch das Komplementärsystem lassen sich die Rechnungen einfach durchführen:
10 = 1+9, 2+8, 3+7, 4+6, 5+5
5 = 1+4, 2+3

Bei der leichten Aufgabe 10-3 wird die eine 10er-Perle vom Steg weggeschoben, dafür in der 1er-Reihe eine 5er- und zwei 1er-Perlen zum Steg hingeschoben, denn um 3 zu 10 zu ergänzen, muss man 7 hinzufügen (das Ergebnis wird immer am Steg angezeigt, und die Perlen werden entweder dort hin- oder von dort weggeschoben). Das System geht einem rasch in Fleisch und Blut über. Es ist eine andere Art von Arithmetik, die uns zunächst umständlich vorkommt, aber für die *soroban*-Rechner die ganze Rechenprozedur ohne Nachdenken automatisiert.

preise – aber das ist ja z. B. auch in Thailand so, wo ansonsten Handeln die Regel ist. Sie gelten außerdem in den unzähligen „Tante-Emma-Läden" der Wohnviertel. In Tax-free-Läden für Touristen können Sie schon mal mit Erfolg um einen Nachlass bitten, aber der Preis wird dort sowieso höher angesetzt. Auch die „electric town" *Akihabara*, wo man handeln kann, ist trotz des stärkeren Euro für uns nur bedingt zum Kaufen geeignet, dennoch interessant wegen des Riesenangebots.

Das **Kunsthandwerk** hat in Japan einen hohen Stellenwert und ist oft von hervorragender Qualität. Vieles ist mehr Kunst als Handwerk, und der Preis dafür kann auch entsprechend hoch sein. 100.000 Yen für eine Teeschale sind keine Seltenheit, wie überhaupt Japaner für Traditionelles Unsummen ausgeben können: ob Bonsai oder Kimono, Keramik (z. B. Satsuma, Bizen, Seto, Mashiko) oder Porzellan (z. B. Wajima, Yamanaka, Aizu). Unterwegs in Japan werden Sie immer auch auf regionales Kunsthandwerk stoßen, die Auswahl ist riesig. Die Japaner kaufen ja bekanntlich sehr gerne *o-miyage* (= Mitbringsel) für die Daheimgebliebenen, entweder Essbares oder Folkloristisches.

TRADITIONELLES HANDWERK

Es dünkt dem Fremden, dass alles Japanische zart, exquisit und bewunderungswürdig ist, selbst ein Paar ganz gewöhnliche hölzerne Essstäbchen in einer Papiertüte mit einer kleinen Zeichnung darauf, selbst das kleine blaue Tuch mit den Zeichnungen fliegender Sperlinge darauf, welches der Jinrikschaman dazu benutzt, sein Gesicht abzutrocknen.

Lafcadio Hearn, Lotos

083jp Foto: rb

Der Übergang zwischen Kunst und Handwerk ist in Japan seit jeher fließend. Gebrauchsgegenstände für den Alltag, ja selbst Werkzeuge, bestechen durch ihre Ästhetik. Es gibt meines Wissens keinen Gegenstand des traditionellen Japan, der nicht den Bedürfnissen der Ästhetik in gleichem Maße angepasst wurde wie den Erfordernissen der Praxis. Beides ist Japanern gleich wichtig. Nehmen wir den Kimono als Beispiel:

Kimono heißt wörtlich übersetzt: Anziehzeug, also Kleidung, doch auch in Japan steht das Wort für jenes Kleidungsstück, das zum schönsten und elegantesten gehört, was die Menschheit hervorgebracht hat. Der Kimono hat im Laufe der Jahrhunderte gleichwohl seinen Stil mehrfach gewandelt. Die heutige Gestalt erhielt er in der ausgehenden Tokugawa-Zeit. Den Frauen-Kimono korrekt allein anzuziehen, erfordert viel Übung. Meine Frau braucht mehr als eine Stunde dafür, wobei der breite Gürtel, der *obi,* besonders viel Mühe macht. Anziehkurse dauern 6 Monate.

Der wollene Männer-Kimono dagegen ist schnell angezogen. Er besteht aus festem, dunklem Material, das einem Anzugsstoff ähnelt. Wie jeder Kimono wird er links über rechts getragen. Zugebunden wird er mit einem schmalen *obi,* dessen Knoten oder Schleife nach hinten geschoben wird. Über dem Kimono trägt man draußen meist noch eine Überjacke, die *haori.*

Beim formellen Männer-Kimono kommt noch ein gefalteter Überrock mit feinen Streifen hinzu *(hakama),* und die Überjacke *(mon-tsuki)* ist länger und wirkt insgesamt eleganter. Erkennbar ist die *mon-tsuki* an den drei Familienwappen *(mon)* vorne rechts und hinten. Jede Familie hat ihr eigenes Wappen, das auf den formellen Kimonos zu sehen ist. Dazu trägt man weiße Socken *(tabi)* und die eleganten Sandalen *(zôri);* zum weniger formellen Kimono sind *tabi* natürlich auch korrekt, müssen aber nicht getragen werden. Man sollte nie mit Stadtschuhen in Kimono oder Yukata herumlaufen. Japaner haben ein sehr empfindliches Auge dafür, was beim Kimono mit dazu gehört und was nicht. Überhaupt – das gilt insbesondere für Frauen – wird erwartet, dass man sich eleganter und korrekter verhält, wenn man einen Kimono trägt. Japaner reagieren ablehnend, wenn z. B. eine Dame, die einen Kimono trägt, sich so bewegt, als habe sie bequeme Jeans an.

Der Frauen-Kimono ist im Gegensatz zum Männer-Kimono sehr variationsreich. Der erfahrene Beobachter kann allein am Kimono manches über seine Trägerin ablesen: ob sie noch ledig oder bereits verheiratet ist (lange Ärmel kennzeichnen die Unverheirateten), ob sie jung oder schon

Japanerinnen in kunstvoll gefertigten Kimonos

085jp Foto: sa

älter ist (die Farben und Muster werden mit dem Alter gedeckter, ruhiger). Es gibt natürlich Kimonos für besondere Anlässe: Für Hochzeiten nimmt man als Gast etwa einen formellen schwarzen Kimono, der jedoch unten reich bestickt ist. Da sind oft herrliche Muster zu sehen, etwa Bambus, Kiefern, Pflaumenzweige oder Herbstwald – die jeweilige Jahreszeit spielt eine große Rolle. Bei Trauerfeiern ist der formelle Kimono schlicht schwarz. Auch der formelle Frauen-Kimono wird vom Familienwappen geziert. Da die Frau mit der Heirat ihre Familie verlässt und in die des Mannes aufgenommen wird, ändert sich mit ihrem Namen auch das Familienwappen.

Zum kompletten Kimono gehören ein Untergewand *(naga-juban)* und darüber der eigentliche Kimono, der durch den *obi* zusammengehalten wird. Da es keine Größenunterschiede bei Kimonos gibt – Schnitt und Länge sind festgelegt und unveränderbar – muss die Länge durch verkürzendes Falten unter dem *obi* reguliert werden. Die *obi*-Schleife ist ziemlich schwierig zu falten, es gibt etwa fünf verschiedene Arten. Unter den *obi* bindet man eine Art Schal *(obi-age)*, der den *obi* stützt. Um den *obi* bindet man noch eine Kordel *(obi-jime)*, die den *obi* festbindet. Sie sagt auch etwas aus über den Anlass, zu dem der Kimono getragen wird: rot = glücklich, grau-schwarz = traurig, weiß = normal.

Frauen-Kimonos bestehen aus Seide, in die Muster eingewebt und -gefärbt sind. Die formellen Kimonos für die gerade erwachsen gewordenen Frauen heißen *furi-sode*, sie haben lange Ärmel *(tamoto)*, die für die verheirateten Frauen sind die *tome-sode* (schwarz, mit kurzen Ärmeln). Für formelle Besuche trägt man den *homon-gi* (*homon* = Besuch, *gi* = Kleidung), für Trauerfeiern den *mofuku* (ganz schwarz). Zu Parties, Teezeremonien wird der *tsuke-sage* (einheitliche Farbgebung) getragen, zu normalen Gelegenheiten, z. B. Einkaufen, der *ko-mon* (*ko-mon* = kleines Muster). Baumwoll-Kimonos trägt man zu Hause, Yukatas in den Sommerferien oder im *ryokan*, wo er ja gestellt wird, und natürlich nach dem Bad daheim. Mit der Yukata kann man auch schlafengehen. Die heißen dann *ne-maki* (Schlafwickel).

Beim Kimono muss alles stimmen, bis zur Frisur. Auch heute noch mögen die jungen Leute den Kimono, aber sie tragen ihn meist nur noch zu formellen Anlässen oder bei der Ausübung traditioneller japanischer Künste, z. B. bei der Tee-Zeremonie. Ältere Frauen, vor allem in der Provinz, tragen den Kimono häufig noch täglich. Ein neuer Trend hat den Kimono, häufig gebraucht gekauft, unter jungen Frauen wieder beliebter gemacht. Als Erleichterung für das Anziehen gibt es fertig gebundene *obis*. Die Frisuren und Accessoires dürfen dabei ruhig dem gerade geltenden Stil folgen.

Beim Kimono verraten Japanerinnen einen untrüglichen individuellen Geschmack, bei westlicher Kleidung richten sie sich nach der Massenmode. Ein Kimono kostet nicht weniger als 1000 Euro, jedoch leicht ein Vielfaches davon. Kimonos werden in der Regel gefaltet in Kommoden aufbewahrt. Nur die Hochzeitskimonos *(uchi-kake)* werden über ein Gestell gehängt. Sie können übrigens um die 100.000 Euro kosten, weshalb sie von Normalbürgern für die Hochzeit nur geliehen werden (was auch noch um die 500 Euro kostet).

Manche traditionelle Handwerksarbeit hat heute natürlich ihren Gebrauchswert verloren: **Das Schreibwerkzeug mit Tinten- und Pinselbehälter** findet man heute eher in Souvenir- als in Schreibwarenläden, und doch war es jahrhundertelang unentbehrlich für die Reise. Die aus dem Flaschenkürbis hergestellten alten Wasserflaschen sind heute beliebte Sammlerstücke.

Die schönsten **Holzkämme** und die reich verzierten **Handspiegel,** vor allem aber die oft kunstvoll gemalten **Fächer** sind heute immer noch in Gebrauch. Die hübschen **Scheren** in Gestalt von Kranichen sind weitere Beispiele.

Neben den Erzeugnissen der Töpferkunst sind vor allem die **Lackwaren** berühmt. Der Rohlack stammt vom „Lack"-Baum *(urushi).* Wie bei der Gummi-Gewinnung wird die Rinde geritzt (allerdings waagerecht und nicht schräg), und der austretende klebrige Saft wird abgekratzt. Traditionell wird der Lack dann der Sonne ausgesetzt, damit das Wasser verdampft, außerdem gewinnt er durch Umrühren eine einheitliche Konsistenz. Auf die Oberfläche des zu lackierenden Gegenstandes (Holz, Leder, Papier, Porzellan, Metall, heute auch Plastik) wird erst die Farbe, das Muster o. Ä. aufgetragen, anschließend wird er lackiert. Lackwaren sind verständlicherweise ziemlich teuer, denn es steckt viel Arbeit darin, und sie sind ein zeitloser, fast unbegrenzt haltbarer Genuss für das Auge, allemal schöner als nackte Plastikschachteln.

Überhaupt die Verpackung: Auch sie gehört in Japan mit zur Kunst. Auf ästhetisch vollkommene Verpackung wird in Japan größter Wert gelegt. Berühmt sind die **Furoshiki-Tücher,** die in jede Hand- oder Aktentasche passen und die viele Japaner ständig bei sich tragen. Alle möglichen Gegenstände werden nicht einfach in eine Plastiktüte gesteckt, sondern in das Tuch eingewickelt. Das Tuch wird einfach an den Zipfeln über Kreuz zusammengebunden und lässt sich so bequem tragen.

Die **Handwerker,** der dritte Stand im alten Japan, konnten nie zu Reichtum kommen, so verlegten sie ihre ganze Anstrengung auf das Erlangen höchster Meisterschaft in ihrem jeweiligen Handwerk. Dazu kommt die Hingabe der Japaner bei der Beachtung und Ausarbeitung winzigster Details (was ihnen im Zeitalter der Elektronik-Chips sehr zugute kommt). Die lebenslange Tüftelei der Handwerksmeister führte zu vollendeten Schöp-

Ästhetik

Gemeinsam ist Künsten und Handwerk, aber auch Mode und anderen Lebensäußerungen eine spezifische Ästhetik, die sich mit einigen Schlüsselbegriffen umschreiben lässt. Sie umfasst Formen und Farben ebenso wie Gefühle und Stimmungen: Hier die speziell für Kimono angewandten Begriffe:

- *shibui:* herb, schlicht, unauffällig, dunkel, geschmackvoll, geübt, anspruchsvoll, ruhig. Da lässt sich noch manch andere Nebendeutung mit hineinpacken. Was *shibui* ist, kann normalerweise nur japanisch sein: eine Tuschezeichnung, eine alte Keramikschale, das Zusammenwirken von Kimonomuster und Trägerin. Aber nicht alles, was in Japan geschätzt wird, ist *shibui.*
- *hade:* prachtvoll, auffallend, bunt, hell leuchtend, farbenfreudig, wörtlich: das Knospen der Blüten. Das heutige Japan wird von Älteren manchmal als *„hade no jidai"* = die Hade-Zeit empfunden, die Zeit, in der bunte, ja grelle Farben beliebt sind und die jungen Menschen den Geschmack für dezente Farben zu verlieren beginnen. Ein lebhaftes Kimonomuster ist *hade.*
- *jimi:* schlicht, einfach, anspruchslos, erdnah, unauffällig, bescheiden (wie die – früher jedenfalls – schicksalergebene japanische Frau), wörtlich: Wurzeln, die Erde schmecken. Diese Kimonomuster sind dezent, ruhig, unauffällig.
- *iki:* elegant, chic, verfeinert, geschmackvoll, in gewisser Weise sinnlich, reife Leidenschaft, Erfahrung, der Hauch vergangener Liebesaffairen. In *iki* spiegelt sich der Geist des alten Tokyo – Edo – wider, untrennbar verknüpft mit der reichen Kaufmannsklasse. Heute sagt man vielleicht lieber *„shikku"* – chic.
- *yabo:* roh, grob, ländlich, bäurerisch, ungeschliffen, geschmacklos, ungeschliffenes *iki.* Ein Samurai in einem eleganten Geisha-Haus, das war *yabo;* jemand sagte einmal, dass auch die erste Liebe normalerweise *yabo* sei.
- Die Konzepte von *wabi* (= Einfachheit, Stille) und *sabi* (= unaufdringliche Eleganz) habe ich schon im Kapitel über das Essen behandelt. Sie bestimmen natürlich auch die Ästhetik in Kunst und Handwerk.

fungen in allen Bereichen der Handwerkskunst, und noch heute ist dieser Geist lebendig. Selbst im Bereich heutigen modernen Handwerks erringen die Japaner gemeinsam mit den ähnlich orientierten Koreanern nach wie vor viele erste Preise bei internationalen Wettbewerben. Berühmte Handwerksmeister werden zu „lebenden Nationalschätzen" ernannt und erhalten eine kleine Pension.

VERKEHRSMITTEL, ORIENTIERUNG, AUTOFAHREN

Hier am Terminal Innenstadt, steht ein Taxi - mit Fahrer und Uhr, wie daheim; bloß trägt der Chauffeur weiße Handschuhe und betrügt dich nicht.

Jonathan Rauch, Das Ausnahmeland, 1993

089jp Foto: rb

Als Renate am späten Nachmittag ins Hotel zurückkehrte, fand sie in ihrem Fach einen Zettel vor. Er stammte von Herrn Miura. Man erwartete sie um 19 Uhr in einem Lokal, dessen Name und Adresse in Englisch und Japanisch angegeben waren. Sie sollte diesen Zettel einem Taxifahrer zeigen, der würde sie dann genau vor das Lokal fahren.

Aber Renate wollte nicht Taxifahren, vor allem nicht in der neuen Umgebung. Sie fand es spannender, mit öffentlichen Verkehrsmitteln zu ihrem Ziel zu kommen. Taxifahren kam ihr phantasielos vor – und Zeit hatte sie ja genug.

Sie fragte an der Rezeption, mit welcher U-Bahn sie möglichst nah an das Lokal gelangen könne. Der Herr dort meinte, am besten sei es mit dem Taxi.

„Ja, das weiß ich", antwortete sie, „aber ich will mit der U-Bahn hin."

„Akasaka" war der Name der Station. Renate ging zur Station „Ginza". Auf dem Plan, den sie beim Tourist Information Center erhalten hatte, waren auch die U-Bahn-Linien eingezeichnet. Im U-Bahnhof Ginza hat man Zugang zu mehreren Linien. Sie musste zur Marunouchi-Linie. Aber zuerst brauchte sie eine Fahrkarte. In der Eingangshalle standen an einer Wand viele Automaten. Darüber hing ein Übersichtsplan. Bei jeder Station außer „Ginza" stand eine Preisangabe. Die Namen waren in Japanisch und Englisch angegeben. Wo aber war „Akasaka"? Sie fand sich auf dem Plan nicht zurecht, wusste nicht, wo sie suchen sollte. Da half nichts, sie musste jemanden fragen. Es kamen ja pausenlos Leute zu den Automaten. Sie sprach irgendjemanden an. Aber der Angesprochene sagte gleich auf Englisch, dass er kein Englisch verstehe, was eigentlich ein Widerspruch war. Beim zweiten Mal hatte sie mehr Glück. Sie wusste wenige Augenblicke später, dass sie zwei Stationen mit der Marunouchi- und dann noch eine Station mit der Chiyoda-Linie fahren musste.

Am Automat löste sie die Karte. Das war einfacher, als sie dachte. Denn sie brauchte nur die entsprechende Fahrpreistaste zu drücken und genügend Münzen einzuwerfen. Der Automat gab das Wechselgeld von selbst heraus.

Sie machte sich auf den Weg zu ihrem Bahnsteig. An der Sperre schob sie die Karte in den Schlitz an der automatischen Sperre und entnahm sie am anderen Ende und achtete dann nur noch auf das Schild „Marunouchi-Line". Endlich hatte sie den Bahnsteig gefunden. Bald kam auch ein Zug herein gerattert. Massenweise standen die Leute auf dem Bahnsteig, alle warteten diszipliniert in ihren Reihen. Weil sie hinten stand, befürchtete sie, nicht mehr mitzukommen. Aber alles ging reibungslos. Enger als Sardinen standen die Fahrgäste im Zug. Die zuletzt einsteigenden – dazu gehörte auch Renate – wurden von U-Bahnbediensteten in die Wagen gestopft. Kein Wunder, dass so viel los war: Feierabend – Rush Hour. Umfallen konnte sie ja nicht, nach zwei Stationen stieg sie aus – „Otemachi" las sie. Wo ging es zur Chiyoda-Linie? Tatsächlich fand sie gleich das Richtungsschild. Dieselbe Prozedur wiederholte sich. Der Zug kam, sie fuhr die eine Station, wie sie es sich gemerkt hatte – und stand, statt in Akasaka, in Shin-Ochamizu. Was war das? Hier musste doch Akasaka sein. Hatte sie sich verzählt? Nein, sie hatte genau aufgepasst. War sie vielleicht in die verkehrte Richtung gefahren? Sie fragte einen Uniformierten nach Akasaka. Der deutete auf das gegenüberliegende Gleis und sagte: „six stations".

„Na, da habe ich ja noch mal Glück gehabt", dachte sie sich. Bald stand sie wieder an der Erdoberfläche, dieses Mal mitten in Akasaka. Das Lokal fand sie mit Hilfe eines Passanten, der sie hinführte - es war nur einen Block entfernt. Als sie den Raum (dieses Mal gleich in Socken) betrat, in dem Wolfgang mit seinen Geschäftspartnern saß, war es 19.20 Uhr.

Mit dem Betreten des Raumes war Renate von der Atmosphäre schlichter Eleganz gefangen. Mit Ausnahme einer Nische, in der unter einem Rollbild mit gemalten Schriftzeichen ein Blumenarrangement stand, war der Raum schmucklos. Die Schiebefenster sowie der Lampenschirm waren mit Papier bespannt. Desgleichen die Schiebetür, auf die kieferbewaldete Berghänge im Nebel gemalt waren. Auf dem Tatami-Boden stand in der Mitte ein flacher, lackierter Tisch. Auf der einen Seite saßen Herr Sato und Herr Miura. Auf der anderen Seite hatte Wolfgang Platz genommen. Renate wurde mit Hallo begrüßt. Die drei hatten schon ihr erstes Bier und ein paar kleine Appetithäppchen hinter sich. Renate setzte sich im Schneidersitz auf das für sie reservierte Kissen. Mehrere Damen im Kimono kamen herein. Sie brachten Getränke und Essensschälchen - und vier eigenartige Kleidungsstücke, die den vieren unter viel Gelächter über ihre Kleidung gezogen wurden.

„Das sind kami-shimo", erklärte Sato, „früher trugen Samurai sie als zeremonielles Gewand über dem Kimono. Wir werden heute abend nämlich ein „Daimyo-Dinner" essen. Daimyos waren die früheren Provinzfürsten."

Während er sprach, wurden goldene sake-Schälchen vor die Gäste gestellt. Dann wurde aus einer goldenen Kanne Reiswein eingegossen. Renate und Wolfgang nahmen die Schälchen in die rechte Hand und stießen damit gegenseitig an. Sato und Miura wollten ihre Schälchen gerade mit beiden Händen an den Mund führen. Als die beiden Deutschen ihnen zuprosten wollten, machten sie es auch so.

„Prost!"

Als nächstes wurden die ersten Vorspeisen hereingetragen: Pinienkerne, rohe Fischscheiben mit geraspeltem Rettich, eine klare Suppe, alles auf kleinen Tellerchen und Schälchen serviert und sehr ästhetisch angeordnet. Auf jeder Seite nahmen drei Damen Platz. Sie wurden von links nach rechts bedient. Wolfgang fand es sehr praktisch, von links das Bier und von rechts den Reiswein oder umgekehrt eingeschenkt zu bekommen. Ab und zu schenkte sich Wolfgang auch selbst nach. Immer dann goss auch Herr Miura ihm noch etwas dazu.

Aber wie sollte er die Speisen essen? Da lagen nur Stäbchen. Als Herr Miura seinen fragenden Blick auf den ihm unvertrauten Esswerkzeugen ruhen sah, fragte er ihn, ob er nicht lieber Messer, Löffel und Gabel haben wolle. Wolfgang war froh über das Angebot. Aber Renate lehnte dankend ab. Sie wollte gern mit Stäbchen essen lernen und ließ es sich von den beiden Herren zeigen. Die kleinen Gerichte schmeckten köstlich. Der rohe Fisch war so zart, er zerging ihnen fast auf der Zunge. Renate löffelte ihre Suppe als erstes aus. Sie wunderte sich allerdings, dass die Japaner nur hin und wieder etwas Suppe in sich hineinschlürften.

Plötzlich wurde die Tür aufgeschoben, und herein kam - eine leibhaftige Geisha. Sie trug einen eleganten, grün-schwarzen Kimono, die Frisur kunstvoll hochgesteckt. Ihr nicht mehr junges Gesicht war weiß gepudert. Hinter ihr kam eine Begleiterin mit einem Saiteninstrument. Sie kniete sich hin und begann mit einem großen Plektrum zu zupfen. Dazu sang sie und die Geisha tanzte zwei Tänze. Sie wirkte nicht sehr begeistert, lächelte kaum. Es war wohl mehr eine Pflichtübung, von Zimmer zu Zimmer zu gehen. Nach ihrem kurzen Auftritt ging das Essen weiter.

Als nächstes brachten die Kimono-Damen eine gedämpfte Eierspeise mit Pilzen, gebratenen Fisch, abschließend Reis. Renate kam mittlerweile schon recht gut mit den Stäbchen zurecht. Als Herr Miura einmal einen Bissen herüberreichte, nahm sie ihn stolz mit ihren Stäbchen entgegen. Herr Miura war einen Moment lang etwas irritiert. Er hatte gemeint, Renate würde ihm einen Teller reichen.

Nach zwei Stunden war das Essen beendet. Alle Damen verabschiedeten sich von den Gästen, bedankten sich und wünschten, dass sie wiederkämen. Auch Renate und Wolfgang dankten für den schönen Abend. Gemeinsam gingen die vier hinaus auf die Straße. Herr Miura rief ein Taxi herbei Im selben Augenblick, als Wolfgang die hintere Tür öffnen wollte, kam die ihm schon wie von Geisterhand entgegen. Ging die automatisch auf? Herr Sato lachte und erklärte, dass der Fahrer sie mit einem Hebel geöffnet habe. Sie verabschiedeten sich bis zum nächsten Tag. Dann brachte sie das Taxi zu ihrem Hotel zurück.

Taxi: Ein Taxi zu rufen, ist so einfach wie bei uns. Sie winken es auf der Straße heran, falls Sie es sich nicht sowieso am Taxistand oder vor dem Hotel usw. besorgen. Es ist üblich, hinten Platz zu nehmen. Der Fahrer öffnet mit einem Hebel die hinteren Türen sozusagen halbautomatisch, also Vorsicht beim Einsteigen. Wenn Sie noch kein Japanisch sprechen, ist es besser, wenn Sie dem Fahrer die Zieladresse in Form einer Visitenkarte o. Ä. zeigen. Die Touristenzeitungen haben bei den Anzeigen für bestimmte Lokale und Geschäfte meist die Adresse auf Japanisch für die Fahrer mit eingedruckt.

Da die Taxifahrer zum großen Teil aus der Provinz stammen und nicht gerade ortskundig oder vielleicht sogar erst kürzlich in Tokyo eingetroffen sind, dürfen Sie bei ihnen keine detaillierten Ortskenntnisse voraussetzen.

Die Fahrer werden also in der Regel nur die bekannten Ziele kennen und erwarten von ihren Fahrgästen aktive Mithilfe, falls die Adresse in einem der zahllosen Wohnviertel mit ihrem Gewirr enger Gassen liegt. Außerdem sprechen sie in aller Regel kein Englisch. So gesehen ist es nicht ganz so verrückt, wenn jemand, der schon längere Zeit in Japan lebt, sagt: Ich bin jetzt so weit, dass ich Taxi fahren kann. Das bedeutet nämlich, dass sie oder er sich sprachlich so gut ausdrücken kann, dass der Taxifahrer die Richtungsanweisungen versteht, und dass die eigenen Ortskenntnisse so genau sind, dass man dem Fahrer den richtigen Weg zum Ziel beschreiben kann. Wenn man nicht mehr weiter weiß, sollte man den Fahrer kurz anhalten lassen und Passanten nach dem Weg fragen. Hilfsbereitschaft dürfen Sie in solchen Fällen stets voraussetzen. Falls Sie mit dem Taxi fahren und zu einer Adresse müssen, die sich ein Stück abseits der größeren Straßen befindet, müssen Sie damit rechnen, dass Sie nicht ganz vor die Haustür gefahren werden. Das ist nämlich mitunter schwierig, und viele Taxifahrer wagen sich auch nur widerstrebend in das Labyrinth der Gassen, in dem sich nur Anlieger oder die örtlichen Polizisten auskennen.

Die Mitnahme von Gepäck im Taxi kostet nichts extra, aber erwarten Sie keine Mithilfe beim Ein- oder Ausladen. Sie brauchen nur den angezeigten Betrag zu zahlen. Trinkgeld ist bekanntlich in Japan nicht üblich. Zuschläge werden nur erhoben, wenn Sie das Taxi telefonisch bestellen oder es zwischen 23 und 5 Uhr benutzen. Wenn es aber nach 23 Uhr etwa in der Ginza schwierig wird, ein Taxi zu bekommen, weil dann alle nach Hause wollen, Hostessen, Lokalbesitzer, Bedienung und Gäste – dann helfen oft nur zwei oder drei ausgestreckte Finger (für: „ich zahle den doppelten bzw. dreifachen Preis"), um einen Taxifahrer zum Anhalten zu bewegen. Ungewohnt ist, dass die Schriftzeichen für „leeres Taxi" rot erleuchtet sind und die Schriftzeichen für „besetztes Taxi" grün. Halten Sie genug Kleingeld bereit – Taxifahrer haben in Japan selten Wechselgeld. Vermeiden sie die rush-hours, besonders die in Tokyo (7.30–9.00 und 17.00–18.30 Uhr), Grundpreis meist 650 Yen.

Nahverkehrszüge: Die Prozedur ist für U-Bahnen und Vorortzüge, aber auch z. B. die Ringlinie in Tokyo (Yamanote-sen) oder die zentrale *Chûô-sen* im Prinzip die gleiche: Jede Linie hat ihre eigene Farbe. In der Schalterhalle finden Sie meist Fahrkarten-Automaten. An kleinen Bahnhöfen können Sie die Fahrkarten am Schalter kaufen. Die Streckenkarte über den Automaten zeigt Standort und Fahrpreis zum jeweiligen Ziel an. Der Preis steht beim Namen des Zielbahnhofes. In Tokyo gibt es meist zwei Karten, eine für den Bereich der Yamanote-Linie und eine für die Außenstrecken. Ist Ihr Zielbahnhof nicht dabei, müssen Sie sowieso zum Schalter gehen.

In größeren Bahnhöfen gibt es auch eine Auskunft *(annai-sho)*, meist an einem Schalter. Steht dort „Information", können Sie es ruhig mit Englisch versuchen. Wenn Sie den Preis herausgefunden haben, gehen Sie zum passenden Automaten, werfen das Geld ein, drücken den entsprechenden Betrag und entnehmen unten Karte und gegebenenfalls Wechselgeld. Wenn Sie zu mehreren sind, können Sie die Zahl der benötigten Karten eingeben.

Mit der Karte gehen Sie zur Sperre, lassen sie dort vom Kontrolleur *(kaisatsu)* abknipsen und gehen dann zum Zug. Automatische Sperren sind inzwischen jedoch Standard. Sie machen es wie die andern: Stecken Sie die Karte in den Schlitz am Anfang und ziehen Sie die elektronisch überprüfte Karte nach der Sperre wieder aus dem Eingabeschlitz heraus. In Japan ist es keine Schande, wenn am Ausgang der Kontrolleur feststellt, dass der Betrag nicht ausreicht oder wenn die automatische Sperre Sie aus demselben Grund nicht durchlässt (Kontrolle am Ausgang = *shus-satsu)*; es passiert nichts weiter, als dass Sie zum Schalter „Fare Adjustment" *(seisan-jo)* gehen, Ihre Karte vorzeigen und den Differenzbetrag zahlen. Man geht in Japan eben davon aus, dass Sie nicht schummeln wollten, sondern sich nicht ausgekannt oder unterwegs beschlossen haben, woanders als ursprünglich geplant auszusteigen. Die Karte wird am Ausgang einbehalten. Wollen Sie sie als Beleg behalten (aus Gründen der Reisekostenabrechnung) können Sie sich am selben Schalter „Fare-Adjustment" einen Ungültigkeitsstempel auf die Karte aufdrucken lassen und brauchen diese dann nicht abzugeben.

Am bequemsten sind die neuen Magnetkarten *„suica"* (Wassermelone) mit dem Pinguin-Symbol oder *„pasmo"*, die man beide aufladen kann und einfach am Ein- und Ausgang an die Kontaktfläche hält. Diese Karten lohnen sich natürlich nur, wenn man öfter fährt. Für das Nachladen kann man sich eine Quittung ausdrucken lassen.

Am Bahnsteig gibt es eine weiße Linie, die erst überschritten werden sollte, wenn der Zug steht und die Türen sich geöffnet haben. Die Position der Türen ist auf der Linie markiert. So genau halten die Züge! Die Ansagen erfolgen über Band.

Die Etikette verlangt im Grunde dasselbe Verhalten wie bei uns:

- nicht zu rauchen (gilt während der Stoßzeit auch für die Bahnsteige); es gibt für Raucher extra „Smoking Corners".
- nicht mehr Platz als nötig einzunehmen, also Zeitungen nicht weit auszubreiten, die Beine geschlossen zu halten, sich beim Dösen nicht an andere anzulehnen, Gepäck, Taschen u. Ä. eng am Körper zu behalten usw. Überhaupt sollten Sie sich korrekt hinsetzen, nicht hinflezen.

- Sie sollten die anderen Fahrgäste nicht anstarren. Wenn Sie nicht lesen, sollten Sie die Augen halb geschlossen halten bzw.die Werbung oder – bei oberirdischen Bahnen – die Umgebung betrachten. Insofern eignen sich U-Bahnfahrten in vollen Waggons gut zur Zen-Meditation im Stehen.
- Wegen früher häufiger sexueller Belästigung („*sekuhara* = sexual harassment“) in überfüllten Zügen haben abends manche Linien extra Wagen für Frauen. Sie sollten im übrigen laut *etchi* rufen, wenn sie sich belästig fühlen, um den Täter bloß zu stellen.
- Sie sollten Handys nur für das Eintippen und Empfangen von SMS benutzen.
- Am Silver Seat (für ältere, behinderte Mitbürger) muss das Handy ausgeschaltet werden (wegen potenzieller Rhythmusstörungen von Herzschrittmachern u. a.).

In **Busse** steigen Sie in Tokyo vorn ein und zahlen den üblichen Einheitsbetrag in den Automaten (Scheine können gewechselt werden). Wer öfters fährt, sollte sich ein Fahrscheinheft bzw. eine Mehrfahrtenkarte *(kaisûken)* besorgen. Ansagen erfolgen per Band. Bitten Sie den Fahrer, Ihnen die Station, an der Sie aussteigen wollen, zu erkennen zu geben, falls Sie meinen, nicht zurecht zu kommen. Schließlich ist Busfahren eine Stufe weniger leicht als U- oder S-Bahn-Fahren. Außerhalb Tokyos steigt man hinten ein, zieht einen Zettel mit Nummer und zahlt beim Aussteigen den zur Nummer angezeigten Preis.

Autofahren: Es ist zwar mit dem deutschen Führerschein einfach, sich in Japan ein Auto zu mieten, wobei es dort die auch bei uns bekannten internationalen Firmen (z. B. Avis, Hertz) gibt, aber leicht ist Autofahren in Japan für uns nicht: der ungewohnte Linksverkehr, die oft nur auf Japanisch angegebenen Informationen unterwegs, die engen Gassen und Straßen in japanischen Wohnvierteln (oft dazu Einbahnstraßen), die Schwierigkeit, Parkplätze zu finden (Sie werden sehr bald feststellen, dass das Parken an Randsteinen in japanischen Städten nicht üblich ist). In Tokyo muss man, bevor man ein Auto überhaupt zulassen kann, einen Parkplatz nachweisen. Es gibt überall kleine Parkhäuser in den Wohnvierteln. Die Politessen markieren falsch geparkte Autos mit Kreide. Bleiben die Autos zu lange im Parkverbot stehen, werden sie abgeschleppt.

Unterwegs gibt es öfter Geschwindigkeitskontrollen, was die Japaner *nezumi-tori* (Mausefalle) nennen. Viele benutzen aber ein kleines elektronisches Warngerät, das sie auf Radarfallen aufmerksam macht. Alkohol am Steuer ist tabu. Während Japaner sonst gegenüber Angetrunkenen und selbst Betrunkenen sehr nachsichtig sind, gilt beim Autofahren: Null Promille! Falls Sie unbedingt in Japan selbst Auto fahren wollen, sollten Sie sich anfangs von Freunden oder Bekannten – soweit vorhanden – begleiten lassen.

Orientierung: Straßennamen sind in Japan unüblich. Die Hauptverkehrsstraßen haben zwar Namen, aber diese werden nur zur groben Orientierung, nicht aber für Adressen verwendet. Die Orientierung ist dennoch nicht unlogisch, wenn auch etwas kompliziert: Das Zentrum von Tokyo ist z. B. in 12 große Bezirke *„-ku"* eingeteilt. Ich lebte eine Zeit lang in Toshima-*ku*. Innerhalb dieser Großbezirke gibt es Stadtteile *„-machi"* (*machi* = Stadt). Mein Stadtteil hieß damals allerdings Zôshigaya. Die Stadtteile sind in *„-chôme"* unterteilt. Bei mir war es 2-*chôme*. Es gibt überall an den Eingängen der Viertel, aber auch an den Bahnhöfen Lagepläne. Dort sind dann die Häuserblocks, die *„-banchi"* und schließlich die Gebäude *„-go"* eingetragen. Bis zu den *banchi* ist die Aufteilung einigermaßen logisch, aber die Hausnummern richten sich nach der Reihenfolge der Errichtung, da kann also Nr. 1 neben Nr. 20 stehen. Meine Adresse war damals mit Tokyo-to (Hauptstadt Tokyo), Toshima-ku, Zoshigaya, 2-18-2 angegeben.

Man sagt, dass die öffentlichen Telefone nicht zuletzt aus dem Grund eingerichtet wurden, weil die Japaner immer wieder nachfragen müssen, wie sie von bestimmten Punkten aus zu ihrem Ziel gelangen. Da ist sicher etwas Wahres dran. Heute haben freilich fast alle ihr Handy dabei. Ich habe Visitenkarten in meiner Sammlung, bei denen auf der Rückseite in Form einer Skizze die genaue Lage und die Umgebung des Hauses erläutert werden. Öfters habe ich mich aber auch an Bahnhöfen verabredet, wo ich dann abgeholt wurde. Gut kennen sich zwangsläufig die Briefträger aus, die immer im selben Bezirk tätig sind, aber die werden Sie nicht immer antreffen. Die Polizeihäuschen *(koban)* sind grundsätzlich auch ein guter Tipp, denn dort gibt es natürlich einen Lageplan des betreffenden Viertels, und die Polizisten kennen ohnehin sehr viele Leute dort.

ALLTAGSANGELEGENHEITEN

Auf der Straße spürt man einen Sinn für Balance und Selbstvertrauen, besonders bei jungen Männern und Frauen, die sich sehr stilvoll und gewählt kleiden.

Jonathan Rauch, Das Ausnahmeland, 1993

097jp Foto: sa

Wenn Sie sich länger in Japan aufhalten, kommen Sie mit allerhand Kleinigkeiten des Alltags in Berührung, die den flüchtigen Touristen nicht unbedingt bekümmern müssen.

Wenn Sie **Telefon-Informationen** in Englisch über irgendetwas in Japan brauchen, können Sie
- in Tokyo 3201-3331
- in Kyoto 371-5649
- in Ostjapan und Hokkaido 0120-222-800
- in Westjapan 0120-444-800 anrufen

Außer in Tokyo und Kyoto sind diese Anrufe gebührenfrei. Sie brauchen nur nach dem Zustandekommen der Verbindung zu sagen: „Collect Call T.I.C. (steht für: Tourist Information Center)", und schon kommt die 10-Yen-Münze wieder zurück, und Sie können Ihr Anliegen vortragen. Das Telefon ist aber nur zwischen 9 und 17 Uhr besetzt.

Der **Polizei-Notruf** ist 110, der für Feuerwehr und Krankenwagen 119, diese Notrufe kosten nichts, es gibt dafür einen roten Knopf: Man drückt ihn und wählt dann die entsprechende Nummer.

Wollen Sie direkt ins Ausland telefonieren, wählen Sie 001 (KDD), 0041 (ITJ), 0061 (IDC) und dann Landesvorwahl, Ortsvorwahl und Teilnehmernummer. Mit 0051 können Sie beim KDD-System ein Auslandsgespräch anmelden.

Ortsgespräche kosten nur 10 Yen, haben dafür aber einen 90-Sekunden-Takt. Die 90 Sekunden sind schnell abgelaufen, also besser weitere Münzen bereithalten (der Summer macht kurz vor Beenden des Gespräches darauf aufmerksam) und gleich nachwerfen, wenn das Signal ertönt, sonst wird die Verbindung unterbrochen. Die roten, rosa und blauen Telefone nehmen nur 10-Yen-Münzen (bis zu sechs), die gelben und grünen akzeptieren auch 100-Yen-Münzen (ebenfalls bis zu sechs), die grünen funktionieren auch bargeldlos mit Telefonkarten, die in manchen Läden gekauft werden können. Von diesen kann man auch ins Ausland telefonieren, wenn Sie eine goldene Platte haben. Von den grauen ISDN-Telefonen kann man per Laptop u. Ä. Faxe und E-Mails verschicken und empfangen, bei diesen Telefonen ist die Menüführung auch auf Englisch möglich.

Die **Banken** haben von 9 bis 15 Uhr geöffnet. In manchen Banken kann man kein Geld wechseln: Das merken Sie spätestens, wenn Sie kein englischsprachiges Schild mit der Aufschrift „Foreign Exchange" finden. In der

Provinz werden Sie oft vergebens nach dem Service suchen – wozu auch: Reiseschecks werden angenommen, Barschecks nicht. Schon zehn Jahre, bevor bei uns die Geldautomaten in Mode kamen, waren sie in Japan die Regel. An vielen Automaten lässt sich Bargeld per Kreditkarte (z. B. Visa, Master) und per EC-Karte abheben. Es gibt übrigens zwei Varianten der Geldnoten (1000, 5000, 10.000 Yen): 1984 wurden neue ausgegeben, aber die alten gelten noch. Von den Münzen (1, 5, 10, 50, 100, 500) sind die 10-Yen- (Telefon) und die 100-Yen-Münzen (Getränkeautomaten) am wichtigsten.

Post: Im Postamt (erkenntlich an einem roten „T" mit zwei Querbalken) kann man neben den normalen Postangelegenheiten auch Geldüberweisungen per Telefon bzw. Telegramm tätigen und verschiedene Rechnungen begleichen: Steuern, Telefongebühren, Strom, Krankenversicherung usw. Viele vertrauen der Post ihre Ersparnisse an und holen sich dort ihre Rente ab. Briefmarken und Postkarten kann man übrigens auch in Tabakläden – soweit sie das T-Symbol zeigen – erhalten.

Behörden haben auch in Japan noch manches obrigkeitsstaatliche Gebaren beibehalten. Der gewöhnliche Bürger fühlt sich von Beamten zwar nicht gut behandelt, akzeptiert dies aber als unvermeidlich.

Ausländer kommen am ehesten mit dem Immigration Office (imin-kyo-ku) in Berührung. Was man dort erlebt, ist nicht immer positiv. Ich bin sonst recht unempfindlich, aber ich habe Japan nirgends so arrogant und demütigend erlebt wie an jenem Ort. Die Japaner haben Angst vor Überfremdung. Deshalb erschweren sie Aufenthaltserlaubnisse, so gut und wo immer es geht. Deutsche haben es allerdings aufgrund der traditionell guten politischen Beziehungen leichter.

Außerdem: wenn man sich selbst erniedrigt und hilflos gibt, wird man es in schwierigen Situationen manches Mal leichter haben. Hat man eine Vorschrift übertreten, die etwa die Aufenthaltserlaubnis betrifft (was man tunlichst vermeiden sollte), lässt sich die Sache meist wieder bereinigen, indem man sich niedergeschlagen gibt und eine vorgedruckte Entschuldigungserklärung unterschreibt. Tragen Sie immer Ihren Pass (notfalls eine Kopie der wichtigsten Seiten) mit sich herum. Deutsche, Österreicher und Schweizer können ohne Visum 180 Tage im Land bleiben.

Bestechungsversuche sind in Japan für uns *gai-jin* zwecklos. Die Beamten sind bis auf den Buchstaben der Vorschriften korrekt. Sie haben wenig Ermessensspielraum. Unbürokratische Entscheidungen gelten nicht als menschliche Größe, sondern verunsichern das Gebäude der Gesetze und

Vorschriften, die ja zum Wohl der Gesamtheit festgelegt wurden. Japaner vermeiden abschlägige Bescheide: Sie stellen Anträge in der Regel erst dann, wenn sie auf informellem Wege erfahren haben, dass der Antrag auch Chancen auf Genehmigung hat.

Friseur: Die Läden für Männer und Kinder heißen *rihatsu-ten* und *toko-ya,* die für Frauen *bi-you-in.* Äußerlich sind sie – wie international üblich – an blau-rot-weißen, meist drehbaren Säulen erkenntlich. Die Herrenfriseure sind berühmt für ihren Service, der möglicherweise in der Welt unübertroffen ist: Zum normalen Programm gehören Haarschnitt, Kopfwäsche, Rasur, Entfernen von Haaren in der Nase und in den Ohren, heißes Handtuch für das Gesicht, Kopf- und Schultermassage; meist ist alles im Preis inbegriffen. Bei den Damenfriseuren lassen sich Damen manchmal den Kimono anziehen und die dazugehörige Frisur machen, das können viele der jüngeren nämlich schon nicht mehr. Die Herrenfriseure haben montags, die Damensalons in der Regel dienstags geschlossen.

Reinigung: Wenn Sie Dinge zum Reinigen abgeben wollen, ist die Prozedur ähnlich wie bei uns. Man zahlt vorher, erhält eine Quittung und eine Liste der zu reinigenden Kleidungsstücke: fragen Sie am besten gleich, wie lange es wohl dauern wird. Beim Abholen müssen Sie die Quittung natürlich wieder mitbringen. Sehr viele Reinigungen holen die Kleidung zu Hause ab und liefern sie auch wieder bei Ihnen ab. Das ist typisch japanisch: Service ist eben (fast) alles.

Einkaufen: Irgendwo in der Nähe gibt es in Japan immer Lebensmittelgeschäfte, für je ein Dutzend Häuser mindestens eines. Natürlich sind auch Supermärkte häufig, aber typischer sind die kleinen Fischgeschäfte, Metzgereien, Obst- und Gemüseläden und dazwischen immer wieder Esslokale, von denen aus man sich telefonisch Mahlzeiten ins Haus schicken lassen kann. Die japanische Hausfrau geht im Prinzip täglich zum Einkaufen. Sie macht sich keinen festen Plan, was am Abend auf den Tisch kommen soll (das Abendessen ist die Hauptmahlzeit), sie richtet sich einfach nach dem, was am preiswertesten und frischesten ist. Immer häufiger sieht man die 24 Stunden geöffneten convenience stores *(kombini).* Diese bieten zusätzlich eine Reihe von Serviceleistungen (Stromrechnungen bezahlen, Kurierdienste, Fotolabor u. a.). Man kann dort sogar gegen kleine Gebühr Sperrmüll abstellen.

Traditionelles Teegeschäft

101jp Foto: sa

Abfall entsorgen: Die Abfallbeseitigung ist in Japan streng geregelt und sollte genau so befolgt werden. Die Bürger beklagen sich häufig, dass Ausländer diese Maßgaben nicht beachten. Wichtig ist zu wissen, dass Müll nicht nur getrennt werden muss, sondern auch, dass es bestimmte Abholtage gibt, an denen der betreffende Abfall rechtzeitig zu deponieren ist. Die Regelungen sind für die einzelnen Stadtbezirke unterschiedlich, deshalb bitte genau erkundigen!

Achtung Raucher! Obwohl viele japanische Männer rauchen, können sie dies immer seltener in der Öffentlichkeit tun. In Tokyo haben mehrere zentrale Stadtbezirke wie Minato-ku und Chûô-ku das Rauchen im Gehen verboten. Es wurden eigene Raucherstände eingerichtet: nur dort darf geraucht werden!

Gesundheit: Wenn Sie krank sind oder einen Unfall haben, dürfen Sie in Japan auf einen hohen medizinischen Standard vertrauen. Für stationäre wie ambulante Behandlung gibt es alle Arten von Kliniken, große und kleine. Termine für ambulante Behandlungen werden im Allgemeinen nicht gegeben. Sie sollten sich also vorher telefonisch erkundigen, ob nicht zu lange Wartezeit bevorsteht. Typischerweise ist bei den Augen- und Zahnärzten sowie den Gynäkologen stets das vollste Wartezimmer zu erwarten. Wenn Sie einen Krankenwagen brauchen, rufen Sie 119 an, dessen Einsatz ist übrigens kostenlos, er bringt sie aber nicht ins Krankenhaus Ihrer Wahl.

Natürlich braucht man sich nicht nur an die westlich ausgebildeten Ärzte zu halten, die sich übrigens bis vor dem 2. Weltkrieg an der deutschen Medizin orientierten. Es gibt schließlich gerade in Japan genug Vertreter der östlichen Medizin, die ursprünglich aus China stammt. Sie hat einen mehr präventiven Charakter, doch vor allem sollen durch sie die Selbstheilungskräfte des Organismus gestärkt werden. Am bekanntesten ist die **Akupunktur.** Mit den dünnen Silbernadeln werden die *tsubo* stimuliert und damit bestimmte innere Organe, die mit diesen Punkten nach Auffassung der östlichen Medizin in Verbindung stehen, in positiver Weise angeregt. Es gibt mehr als 300 *tsubo,* die auf „Meridianen" verlaufen (für die es in der westlichen Medizin keine Entsprechung gibt, die aber wegen des dort veränderten elektrischen Hautwiderstandes nachweisbar sind). Gemeinsam mit der Akupunktur, die heute auch schon vielfach ohne Nadeln, nämlich durch elektrische Stimulation, durchgeführt wird, lässt sich auch die **Moxibustion** *(okyu)* anwenden. Hierbei werden trockene, pulverisierte Blätter auf der Haut über den *tsubo* verbrannt. Seit langem auch bei uns bekannt ist *shi-atsu,* eine Art Massage, bei der die Punkte durch Fingerdruck stimuliert werden. In Familien massiert man sich gegenseitig an Kopf und Schultern, ohne Akupressur oder *shi-atsu* gelernt zu haben, das gehört einfach zu den Fertigkeiten, die ein jeder besitzt.

Natürlich gibt es auch **Traditionelles zum Einnehmen;** nämlich Kräuter, die als Tee zubereitet werden, z. B. gegen Magenprobleme, Erkältung, allgemeine Erschöpfungszustände, Potenzschwächen usw. Übrigens wird Medizin in Japan häufig nicht in Pillen-, sondern in Pulverform verabreicht. Das Pulver wird in Tüten abgepackt, und die Medizin bekommt man direkt beim Arzt.

Die Bereitschaft, vorbeugend etwas für die Gesundheit zu tun, ist bei den Japanern größer als bei uns. Das zeigt nicht zuletzt die tägliche gemeinsame Gymnastik in den Schulen und Firmen, die nach der vom Radio übertragenen Standardmusik betrieben wird: *rajio-taisho* = Radio-Gymnastik. Diese Musik kennen alle Japaner von klein auf.

Tokyo: Alle möglichen Dinge des Alltags in Tokyo werden in der kostenlosen Broschüre „Living in Tokyo“ behandelt, erhältlich in den Bezirksämtern *(kuyakuscho)*. Vergleichbare Informationsbroschüren für Ausländer gibt es auch für andere Städte in den dortigen Ämtern der Stadverwaltung. Sie sind unentbehrlich für einen längeren Aufenthalt.

JAPAN A.G. – FIRMEN, GESCHÄFTSLEBEN, WIRTSCHAFT

„Plötzlich sah ich mich um, blickte meine Frau an und meine neun Jahre alte Tochter und beschloss, ein menschliches Leben führen zu wollen,“ sagte er. „Bisher war die Firma für mich eine Art Tempel oder Schrein. Aber damit ist es vorbei.“

Jane Condon, 1991

105jp Foto: rb

Am nächsten Morgen fuhr Wolfgang mit Herrn Miura zum Sitz von Sanei Electronics, einem 6-stöckigen Gebäude am Stadtrand von Tokyo. Er wurde dem Firmenpräsidenten, Herrn Suzuki, gleich nach seiner Ankunft in der Firma vorgestellt. Wolfgang sprudelte seinen Auftrag hervor, ging gleich in Details und fragte Herrn Suzuki ständig nach dessen Meinung zu seinen Vorschlägen. Sein Gegenüber lächelte jedoch nur, ließ Tee hereinbringen und erkundigte sich nach dem Flug und dem Wetter in Deutschland. Beide unterhielten sich auf Englisch. Wolfgang hatte aber gewisse Probleme mit Herrn Suzukis Aussprache. Nach einer halben Stunde erhob sich der Firmenpräsident, entschuldigte sich bei Wolfgang, sagte, dass Herr Miura sich weiter um ihn kümmern werde und geleitete ihn zur Tür.

Dann machte Wolfgang sich mit Herrn Miura auf den Weg durch die Abteilungen. Er wunderte sich über die Großraumbüros, die viel weniger schick als bei ihm in München waren, und hier arbeiteten auch wesentlich mehr Leute. Herr Miura stellte Wolfgang allen Abteilungsleitern und deren Mitarbeitern vor. Sie begrüßten einander, wobei Wolfgang ihnen stets die Hand gab. Nachdem sie ein paar Worte gewechselt hatten, gingen sie jeweils weiter. Herr Miura erklärte die Arbeit in den einzelnen Abteilungen. Unten in der Packerei trafen sie auf ein paar junge Männer, die aussahen wie Studenten. Wolfgang fragte, ob sie in den Semesterferien hier arbeiteten.

„Nein, das sind die jungen Uni-Absolventen, die im April frisch in die Firma aufgenommen worden sind. Bei uns fangen alle erst einmal ganz unten an und gehen dann Schritt für Schritt durch die Abteilungen."

Anschließend gingen sie in die Kantine zum Essen. Den Nachmittag verbrachten sie in einer der Fertigungshallen. Wo immer sie hinkamen, überall herrschte eine Atmosphäre konzentrierter Geschäftigkeit. Morgen würde er ihn zum andern Werk außerhalb von Tokyo fahren, informierte ihn Herr Miura.

Die großen japanischen **Konzerne** haben den 2. Weltkrieg unbeschadet überstanden. Die Amerikaner hatten sie zu demontieren versucht, doch ohne Erfolg. Heute sind sie eher noch stärker als vor dem Krieg. Es gibt alte Handelshäuser, die noch aus der Tokugawa-Zeit stammen, und vergleichsweise junge Unternehmen, die sich durch die Kraft einzelner charismatischer Persönlichkeiten zu beachtlichen Konzernen entwickelten, z. B. Matsushita und Honda. Die Tendenz zu Konzernen ist in Japan größer als bei uns. Für Yamaha z. B. ist es kein Problem, Motorräder, Konzertflügel, Gitarren, Sportgeräte usw. zu bauen. Mitsubishi produziert ebenso Elektrogeräte wie Autos. Die großen Konzerne bieten ihren meist lebenslang angestellten Mitarbeitern alle erdenklichen Vorzüge: Ferienhäuser,

Kredite, Sportanlagen, selbst Friedhöfe (für die an *karôshi* – Tod durch Überarbeiten – verstorbenen Mitarbeiter?). Alle großen Firmen haben ihre eigene Philosophie, ihren Ehren- und Verhaltenskodex. Der Wettbewerbsgeist ist sehr ausgeprägt. Man hält gegenüber dem Ausland zusammen, ansonsten bemüht man sich jedoch nach Kräften, die Konkurrenz im eigenen Land abzuhängen. Der Gruppengeist ist ja in kaum einem Land so ausgeprägt wie in Japan. So entwickeln die Angestellten einer Firma ein fast bedingungsloses Zusammengehörigkeitsgefühl.

Wenn man nach den Gründen für den bisherigen wirtschaftlichen Erfolg der Japaner sucht, fällt einem zuallererst die enorm gute Arbeitsmoral auf. Japanische Angestellte bekommen pro Jahr zwar rund zwei Wochen Urlaub zugesprochen. Doch diesen ganz zu nehmen, wäre unloyal gegenüber der Firma, also lässt man einige Tage zugunsten der Firma verfallen. Natürlich wird andererseits niemand etwas dagegen haben, wenn man aus irgendwelchen Gründen mal einen Tag oder zwei Tage Sonderurlaub nimmt. Aber die Tatsache bleibt, dass Japaner mehr arbeiten als z. B. wir Deutsche. Hinzu kommt, dass sie weniger häufig fehlen (Krankenstand unter 1 %, in Deutschland gut 7 %). Außerdem arbeiten sie im Durchschnitt trotz 40-Stunden-Woche 180 Std. pro Monat, also 20 Stunden mehr als wir. Dank Rezession reduzieren inzwischen viele Firmen die Arbeitszeit und geben auch samstags frei.

Bürointrigen gibt es nicht, und selbst die Arbeiter am Fließband diskutieren noch in ihren Pausen über mögliche Verbesserungen – ohne den Anreiz hoher Belohnungen. Dafür dürfen sie in ihrem Bereich auch entsprechend mitbestimmen. Jeder ist ein Teil des Ganzen und an seinem Platz wichtig. Jeder ist Teil der Familie Firma.

Die allgemeine Zufriedenheit der Arbeiter und Angestellten ist ein echtes Anliegen der Firmenleitung. Das spüren „die da unten" und verhalten sich entsprechend mitverantwortlich. Man arbeitet sich langsam nach oben, gewinnt an Autorität und Ansehen, erfährt Unterstützung bei der Wohnungsbeschaffung und bei der medizinischen Versorgung und verbringt einen Teil der Freizeit miteinander. Die Kollegen nehmen – wie die wirklichen Familienmitglieder – Anteil an familiären Ereignissen wie Geburt, Hochzeit und Trauerfällen. Der Preis für die Sicherheit und Geborgenheit ist allerdings totale Anpassung.

Der **Ruhestand** beginnt in Japan schon mit 55 Jahren nach ununterbrochener Beschäftigung in einer Firma. Aber damit hören die wenigsten Angestellten ganz zu arbeiten auf. Wer in einer angesehenen Firma gearbeitet hat, kann z. B. vom Posten des Abteilungsdirektors in den Vorstand einer kleineren Firma aufrücken. Typisch sind solche Betriebe, die durch Zulieferaufträge sowieso schon fest an das Großunternehmen gebunden sind.

Die Bürohierarchie sieht in Japan etwa folgendermaßen aus:

- *OG (office girls):* Büromädchen
- *OL (office ladies):* Bürodame
- *hira-sha-in:* normale Angestellte, das Fußvolk
- *ka-in:* Abteilungsmitarbeiter
- *kakari-chô:* Unterabteilungsleiter
- *ka-chô:* Abteilungsleiter
- *bu-chô:* Chef mehrerer Abteilungen, Manager
- *ju-yaku* oder *torishimariyaku:* Direktor
- *sha-chô:* Präsident, Firmenchef
- *kai-chô:* (etwa) Vorsitzender des Aufsichtsrates

Indem sie einen hohen Angestellten mit seinem äußerst wertvollen Wissen in ihre Firma aufnehmen, gewinnen sie beträchtlich hinzu, und die vorherige Firma muss nicht eifersüchtig sein: In gewisser Weise arbeitet man ja weiterhin zusammen. Natürlich bekommen die Angestellten mit dem Ausscheiden eine ordentliche Abfindung (im Schnitt etwa das 25-fache ihres letzten Monatsgehalts, wobei Akademiker etwas mehr bekommen). Aber angesichts der Tatsache, dass Japaner heute die höchste Lebenserwartung der Welt aufweisen (Männer bei Geburt um die 80, Frauen 84,5 Jahre), würde die Abfindung nicht ausreichen als Ersatz für eine Firmenpension. So schaffen die Menschen, die ein Leben lang für die Arbeit gelebt haben, eben weiter, solange es geht, meist aber doch nur bis 60 und in Ausnahmefällen bis 65. Es besteht das Bestreben, die Lebensarbeitszeit generell zu verlängern, gesetzlich mindestens bis 60, möglichst aber doch - wie bei uns - bis 65. In Zeiten wirtschaftlicher Rezession ist die Tendenz zwar umgekehrt, aber die Renten müssen ja auch gesichert werden.

Ein weiterer Grund für den wirtschaftlichen Erfolg der Japaner ist die Konsequenz, mit der sie neue Märkte „erobern". Da wird nichts dem Zufall überlassen. Die japanischen Firmen versuchen stets, sich schnell hohe Marktanteile zu verschaffen, indem sie ein Produkt zu vergleichsweise niedrigen Preisen anbieten. Erst wenn sie auf dem unteren Marktsegment etabliert sind, zielen sie auf Qualitätsverbesserungen und auf höhere Preise. Dabei müssen sie sich heute aber der Konkurrenz der asiatischen Nachbarn Korea, Taiwan und vor allem China stellen.

Japanische Unternehmen sind meist sehr effizient geführt: Neue Erkenntnisse werden konsequent umgesetzt. Und das Wir-Gefühl ist von entscheidender Bedeutung: Jeder ist ein wichtiger Teil der Gesamtgruppe und weiß um seine Verantwortung. Morgens trifft man sich zur Morgenversammlung, treibt Gymnastik, bespricht die Ziele für den Tag und hört firmenstärkende Parolen. Schwierigkeiten werden gründlich und offen analysiert. Am Nachmittag gibt es zum Muntermachen übrigens gegen 15 Uhr nochmals Radio-Gymnastik.

109jp Foto: rb

Regeln für Geschäftsreisen

Wer in Japan Geschäfte machen will, sollte einige Verhaltensregeln berücksichtigen:

Wenn Sie Interesse an Kultur und Landschaft des Inselreiches mitbringen, werden Ihre Geschäftspartner das sicher geschmeichelt zur Kenntnis nehmen, aber zuallererst sollten Sie ans Geschäft denken und sich entsprechend verhalten.

In Japan ist es nicht üblich, den eigenen Ehepartner in geschäftliche Dinge miteinzubeziehen. Er wird normalerweise nicht zum Essen eingeladen und sollte keinesfalls zu Besprechungen mitkommen. Das würde die Japaner sehr irritieren – obwohl sie ja von unsereins schon manches gewohnt sind. Falls die Frau in der Firma aktiv mitwirkt, gilt die Einschränkung natürlich nicht. Aber die Japaner bevorzugen bei geschäftlichen Besprechungen mit Sicherheit Männer als Gegenüber, das ist ihre Welt, da fühlen sie sich lockerer. Das gilt auch für die Zeit nach den Verhandlungen: Wie würde z. B. die fremde Ehefrau reagieren, wenn man zusammen in eine Bar mit Hostessen-Service geht. Am besten, die Ehefrau nimmt sich für die Tage der Verhandlungen, Besprechungen und Besichtigungsfahrten etwas vor, das sie unabhängig von den Plänen der japanischen Geschäftspartner macht, einschließlich der Abendgestaltung.

Die japanischen Ehefrauen selbst haben übrigens kein Interesse an einer Vermischung von Privat- und Geschäftsleben.

Prestige: Hotels in Japan sind teuer, aber Sie sollten zeigen, dass ihre Firma solvent ist. Wenn Sie in einem der Top-Hotels absteigen, machen Sie damit einen guten Eindruck. Wenn Sie sich in einem Mietwagen herumkutschieren lassen, steigen Sie nochmals in der Achtung Ihrer Geschäftspartner. Ihre Kleidung sollte dezent sein: Dunkler Anzug und weißes Hemd sind Standard, im Sommer sollte es ein heller Sommer-Anzug sein.

Sie wissen ja: immer die eigenen Visitenkarten bereithalten, und zwar in der Anzugsjacke, z. B. in der Innentasche oder außen, nicht jedoch in der Gesäßtasche oder irgendwo versteckt. Als unhöflich wird es angesehen, wenn man die erhaltenen Visitenkarten in die Gesäßtasche steckt, oder wenn man sie als Notizzettel missbraucht, wobei es jedoch hinterher ganz sinnvoll sein kann, die Visitenkarten, mit Kommentaren versehen, in ein Büchlein einzukleben. Bei Verhandlungen, während derer Sie einer größeren Zahl von Geschäftspartnern gegenübersitzen, empfiehlt es sich, die empfangenen Visitenkarten entsprechend der Sitzordnung vor sich hinzulegen. Dann können Sie sich leichter merken, wie Ihre Gesprächspartner heißen und welche Position sie innehaben.

Vor einem geschäftlichen Termin werden Sie den Zeitpunkt natürlich telefonisch vereinbaren.

So ernst den Gastgebern das Geschäftliche ist, so ernst ist es ihnen auch mit dem dazugehörigen **Vergnügen.** Das ist durchaus wörtlich gemeint. Denn Japaner legen Wert auf gutes Gefühl *(„ii kimochi"),* wenn sie Geschäfte machen. Die „vibrations" müssen stimmen. Dazu eignet sich natürlich der zwanglose Teil eines guten Abendessens, einer Geisha-Party, eines Besuches in einer Hostessen- oder auch *karaoke-Bar* - das kommt ganz auf den Stil und die Größe der Firma an. Falls Sie in die *karaoke-Bar* gehen, aber auch sonst: Nehmen Sie ein kleines Lieder-Repertoire englischer Lieder mit. An deutschen Liedern gern gehört und allgemein bekannt sind in Japan:

- „Am Brunnen vor dem Tore"
- „Sah ein Knab ein Röslein stehn"
- „Ich weiß nicht, was soll es bedeuten" (Loreley-Lied)

Natürlich können Sie Lieder singen, die Sie lieber mögen. Aber man hört nun einmal gern, was man kennt. Die Melodien werden Sie ja kennen, aber ein paar Strophen gehören auch dazu, damit hapert es bei uns ja oft. Zum Repertoire in *Karaoke*-Bars gehören jedoch nur selten deutsche Volkslieder, eher Evergreens wie „My way" oder „Yesterday".

Da Sie in Japan Gast sind, wird man Sie meist einladen, aber man sieht es natürlich gern, wenn auch Sie Ihre Großzügigkeit beweisen. Ohnehin darf man sich nicht knickerig zeigen. Essenseinladungen sind eben kein schmückendes Beiwerk, sondern ein nicht unwesentlicher Bestandteil der Geschäftsgespräche. Nicht umsonst werden in Japan wichtige geschäftliche Unterredungen am Wochenende auf dem Golfplatz vorbereitet:

Dort ist man ungezwungener, kann sich persönlich besser kennen lernen und damit eine günstigere Basis für schwierige Verhandlungen schaffen. Man möchte wissen, ob die Geschäftspartner menschlich zuverlässig, ehrlich und vertrauenswürdig sind.

Ab der mittleren Angestelltenebene spielen viele *„salarimen"* Golf. Firmenintern ist es ein guter Test, wie sich die Angestellten dabei anstellen, ob sie konzentriert und ehrgeizig bei der Sache sind oder nicht.

Zur Auflockerung beginnen selbst Verhandlungen mit „small talk": Wetter, Reise, Hobbies, Sport, Familie, Kinder (Fotos mitbringen!).

Wichtig ist die gewissenhafte **Vorbereitung** der Gespräche, die Sie zu führen beabsichtigen: Lassen Sie sich möglichst vor dem ersten Besuch durch einen gemeinsamen Bekannten (bevorzugt aus Bankkreisen) vor-

112jp Foto: rb

stellen, notfalls durch Vertreter der deutschen Industrie- und Handelskammer bzw. der Botschaft.

Bringen Sie genügend Mitarbeiter (aber bloß keine Anwälte, dafür Dolmetscher), viel Zeit und vor allem sehr viel Material mit, möglichst Konkretes: Statistiken, Tabellen, Grafiken. Die Japaner lieben nun einmal Details. Pragmatisch, wie sie sind, brauchen Sie ihnen mit Theorien dagegen nicht zu kommen. Ich selbst habe das immer wieder bestätigt gefunden. Mit vielen Unterlagen können Sie immer Eindruck schinden. Wichtige Unterlagen sollten Sie ins Japanische übersetzen lassen, da es mit den Fremdsprachenkenntnissen der meisten Angestellten nicht sehr weit her ist. Damit erwerben Sie sich jedenfalls wertvolle Pluspunkte. Japaner, die in Deutschland Übersetzungen anfertigen können, finden Sie immer. Über die deutsche Handelskammer in Tokyo können Sie natürlich auch geeignete Übersetzer finden und den Text gleich korrekt drucken lassen.

Wer eine Firma in Japan aufmacht und auf Spitzen-Manager hofft, die sich abwerben lassen, wird normalerweise enttäuscht sein. Es gibt keinen offenen Markt für qualifiziertes Personal, also gehen manche Firmen ein „joint-venture" mit einem japanischen Partner ein.

Verhandlungen werden nicht etwa mit dem Chef eines Unternehmens geführt, sondern mit den Fachleuten der unteren Ebenen. Entscheidend sind dabei häufig die *ka-chô*, die Abteilungsleiter, meist zwischen Mitte dreißig und Anfang vierzig. Die ihnen übergeordneten *bu-chô* kümmern sich weniger um Details als um die Organisation eines Projektes.

Nur wenn die *ka-chô* und deren Mitarbeiter mit Ihrem Angebot einverstanden sind, wird es akzeptiert. Von oben kommt lediglich die grobe Linie, die Details werden von unten nach oben ausgearbeitet, unterwegs ergänzt und landen erst als fertiges Paket beim Chef, d. h. in Form eines Papieres, auf dem die Stempel aller Beteiligten davon zeugen, dass sie mit der Entscheidung einverstanden sind. Am Schluss gibt es eine abschließende formelle Konferenz, auf der das Ergebnis verkündet wird. Man nennt diesen Prozess *nemawashi*.

Das alles dauert seine Weile. Ungeduld ist also fehl am Platz. Ebenfalls unerwünscht sind Drängen, vertrauensseliges Anbiedern, Ärger usw. Aber das muss man wohl niemandem erzählen, der in Japan etwas erreichen will. Übrigens: Japaner versuchen es zu vermeiden, „Nein" zu sagen. Sie sagen lieber: Das ist schwierig *(„chotto muri desu")* oder: lassen Sie uns noch etwas darüber nachdenken *(„chotto kangaete mi-mashô")*. So harmlos diese Sätze klingen, sie sind ein schlechtes Zeichen.

Kontaktpflege ist wichtig. Das bedeutet, dass Sie, selbst wenn Sie einen Geschäftsabschluss tätigen konnten, sich öfters wieder mal im Lande blicken lassen sollten. Auf jeden Fall ist es unerlässlich, den persönlichen Kontakt aufrecht zu erhalten.

Diese wenigen Ausführungen zu richtigem Verhalten auf Geschäftsreisen in Japan reichen natürlich nicht aus. Es gibt ganze Bücher, die dieses Thema behandeln.

POLITIK UND WIRTSCHAFT: EINE NUTZBRINGENDE EHE

Ist Japan „wirklich" eine Demokratie oder etwas anderes: ein Regime mit heimlichem Zwang und erpresster Konformität? Ist es wirklich Kapitalismus, wirklich Marktwirtschaft, oder etwas völlig Neues, ein dritter Weg zwischen Adam Smith und Karl Marx? Ist Japan frei? Gutartig? Oder gefährlich?

Jonathan Rauch, Das Ausnahmeland, 1993

115jp Foto: ml

In Japan regiert seit ihrer Gründung im Jahre 1955 – mit kurzer Unterbrechung in der ersten Hälfte der 1990er-Jahre – die konservative **Liberal-Demokratische Partei** (LDP). Bis zu dieser Unterbrechung, als sie erstmals in die Opposition gezwungen wurde, und zwar durch Ableger der eigenen Partei, regierte sie stets allein; seither ist sie die stärkste Partei einer Koalitionsregierung. Angesichts einer aus einem halben Dutzend Parteien bestehenden, in der Regel zersplitterten Opposition und angesichts der konservativen Grundhaltung der Bevölkerung und ihrem Desinteresse an Politik wäre die LDP vielleicht auch nach all den Jahrzehnten heute immer noch allein an der Macht, hätte es nicht immer wieder Korruptionsskandale gegeben – stellvertretend sei nur der „Recruit-Skandal" Ende der 1980er-Jahre genannt – und wäre nicht zu Beginn der 1990er-Jahre die Spekulationsblase der „bubble-economy" geplatzt.

So sehr die Politik des Geldes und mit ihr die enge **Verflechtung von Politik und Big Business** der Wirtschaft lange Zeit von beiderseitigem Nutzen war, so sehr wurde angesichts der Finanz- und Wirtschaftskrise in Südost- und Ostasien 1997 deren Schwäche unübersehbar. Einerseits hat die Öffentlichkeit längst die Nase voll von einer Parteipolitik, die sich überwiegend um Geld und damit um Macht und Einfluss innerhalb der eigenen Partei kümmert, andererseits zeigen sich während der Wirtschaftskrise auch die Nachteile eines Systems, in dem zwei überaus mächtige und einflussreiche Ministerien, das Finanzministerium und das Ministerium für Internationalen Handel und Industrie (MITI), in der Wirtschaftspolitik das Sagen haben und engste Kontakte zu Business und Industrie pflegen.

Als die wahren Beherrscher der Regierung gelten die Ministerialbürokraten im Allgemeinen und die dieser beiden Ministerien im Besonderen. Ihnen bieten sich nach der Pensionierung äußerst lukrative Posten in den Top-Firmen. Die enge Verflechtung zwischen Politik und Wirtschaft kann zu falscher Sicherheit führen, wie angesichts der Wirtschaftskrise klar erkennbar wurde. Die Banken haben häufig eine zu geringe Kapitaldecke. Wenn sich die „bad debts", die nicht einholbaren Schulden, übermäßig häufen, dann kommen auch mittelgroße Banken in arge Bedrängnis. Selbst große Banken mussten Konkurs anmelden. Hinzu kommen inoffiziell Beziehungen vor allem der gleichermaßen konservativen und patriotischen LDP, aber auch großer Firmen zum organisierten Verbrechen (den Yakuza), man denke nur an die „Mitarbeit" bei Verhinderung von Störungen bei Aktionärsversammlungen u. Ä. Aber mit engen Kontakten von Politik und Wirtschaft zur organisierten Kriminalität ist Japan freilich nicht allein. Dennoch gibt es in Japan wohl bei weitem nicht die Probleme mit Korruption wie in den Tiger-Staaten Ost- und Südostasiens. Ich bin überzeugt, dass das Potenzial zur Überwindung von Wirtschaftskrisen in Japan sehr groß ist, weil letztlich - wie in Korea übrigens - doch alle am selben Strang ziehen.

Nach unseren Begriffen äußerst oberflächlich läuft der **Wahlkampf** in Japan ab. Es scheint den Kandidaten nur um eines zu gehen: so viele Hände wie möglich zu schütteln, in der Annahme, dass jede geschüttelte Hand eine Stimme bringt. Die Kandidaten möchten sich überall einmal kurz vorgestellt haben. Das wirkt äußerst primitiv nach unserer Auffassung, aber es ist immerhin persönlicher als bei uns, wenn Sie einmal bedenken, wie viele von unseren Politikern Sie in Ihrem Wohnviertel oder Ihrer Straße schon jemals gesehen haben.

Da Japan eine hierarchisch strukturierte Gesellschaft ist, hat die Meinung von Ranghöheren und Vorgesetzten besonderes Gewicht. Die Partei, die der Boss einer Firma wählt, wird mit Sicherheit auch vom größten Teil der Angestellten bevorzugt. Und solange es dem Land trotz Rezession wirtschaftlich so gut geht wie heute - und dies seit Jahrzehnten schon - warum sollte man sich da anders verhalten?

Auch in Japan gibt es natürlich **Gewerkschaften,** insgesamt 74.000 mit knapp 25 Millionen Mitgliedern, das sind über 30 % aller Beschäftigten. Aus diesem Zahlenverhältnis - eine Gewerkschaft für etwas mehr als 300 Mitglieder - ergibt sich ein grundlegender Unterschied zu unseren Gewerkschaften: Zwar gibt es gewerkschaftliche Dachverbände, aber die einzelnen Gewerkschaften sind in aller Regel Firmengewerkschaften, weil

117jp Foto: ml

die Beschäftigten nach Möglichkeit ihrer Firma meist ein Berufsleben lang treu bleiben. Jedes Frühjahr steigen die Gewerkschaften zwar auf die Barrikaden und kämpfen mit Streiks und verschiedenen Aktionen für höhere Löhne, aber darüber hinaus ziehen sie mit den Arbeitgebern an einem Strang. Wer wird denn auch den Ast absägen, auf dem er sitzt.

Japan ist in der Welt nicht überall so beliebt, wie es das gern wäre. Als Japan sich im sogenannten „Pazifischen Krieg" (2. Weltkrieg) mit den Kolonialmächten anlegte, stärkte dies zunächst das Selbstbewusstsein der unterdrückten Asiaten. Aber durch seine imperialistische Großmachtpolitik und sein brutales Regiment in den besetzten Ländern verspielte Japan sein Ansehen im südostasiatischen Raum.

Heute sieht das Bild friedlicher aus, doch in vielen Ländern regt sich immer wieder mal Unmut über den aggressiven japanischen Außenhandel, der für Japan, das zu fast 100 % auf Rohstoffeinfuhren angewiesen ist, selbst nichts anderes als eine Frage des Überlebens ist. Wie es mit der Konkurrenz der erstarkenden ost- und südostasiatischen Länder fertig wird, werden die nächsten Jahre zeigen.

Die jungen Leute sehen jedenfalls recht zuversichtlich in die Zukunft, für depressive „No-future"-Haltungen ist in Japan kein Platz. Die Menschen in Ost- und Südostasien haben jenen optimistischen Schwung, den wir z. B. in den 1970er Jahren kannten. In den Schwellenländern ist er noch stärker ausgeprägt als in Japan, aber die Haltung der Jugend zum Staat, zur Arbeit, überhaupt zum eigenen Leben ist insgesamt deutlich zuversichtlicher als in unseren Breiten.

Der Tenno – Japans Kaiser

Wir zählten am 1.1.1989 das Jahr 63 in Japan, genaugenommen: *Showa* 63. So lange regierte *Hirohito* als 124. Kaiser über das Reich der aufgehenden Sonne. Mit jedem neuen Kaiser, der den Thron besteigt, beginnt traditionellerweise eine neue Zeitrechnung. So musste man sich vor Übernahme der christlichen Zeitrechnung die Abfolge der Kaiser und die Länge ihrer Regierungszeit genau merken, wenn man einen bestimmten Zeitpunkt in der Geschichte fixieren wollte. Jede Regierungszeit steht unter einem bestimmten Motto. Das vorige Motto lautete: *„Showa"* – leuchtender Friede, was angesichts des katastrophal verlaufenen Pazifischen Krieges, der Japan die bisher erste und einzige Niederlage seiner Geschichte bescherte, durchaus unpassend erscheint.

Kaiser *Hirohito* hatte die Höhen und Tiefen japanischer Geschichte im 20. Jahrhundert überlebt. Kein Tenno hatte vor ihm jemals solange regiert.

Ob er eines Tages abdanken würde, war ungewiss, in Japan machte man sich darüber aber auch wenig Gedanken. Überhaupt ist der Kaiser – anders als etwa der thailändische König – im Bewusstsein der Öffentlichkeit wenig präsent.

Bis vor Ende des Krieges galt der Tenno als Gott. Niemand durfte ihn sehen oder seine Stimme hören. Verließ er seinen Palast und fuhr durch die Straßen, mussten sich die Menschen so tief verbeugen, dass sie ihn nicht anschauen konnten. Was für ein Schock musste es dann für die Japaner gewesen sein, als sie ihn am 15. August 1945, dem Tag der Kapitulation, zum ersten Mal im Radio hörten. Auf Druck der Amerikaner wurde die Verfassung demokratisiert und das Land in eine parlamentarische Monarchie umgewandelt. So heißt es in Artikel 1 der japanischen Verfassung von 1946: „Der Kaiser ist das Symbol des Staates und der Einheit des Volkes und leitet seine Stellung vom Willen des Staatsvolkes ab, des Trägers aller staatlichen Gewalt." Mit der Göttlichkeit des Tenno war es damit vorbei.

Diese Rolle *Hirohitos* schien ihm ohnehin eher zu behagen. Er war anerkannter Meeresbiologe, hatte mehr als ein Dutzend wissenschaftlicher Veröffentlichungen aufzuweisen und lebte sehr zurückgezogen in seinem 100 Hektar großen Palast. Er hatte nur wenige öffentliche Auftritte: Am 2. Januar und an seinem Geburtstag (29. April) zeigte er sich den Untertanen in seinem Palast, im Frühjahr pflanzte er symbolisch etwas Reis und erntete ihn im Herbst. Was ihn privat interessierte oder sogar begeisterte, war kaum bekannt. Jedenfalls war er – wie ich – ein *sumo*-Fan. Seine Frau, Kaiserin *Nagako*, die er aus Liebe heiratete, war bekannt für ihre künstlerisch hochrangigen Aquarelle.

Für seine Untertanen ist der Tenno immer noch ein Symbol Japans, Glied einer seit über 2000 Jahren ununterbrochenen Kette von Kaisern (die 660 vor unserer Zeitrechnung mit *Jimmu* begonnen haben soll) und damit sichtbarer Beweis für die Kontinuität japanischer Geschichte. Nach dem Tod *Hirohitos* im Januar 1989 bestieg sein Sohn *Akihito*, der mit der Bürgerlichen *Mitsuko* verheiratet ist, als 125. Tenno den Thron. Er gilt als weitaus aufgeschlossener und moderner, muss sich aber wie alle Tennos dem archaischen Protokoll beugen. Er stellte seine Ära unter das Motto *Heisei* (Frieden schaffen). Der *Heisei*-Tenno zeigt sich am 2. Januar und zuvor auch an seinem Geburtstag, dem 23. Dezember, der Öffentlichkeit. Trotz einer Krebserkrankung hielt der Tenno auch am 2. Januar 2003 kurz vor einer geplanten Operation an der Tradition fest. Diese Haltung kennzeichnet seinen Charakter.

Am 9. Juni 1993 (*Heisei* 5) heiratete Kronprinz *Naruhito* die Diplomatin *Masako*, ebenfalls eine Bürgerliche, die fließend Englisch und auch Deutsch spricht. Die Erneuerung des Kaiserhauses schien unaufhaltsam.

Aber auch die moderne *Masako* muss sich ins Protokoll fügen und leidet massiv darunter.

Am 1. Dezember 2001 wurde nach acht Jahren Ehe und langer Wartezeit die erste Tochter von *Naruhito* und *Masako* geboren. *Aiko* (Liebes-Kind) darf vielleicht eines Tages den Chrysanthemen-Thron besteigen. Dafür müsste jedoch die Verfassung geändert werden. Eine große Mehrheit der japanischen Bevölkerung ist dafür, um der mittlerweile 39-jährigen *Masako* die Tortur zu ersparen, weitere Kinder bekommen zu müssen, bis endlich ein männlicher Thronfolger geboren wird. Der gegenwärtige Tenno ist das fünfte Kind seiner Mutter, die zuvor auch ausschließlich Mädchen geboren hatte. Bereits in der Vergangenheit gab es 10 Kaiserinnen, zuletzt im 18. Jahrhundert, und das waren jeweils eher gute Zeiten.

Doch seit dem jüngeren Bruder des Kronprinzen ein Sohn geboren wurde, ist die Diskussion um weibliche Tronfolge einstweilen beendet.

RELIGION – KEIN GRUND ZUM STREITEN

Was mir den tiefsten Eindruck gemacht hat, ist die unverkennbare Heiterkeit der Religion. Ich habe nichts Finsteres, nichts Strenges oder Asketisches gesehen – ja es ist mir nicht einmal ein besonderes Gepräge der Feierlichkeit aufgefallen.

Lafcadio Hearn, Lotos, 1890

121jp Foto: sa

Japaner sind pragmatisch und diesseitsbezogen. Diese alle Lebensbereiche bestimmende Haltung wirkt sich natürlich gerade auch auf ihre Einstellung zur Religion aus. Fragt man erwachsene Japaner, welcher Religion sie angehören, werden rund 90 % antworten, dass sie Shintoisten sind. Das ist kein Wunder, ist doch Shintô die japanische Religion schlechthin. Sie findet sich nirgendwo sonst als in Japan. Erstaunlich aber ist, dass sich ebenfalls rund 90 % der erwachsenen Japaner als Buddhisten bezeichnen. Der Buddhismus kam mit der Schrift und dem ungeheuren kulturellen Reichtum Chinas im 6. Jahrhundert nach Japan und gewann dort schnell an Einfluss.

Die Frage, welcher Religion ein Japaner angehört, wird wohl nur von *gaijin* (Ausländern) gestellt. Im Lande selbst hat sie keine wirkliche Bedeutung. Niemand ist mit seiner Religionszugehörigkeit irgendwo registriert oder zahlt Kirchensteuern. Hochzeiten und Geburten führt man shintoistisch, Beerdigungen auf buddhistisch durch. Es ginge auch umgekehrt, aber so hat es sich eingebürgert. Der Buddhismus hat mehr Zuständigkeit für das Jenseits und den Kontakt zu den Ahnen, während der Shintoismus fast ausschließlich diesseitsbezogen ist.

Die traditionelle japanische Religionsauffassung wird durch sieben Besonderheiten charakterisiert:

1. Unterschiedliche religiöse Traditionen schließen sich nicht aus sondern ergänzen sich.
2. Eine enge Beziehung besteht zwischen den Menschen und den Gottheiten *(kami);* die Natur wird als von kami belebt empfunden.
3. Familie und Ahnen haben religiösen Bezug: So haben auch heute die meisten Menschen zu Hause einen buddhistischen *(butsu-dan)* und/ oder einen shintoistischen *(kami-dana)* Hausaltar zur Ahnenverehrung. Die zu *kami* gewordenen verstorbenen Familienmitglieder mögen sich zum Schutz der lebenden Nachfahren einsetzen.
4. Reinigung ist eines der Grundelemente japanischer Religiosität.
5. Religiöse Aktivitäten finden ihren Höhepunkt auf jährlich wiederkehrenden Festen.
6. Religion ist untrennbar mit dem Alltag verbunden.
7. Religiöse Autorität ordnet sich staatlicher Macht unter.

Das **Christentum** kam durch jesuitische Mönche im 16. Jahrhundert nach Japan, es wurde jedoch Mitte des 17. Jahrhunderts zu Beginn des Tokugawa-Shogunats verboten. Tausende Christen starben damals den Märtyrertod. Für die Machthaber war das Verbot auch eine nationale Frage. Sie

Im Inneren eines Tempels

wollten dem Schicksal der Länder entgehen, die unter das Joch der Kolonialmächte kamen. Diese Gefahr hatte der erste Tokugawa-Shogun *Jeyasu* schon damals erkannt. Von dem Rückschlag der Tokugawa-Zeit hat sich das Christentum nie mehr ganz erholen können. Auch heute gibt es nur knapp eine Million Christen (im Gegensatz zum Nachbarland Korea, wo 25 % der Bevölkerung Christen sind). Sie finden sich vor allem auf der Insel Kyûshû im Süden. Es gibt heute etwas mehr Protestanten als Katholiken (dank amerikanischer Missionstätigkeit). Christen gelten Japanern allgemein als ziemlich intolerant.

Das Christentum ist durch Missionsschulen und christlich orientierte Universitäten (wie die Sophia-Universität) und Krankenhäuser, die oft einen guten Ruf haben, indirekt durchaus in Japan wirksam. Und natürlich orientieren sich die Japaner heute konsequent an der westlichen Zivilisation. Damit sind sie mit christlichem Gedankengut zumindest oberflächlich vertraut. Dass manche Braut heute das weiße Hochzeitskleid anstelle des prunkvollen Kimonos trägt, kann Kostengründe haben, aber es wird auch als modern und hübsch empfunden. Es gibt sogar organisierte Hochzeitsreisen nach Europa, Hawaii u. Ä. inklusive Trauung in einer echten Kirche, am liebsten in schöner Landschaft. Das ist meist reine Äußerlichkeit. Paare, die so in einer Kirche heiraten, sind nur selten Christen, möglicherweise werden sie – wie viele Japaner heute – von sich sagen, dass sie überhaupt keiner Religion angehören.

123jp Foto: sa

Shintô (Götterweg) ist keine Religion im üblichen Sinne, denn es kennt keine heiligen Schriften, keinen Religionsstifter, keine Dogmen und keine Jenseitsvorstellungen. Natürlich gibt es auch in der Schule kein Fach dafür. Die Shinto-Schreine dienen einzig der Verehrung des jeweiligen dort wohnenden *kami* (Gottheit).

Erst nach dem Krieg begann sich der Shintoismus zu organisieren, da die **Schreine** auf Druck der Besatzungsmächte privatisiert wurden: Zuvor waren Gemeinden und während des Staats-Shinto (Meiji-Zeit bis Ende 2. Weltkrieg) großenteils der Staat für ihre Erhaltung zuständig. Der Verlust dieser privilegierten Stellung hat den Shintoismus bis heute beeinträchtigt.

Den einzelnen Bürger kümmert diese Situation jedoch wenig. Schreine gibt es überall, im ganzen Land 80.000–100.000, einige gelten für bestimmte Wünsche als besonders wirksam und erfreuen sich größerer Beliebtheit als andere. Gründe für Wünsche gibt es genug: ein gesundes Baby, ein bestandenes Examen, ein erträumter Ehepartner, Genesung von Krankheit, beruflicher Erfolg ...

„Gottesdienst" in unserem Sinne findet nicht statt. Man betritt nicht einmal das Schreingebäude, sondern bleibt vor der Gebetshalle, die besonderen Zeremonien vorbehalten ist, stehen. Dann macht man den oder die *kami* auf sich aufmerksam, indem man an einer großen Schelle zieht, wirft eine Münze, meist 10 Yen, in den Opferkasten, verbeugt sich und klatscht zweimal in die Hände, verharrt dann zu einem kurzen Gebet und verbeugt sich zum Schluss wieder zweimal – das ist alles. Dafür ist kein besonderer Wochentag oder eine festgelegte Tageszeit reserviert. In den größeren Schreinen kann man Amulette kaufen (das gilt auch für die buddhistischen Tempel), oder man besorgt sich eine hölzerne Votivtafel mit dem Bild eines Schutz-*kami* o. Ä. und schreibt auf die Rückseite den geäußerten Wunsch. Streng genommen werden die Devotionalien übrigens nicht verkauft, sondern als Gegengabe für eine Spende überreicht.

Schreine stehen grundsätzlich an den landschaftlich schönsten und eindrucksvollsten Stellen. Denn natürliche Schönheit ist unübertrefflich, die Erfahrung in und mit der Natur verstärkt mystische Empfindungen und erleichtert die Beziehung zu den *kami.* Diese wohnen nach japanischer Auffassung an markanten Stellen in der Natur: auf Bergen, in besonders geformten Felsen, in Wasserfällen, besonders auch in Bäumen. So gehört zu jedem Schrein im Grunde ein heiliger Baum, erkennbar daran, dass ein dickes geflochtenes Tau um ihn gebunden ist.

Obwohl sich die Architektur von shintoistischen Schreinen und buddhistischen Tempeln besonders im Mittelalter stark vermischt hat, gibt es doch ganz typische bauliche Merkmale von Schreinen, so vor allem die schlichte Gebäudeform mit den gekreuzten Giebelbalken und den kurzen Querbalken auf dem First. Den Eingang zum Schreinbereich markieren die Schreintore *(torii)* sowie die beiden Wachhunde aus Stein. Gleich hinter dem Eingang befindet sich der Reinigungsbrunnen. Laternen gehören ebenso auf das Gelände.

Schreine feiern häufig ein Frühjahrs- (Zeit der Aussaat) und Herbstfest (Erntezeit). Besonders beliebt ist die alljährliche Prozession eines tragbaren Schreines durch die „Gemeinde", der mit „*wasshoi, wasshoi*"-Rufen hin- und hergeschüttelt wird. Sinn der Prozession ist, dem im Schrein wohnenden *kami* die Gemeinde oder irgendeinen anderen für ihn wichtigen Ort außerhalb des Schreins zu zeigen.

Bei Schreinfesten wird die lebensbejahende Einstellung des Shintoismus deutlich. Im Übrigen dienen Shintôrituale meist der rituellen Reinigung.

Buddhismus: Da der Buddhismus in Indien entstanden ist und erst im 6. Jahrhundert von dort über China und Korea nach Japan kam, brauche ich an dieser Stelle nicht so sehr auf die Grundlagen des Buddhismus einzugehen als auf seine japanischen Besonderheiten. Als der Buddhismus während der Regierungszeit des Prinzen *Shotoku-taishi* (574–622) in Japan eingeführt wurde, passte er sich schnell dem religiösen Grundgefühl der Bevölkerung an. Der Hinayana-Buddhismus, das Nachvollziehen von Buddhas eigenem Lebensweg zumindest in Ansätzen, hatte in Japan keine Chance. Eher schon der Mahayana-Buddhismus: denn nach dessen Auffassung helfen Bodhisattvas den Gläubigen, den Eintritt ins Nirvana zu schaffen und damit aus dem ständigen Kreislauf der Wiedergeburten auszubrechen, wobei die Bodhisattvas diesen Schritt um der anderen willen für sich selbst noch aufschieben.

In Japan geht die *jōdō-shin-shu,* die größte buddhistische Sekte im Land, noch einen Schritt weiter: Nach ihrer Auffassung genügt es, an Amida-Buddha zu glauben, indem man (möglichst täglich, im Grunde aber nur ein einziges Mal aus tiefer Überzeugung) seinen Namen anruft: „*Namu Amida Butsu*", um nach dem Tod im „Reinen Land" wiedergeboren zu werden. Das „Reine Land" ist das Paradies für die vielen, vielen Menschen, die die Erlösung aus dem Kreislauf der Wiedergeburten nicht aus eigener Kraft schaffen. Somit ist die *jōdō-shin-shu* eine reine Gnadenreligion, die sich auf die Güte und Barmherzigkeit Amidas verlässt, statt den mühsameren Weg der höheren Sittlichkeit, geistigen Versenkung und des höheren Wissens zu gehen, der im Buddhismus als der eigentliche Heilsweg gilt. Auch sonst ist die *jōdō-shin-shu* erstaunlich großzügig: Es besteht kein grundsätzlicher Unterschied zwischen Geistlichen und Laien, die Priester dürfen heiraten, und selbst Fleischgenuss ist gestattet (obwohl ja gerade das Töten jeder Kreatur im Buddhismus als Sünde zählt).

Die *jōdō-shin-shu* ist ein typisches Beispiel dafür, wie wenig den Japanern an Philosophien, religiösen Lehren und erst recht Dogmen liegt, obwohl gerade der Buddhismus in dieser Hinsicht höchste Ansprüche befriedigen kann. Es gibt daneben viele weitere Sekten.

Die Form des Buddhismus, die wir im Westen als am typischsten für Japan empfinden, ist Zen. Der **Zen-Buddhismus** hat jedoch nicht so viele Anhänger wie etwa die volkstümliche *jōdō-shin-shu*. Dazu war er von Beginn an zu elitär und zu mühsam: Denn das erklärte Ziel des Zen ist Selbst-Erleuchtung, zumindest aber die Vervollkommnung der eigenen Persönlichkeit durch meditative Disziplin, aufopfernde Handlungen im Alltag und Streben nach Wohltaten für die Menschheit - also ein sehr buddhagemäßes Leben. Der Mensch kann sich nicht losgelöst von der Gesellschaft, in die er eingebettet ist, sehen. Selbst wenn er den Zustand der Erleuchtung erreicht haben sollte, gehen seine irdischen Verpflichtungen weiter, denn der Weg des Menschen hat - solange er lebt - kein Ende.

Gründer des Zen (indisch: Dhyana = Konzentration, Meditative Versenkung, chinesisch: Ch'an) war der Mönch *Bodhidharma*, der seine Lehre im 6. Jahrhundert von Indien nach China brachte. Er soll 9 Jahre lang vor einer Mauer sitzend meditiert haben, sodass schließlich seine Beine vollkommen verkümmerten. Im japanischen Brauchtum ist er als rotes Stehaufmännchen - *daruma* - in der Funktion eines Talismans, der bei der Erfüllung von Wünschen mithelfen soll, allgegenwärtig. Zen war indessen nie etwas für das gemeine Volk. Anhänger fand er vor allem unter den Samurai.

Es gibt zwei Hauptsekten: *Rinzai* und *soto*. Die *rinzai*-Sekte hat etwa 2,5 Millionen Anhänger, die *soto*-Sekte fast 7 Millionen. Während der *rinzai*-Zen sehr viel Wert auf Meditation über Paradoxe legt, die durch Nachdenken nicht gelöst werden können (Beispiel: wie klingt es, wenn eine Hand klatscht), beschränkt sich *soto*-Zen auf *za*-Zen: Meditation im Sitzen über nichts. Die Meditierenden streben absichtslos nach Erleuchtung. Während sie im Lotussitz mit halb geschlossenen Augen einen Meter entfernt vor einer Wand sitzen, lassen sie Gedanken kommen und gehen. Sie versuchen, keinen Gedanken festzuhalten, um so den Kopf allmählich zu leeren. Alles geschieht ohne willentliche Absicht oder sollte doch zumindest so geschehen. Ziel ist *mu:* Nichtigkeit, Gedankenlosigkeit. Das Schweigen schafft Raum, die Entleerung von Illusionen.

Zen lehrt, sich nicht von Worten und Schriften abhängig zu machen. Was zählt, ist die eigene Erfahrung, denn Worte können niemals die letzte Wahrheit ausdrücken. Worte sind wie ein Finger, der zum Mond zeigt, oder ein Netz zum Fischefangen, niemals sind sie der Mond oder der Fang selbst. Meditation im Sitzen und das Lösen von Paradoxen ohne bewusstes Nachdenken sind wichtig als direkte, emotionale Erfahrung, aber ebenso wichtig ist die Verrichtung von Alltagsverpflichtungen wie Kochen, Putzen und Feldarbeit: Werden sie aufmerksam und ganz bewusst verrichtet, haben sie ebenso viel Wert wie *za*-Zen oder jede andere Meditation.

Zen hatte in Japan außerordentlich großen Einfluss auf die Künste: Die Beschränkung auf das Wesentliche, das Weglassen von Überflüssigem und Ablenkendem faszinieren uns an japanischen Kunstwerken bis heute. Tempel, Gärten, die Teezeremonie, das Blumenstecken *(ike-bana), bonsai,* Keramik, die Kurzgedichte *haiku,* die – auf 17 Silben beschränkt – Wesentliches auszudrücken vermögen, all das ist vom Geist des Zen beseelt.

Heute, angesichts einer auf das Materielle ausgerichteten Konsum-Kultur, die auch vor den traditionellen japanischen Künsten nicht haltmacht, ist der Einfluss des Zen natürlich stark zurückgegangen. Aber vielleicht lehrt gerade unsere Zeit am besten die Nichtigkeit des Materiellen. Damit wäre der Schritt zur „Erleuchtung" gerade heute kürzer als früher.

Tempel: Unter den buddhistischen Tempeln finden Sie sehr gute Beispiele klassischer japanischer Architektur. Ob Wohnhaus oder Schloss – beide waren ursprünglich Tempelgebäuden ähnlich. Zu jedem Tempel gehört eine Haupthalle, meist *hon-dô, kon-dô* oder *butsu-den* genannt:

127jp Foto: sa

Was bringt Unglück?

Vor allem die Zahl 4: Zufällig wird sie *„shi“* gelesen – genauso wie das Wort für Tod. Zwar sagen die Japaner meist *„yon“*, aber offiziell bleibt es bei *„shi“*. Wie es bei uns in Hotels kein Zimmer mit der Nummer 13 gibt, fehlt in Japan das Zimmer oder sogar das Stockwerk Nummer 4. Überhaupt bringt alles Unglück, was an die Toten erinnert: Man soll nie mit dem Kopf nach Norden schlafen, weil so die Leichen hingelegt werden. Man darf Stäbchen – wie im Kapitel über das Essen schon erwähnt – nicht senkrecht in den Reis stellen, weil der Reis mit auf diese Weise aufgestellten Räucherstäbchen vor dem Hausaltar den Seelen der Verstorbenen dargeboten wird. Man sollte auch stets mehr als eine Schale Reis essen, weil die eine Schale wiederum an das Reisopfer vor dem Hausaltar erinnert. Heute wird diese Etikette nicht mehr streng befolgt. Ein Trick ist, sich die erste Schale Reis nur halb zu füllen. Man darf mit den eigenen Stäbchen kein Essen von den Stäbchen eines andern annehmen, denn nach der Leichenverbrennung holen die Verwandten mit Stäbchen Knochenreste aus der Asche und legen sie in einen besonderen Porzellanbehälter. Sie tun dies jedoch nicht allein für sich, man nimmt die Stücke immer zu zweit auf. Schließlich versteckt man seinen Daumen mit den Fingern, wenn ein Leichenwagen vorbeifährt, denn der Daumen heißt *oya-yubi*, also Eltern-Finger, und denen möchte man ja kein Unglück wünschen – solange sie noch leben.

Dort steht auf dem Altar das verehrte Buddhastandbild, davor bronzende Lotusblumen in Vasen und Weihrauchbehälter. Auf einem Podest vor dem Altar liegt das Sitzkissen für den Priester mit einem Behälter für die heiligen Schriften. Links vom Podest steht ein Bronzegefäß, rechts ein stilisierter hölzerner Fisch – beides dient als eine Art Metronom beim Rezitieren der buddhistischen Schriften. Wenn Gläubige zum Gebet einen Tempel aufsuchen, verhalten sie sich im Grunde genauso wie in einem Shinto-Schrein. Die Tempelhalle darf jedoch betreten werden, und man kann z. B. vor dem Altar Räucherstäbchen für die Verstorbenen anzünden.

Zu jedem Tempel gehört auch eine **Pagode,** in der sich die heiligen Reliquien, womöglich von Buddha selbst, befinden. Die fünf Stockwerke der Pagode symbolisieren die fünf Elemente des buddhistischen Universums: Erde, Wasser, Feuer, Wind und Himmel. Ebenso gehört zu jedem Tempel ein kleiner Glockenturm, dessen Bronzeglocke in der Nacht zu Neujahr 108 mal angeschlagen wird: Dadurch sollen das neue Jahr eingeläutet und die 108 menschlichen Begierden *(joya)* ausgetrieben werden.

ZU GAST
IN EINEM JAPANISCHEN HAUS

Alle Häuser im ganzen Reich sind aus Holz und Leimwänden erbaut, inwändig mit buntem Papier zierlich beklebt, mit gewebten Binsenmatten, welche dick gefüttert, ganz artig belegt und durch papierne Schaufenster in verschiedene Kammern abgeteilt. Stühle und Bänke findet man gar nicht in diesen Häusern und nur so wenig Hausgerät, als zum täglichen Küchengebrauch nötig ist.

Engelbert Kaempfer, 1690

129jp Foto: ml

Renate war ganz aufgeregt. Herr Miura war nämlich mit der Nachricht eingetroffen, dass er sich heute früh mit seiner Frau abgesprochen habe und sie überein gekommen seien, Renate für zwei, drei Tage – während er mit ihrem Mann unterwegs sei – zu sich nach Hause einzuladen. Er entschuldigte sich, dass er leider keine Zeit habe, sie dorthin zu fahren. Aber es sei nicht so weit außerhalb von Tokyo. Sie könne ja mit dem Taxi hinfahren. Aber Renate widersprach sofort und sagte, dass sie sich riesig freue und auf jeden Fall mit öffentlichen Verkehrsmitteln fahren wolle. Sie habe ja genug Zeit. Herr Miura war sich nicht sicher, ob sie das schaffen könne, gab ihr aber genaue Informationen, welche Linie sie benutzen müsse und wo sie aussteigen solle: von Ikebukuro mit der Seibu-Ikebukure-Linie bis Hannô. Dort angekommen, solle sie seine Frau anrufen.

Wolfgang und Herr Miura fuhren davon. Einige Tage würden sie unterwegs sein. Renate machte sich gleich vom Hotel aus nach Hannô auf. Dieses Mal ging sie nicht zur U-Bahn-Station Ginza, sondern zum Hauptbahnhof Tokyo und stieg in die Yamanote-S-Bahn-Linie ein. Sie löste ihre Karte auf dieselbe Weise und mit demselben Betrag wie am Vortag, aber als sie nach neun Stationen aus der Sperre wollte, öffnete sie sich nicht. Ihre Karte wurde nicht angenommen. Sie fragte den Uniformierten, was los sei. Die Lösung war einfach. Renate hatte nicht genug gezahlt. Sie war erschrocken. Musste sie jetzt wie in Deutschland eine saftige Nachgebühr bezahlen? Doch der Kontrolleur schickte sie nur einfach hinüber zum Nachlöseschalter, wo sie die paar Yen, die zum regulären Befrag fehlten, nachbezahlte. Noch mal gutgegangen, dachte sie sich. Beim nächsten Mal wollte sie aber besser aufpassen. Im riesigen Bahnhofskomplex von Ikebukuro irrte sie etwas herum, ehe sie die richtige Linie und dann die richtige Preisstufe gefunden hatte. Schließlich saß sie im Zug und fuhr Station für Station immer ein Stück weiter aus Tokyo hinaus. Nach einer halben Stunde war Hannô erreicht. Renate sah sich um. Hier wirkte alles schon bedeutend ruhiger. Sie entdeckte sogar ein paar kleinere Berge. Offenbar war Tokyo hier endgültig zuende.

Am Bahnhof rief Renate Frau Miura an. Die wirkte recht unsicher, entschuldigte sich ein paarmal für ihr schlechtes Englisch, obwohl es ganz passabel war, und sagte, dass sie sofort zum Abholen vorbeikomme. Während Frau Miura noch erklärte, an welchem Bahnhofsausgang Renate warten solle, ertönte im Telefon ein Signal. Kurz darauf war das Gespräch unterbrochen. Renate wusste nichts vom 90-Sekunden-Takt. Natürlich hatte sie gerade jetzt keine weiteren 10-Yen-Münzen mehr. Also musste sie erst einmal zum Wechseln gehen. Ein paar Minuten später rief sie erneut an. Niemand nahm ab. Offenbar war Frau Miura schon unterwegs. Aber Renate wusste den Ausgang noch nicht. Ihr blieb nichts anderes übrig, als sich für einen der beiden Ausgänge zu entscheiden und zu warten. Etwa eine Viertelstunde später sah sie eine junge Frau etwas nervös in die kleine Bahnhofshalle hereinkommen. Da Renate die einzige Ausländerin war, trafen sich bald ihre Blicke. Sie gingen aufeinander zu. Renate verbeugte sich, Frau Miura ebenfalls: „I am Reiko. Welcome in Hannô."

Sie gingen zum Auto. Instinktiv ging sie zur rechten Seite. Doch auch Reiko. „Ach ja, hier ist es ja umgekehrt," fiel es Renate ein.

Reiko glaubte einen Augenblick lang, dass ihr Gast partout selbst fahren wolle. Sie hatte wenig Erfahrung mit Ausländern. Es war das erste Mal, dass eine Ausländerin zu ihr nach Hause kam. Ihr Mann hatte dagegen geschäftlich viel mit Westlern zu tun, aber er kam mit ihnen nie hierher. Reiko war neugierig und aufgeregt. Seit sie bald nach dem Studium geheiratet hatte, war ihr Platz im Haus. Sie hatte zwei Kinder: Michio, acht, der die zweite Klasse in der Grundschule besuchte, und Keiko, fünf die vormittags in einen Kindergarten ging. Keiko würde in einer halben Stunde nach Hause kommen.

Reiko entschuldigte sich nochmals für ihr schlechtes Englisch. Nach zehn Minuten Fahrt hielt der Wagen vor einem Einfamilienhaus. Reiko ließ ihren Gast eintreten. Renate stieg über eine hohe Stufe vom Vorraum in den Flur. Reiko schlüpfte bei der Stufe aus ihren Schuhen und in die oben bereitstehenden Pantoffeln. Sie bot auch Renate ein Paar an. Jetzt erst fiel Renate ein, dass sie ja vor der Stufe ihre Schuhe hätte ausziehen müssen. Sie übergab ihr Gastgeschenk, einen Strauß weißer Chrysanthemen, den Reiko mit einem Anflug von Irritiertheit dankend entgegennahm und gleich weglegte. Reiko ging voran ins westlich möblierte Wohnzimmer. Beim Betreten des mit Teppichboden ausgelegten Raumes ließ Renate - dieses Mal pflichtgemäß - ihre Pantoffeln an der Tür und wunderte sich, dass Reiko sie mit hineinbrachte. Dann nahmen sie auf der Couch Platz. Reiko servierte grünen Tee und Reisgebäck.

Sie hatten gerade damit begonnen, sich miteinander etwas vertraut zu machen, als Keiko hereingestürmt kam, ein hübsches, lebhaftes Kind. Als sie den fremden Gast sah, hielt sie jedoch unmittelbar inne und

schaute Renate an, gab ihr die Hand, sagte etwas zu ihrer Mutter und eilte wieder hinaus.

Renate und Reiko verstanden sich auf Anhieb gut. Die Japanerin taute sichtlich auf. Sie genoss es, auch einmal mit einem ganz anderen Menschen zusammenzusitzen und sich über andere Dinge als Küche, Kleider, Kinder zu unterhalten. Da es bereits nach zwölf Uhr war, hätten ihre Hausfrauenpflichten sie jetzt in die Küche gerufen. Aber - wie es in einem solchen Fall in Japan üblich ist - ließ sie ihren Gast nicht allein im Wohnzimmer sitzen, sondern bestellte einfach telefonisch zwei Schachteln sushi *und setzte sich gleich wieder zu Renate. Es dauerte nicht lange, und es klingelte: der* sushi-*Bote brachte das Bestellte. Zu grünem Tee aßen sie gemeinsam die köstlichen rohen Fischhappen auf Reis. Danach gingen sie mit Keiko zum Einkaufen. Gegen 15 Uhr kam Michio von der Schule zurück. Auch er grüßte nur kurz, warf seinen Schulranzen in die Ecke, schnappte sich den Baseball-Schläger und rannte gleich wieder nach draußen. Nach einer Stunde kam er zurück und machte sich an die Hausaufgaben. Nachher setzte er sich mit ins Wohnzimmer und sah fern.*

Das Abendessen war schnell fertig: Der Reis garte im automatischen Reiskocher. Eingelegtes Gemüse stand schon bereit. Für das komplette Essen bereitete Reiko nur eine heiße Suppe und briet ein paar Schweineschnitzel, die sie mit in Streifen geschnittenem rohem Weißkohl servierte.

Eine Stunde später lud Reiko Renate ein, ins Bad zu gehen. Diese dankte und meinte, das sei nicht nötig, sie habe erst gestern gebadet. Reiko wunderte sich, aber die Ausländer waren wohl so. Also schickte sie als erste die Kinder ins Bad. Als diese nach einer Weile wieder ins Wohnzimmer kamen, fragte Reiko nochmals, ob Renate wirklich nicht ins Bad wolle. Da ließ sie sich breitschlagen und ging hinüber ins Bad. Renate war schon mit ihren Pantoffeln drinnen, als sie sah, dass an der Schwelle extra Plastik-Pantoffeln standen.

„I am always getting confused with the slippers", entschuldigte sie sich lachend.

„Oh, never mind," entgegnete Reiko.

Sie erklärte der Deutschen, wie das Bad funktionierte, und ließ sie dann allein. Renate legte ihre Kleider ab und schickte sich an, ins Bad zu steigen. Aber sofort zog sie erschreckt ihren Fuß wieder zurück. Das war doch viel zu heiß! Also ließ sie erst einmal ordentlich kaltes Wasser nachlaufen, bis die Temperatur der für sie gewohnten entsprach - fast zehn Grad weniger, wie sie am Thermometer ablesen konnte. Das Becken war ebenfalls sehr ungewohnt: nicht zum Ausstrecken, sondern zum Hinhocken. Dafür war es angenehm tief. Dann seifte sie sich im Bassin hockend gründlich ein und stieg anschließend aus dem Bassin zum Abduschen - das fand sie wiederum unpraktisch: Warum gab es keine Dusche direkt am Becken? Ungünstig war auch, dass sie sich tief ins Wasser beugen musste, um den Stöpsel herauszuziehen. Erst fand sie ihn gar nicht. Zum Schluss trocknete sie sich ab und schlüpfte in den Hauskimono, den Reiko ihr mitgegeben hatte. Sie band ihn sich wie ihren Morgenmantel daheim rechts über links und verließ das Bad. Natürlich war sie schon in der Küche, als sie bemerkte, dass sie noch die Plastik-Pantoffeln an den Füßen hatte. Schnell ging sie zurück und tauschte die Pantoffeln wieder um.

„How did you enjoy the bath?"

„Thank you, but it was too hot for me," antwortete Renate.

Während sie sich an den Tisch setzte und – mit einigen Knabbereien vor sich auf dem Tisch – dem für sie unverständlichen Fernsehen zusah, ging Reiko als letzte ins Bad. Sie staunte nicht schlecht, als sie das Bassin ohne Wasser, dafür aber mit Seifenresten vorfand. Hätte sie der Deutschen doch vorher die japanische Bademethode erklärt! Aber ihr blieb keine Wahl: Sie musste das Becken säubern und neues heißes Wasser einlassen. Nur Duschen, das konnte sie nicht befriedigen. Im Bad konnte sie sich so richtig entspannen, dafür gab es keinen Ersatz.

Als Reiko schließlich wieder ins Wohnzimmer kam, saß Renate schlafend auf der Couch. Sie schaltete den Fernseher aus. Dabei wachte Renate wieder auf.

„It's the jet lag," erklärte sie ihrer Gastgeberin, obwohl sie nach dem Flug nach Osten abends länger munter sein müsste.

Reiko fragte sie, ob sie nicht lieber zu Bett gehen wolle. Das war Renate recht. Also stiegen sie hinauf in den ersten Stock und betraten ein mit Tatami-Matten ausgelegtes Zimmer, natürlich nicht ohne sich vorher der Pantoffeln entledigt zu haben. Renate wusste ja inzwischen darüber Bescheid. In dem kleinen Zimmer war auf dem Boden bereits das Bett vorbereitet. Auch in diesem Zimmer gab es einen kleinen Fernseher. Aber Renate wollte sofort schlafen gehen. Reiko wünschte ihr eine Gute Nacht und schob die Tür zu. Das Ende des ersten Tages in einem japanischen Heim.

Unsere Vorstellungen von einem typisch japanischen Haus kreisen um Holzhäuser, die mit glasierten Ziegeln gedeckt und deren Schiebefenster mit Papier bespannt sind. Tatsächlich gibt es sie noch vereinzelt, vor allem auf dem Lande, und vielleicht entdecken Sie ein solches auch heute noch mitten in Tokyo. Doch in aller Regel sind die Fenster oder Türen nicht mehr einfach mit weißem Reispapier bespannt. Milchglas ist großenteils an ihre Stelle getreten bzw. eine Kombination von Milchglas unten (damit man von außen nicht hineinsehen kann) und durchsichtigem Glas oben (wegen der Helligkeit). Gardinen und Vorhänge gehören jedenfalls nicht zu einem japanischen Fenster.

Zwischen traditionellen und modernen Häusern im westlichen Stil gibt es natürlich alle möglichen Zwischenstufen. Manchen Appartmenthäusern und Mietwohnungen in den Städten und Vororten sieht man von außen gar nicht an, wie viel japanische Tradition noch in ihnen steckt.

Am besten, ich stelle hier einmal ein typisches Ein- bzw. Zweifamilienhaus vor, wie Sie es z. B. in den endlosen Vorortsiedlungen der großen Städte, aber auch auf dem Lande, vorfinden können:

Häufig umgibt eine Mauer das Grundstück. Normalerweise wird ein Schiebetor den Weg zur Haustür öffnen. Ein kleiner Vorgarten wird, falls es ihn gibt, schon manches über die Einstellung der Hausbewohner verraten: Entspricht er mehr unseren Gärten, oder zeigt er typische Elemente des japanischen Gartenstils? Außen am Tor hängt vermutlich das Namensschild, auf dem bisweilen selbst die Schriftzeichen für die Vornamen der Kinder aufgemalt sind. Dort wird sich auch die Klingel mit der Sprechanlage (falls vorhanden) befinden.

Das erste, was Sie hören, nachdem Sie die Klingel betätigt haben, hängt davon ab, ob das Haus eine Sprechanlage hat oder nicht. Wenn ja, hören Sie dort wahrscheinlich:

„*Hai, dochira - sama desu ka*" (ja, wer ist dort bitte?)

Sollten sich Kinder melden, werden sie einfach fragen:

„*Donata desu ka*" (wer ist dort?)

„ ... (Ihr Name) *de gozai-masu*" (es ist ...) antworten Sie dann. Unter Freunden genügt natürlich: „... (Vorname) *desu*" (ich bin's, ...)

Als Antwort kommt daraufhin meist:

„*Sho-sho o-machi-kudasai*" (warten Sie bitte ein klein wenig). Diesen Satz (u. U. noch höflicher) werden Sie auch hören, wenn keine Sprechanlage vorhanden ist.

Öffnet sich Ihnen die Haustür, sagen Sie im Falle eines Höflichkeitsbesuches: „*Gomen kudasai*" (Verzeihung). Falls es sich aber um gute Bekannte, Freunde oder Kinder handelt, genügt je nach Tageszeit „*ohaiyo-gozai-masu*", „*konnichi wa*", „*komban wa*" (guten Morgen, guten Tag, guten Abend).

Falls Sie einen Mantel tragen, sollten Sie diesen schon draußen ablegen und über die (linke) Armbeuge legen, bevor Ihnen die Tür geöffnet wird, spätestens jedoch im Vorraum – das gilt übrigens für Frauen ebenso wie für Männer. Beim Betreten des Hauses sagen Sie: „*Shitsurei shi-masu*" (sinngemäß: Ich bin unhöflich). Mit diesen Worten gehen Sie in den Vorderraum, dessen Fußboden meist aus Stein, Erde oder Kies ist, in städtischen

Traditioneller Innenraum in einem Haus aus Holz mit Tatami-Boden

135jp Foto: sa

Wohnungen natürlich auch aus Zement oder Beton. Ihr(e) Gastgeber(in) wird Sie dann einladen, ganz hereinzukommen: *„Dozo, dozo, o-agari-kudasai"* (bitte, bitte, kommen Sie doch herauf).

Deutlich - eigentlich unübersehbar - werden Sie die hölzerne Stufe erkennen, von der an **Straßenschuhe** „off limits" sind. Wenn diese Stufe - bei älteren Häusern - recht hoch ist, gibt es oftmals einen hübschen Trittstein, der dann natürlich noch mit Schuhen betreten werden darf. Wenn Sie Glück haben, wird Ihnen vor dem Betreten der Stufe der Mantel schon abgenommen. Sie entledigen sich dann der Schuhe. Günstig sind in Japan alle Arten von Schuhen ohne Schnürsenkel. Sie dürfen sich aber auf die Stufe setzen, um sich im Sitzen die Schuhe auszuziehen, falls diese sich nicht einfach abstreifen lassen. Eleganter ist es natürlich, den Gastgebern nicht den Rücken zuzukehren. Wenn Sie die Schuhe ausgezogen haben, steigen Sie auf die Eingangsstufe (ohne vorher mit den Schuhen den Boden des Vorraumes zu berühren). Dann bücken Sie sich nochmals zu den Schuhen hinab und stellen sie mit der Spitze nach außen, ordentlich ausgerichtet, an die Eingangsstufe.

Jetzt sind Sie in der Wohnung. Für Sie wurden natürlich schon an der Stufe **Pantoffeln** hingestellt. In diese schlüpfen Sie und folgen der/dem Gastgeber(in) in das Wohnzimmer. Handelt es sich um ein westlich eingerichtetes Zimmer mit Schrank, Couch, Sesseln, Teppich usw., begrüßt man sich dort im Stehen wie überall sonst, also durch die höfliche Verbeugung und die üblichen Begrüßungsformeln. Werden Sie in ein mit Tatami-Matten ausgelegtes Zimmer geführt, lassen Sie die Pantoffeln am Eingang stehen und betreten die Tatami-Matten mit Socken: Das gilt generell immer und überall in Japan, denn Tatami-Matten dürfen nur barfuß oder mit Socken/Strümpfen betreten werden! (Das gleiche bitte auch für Umkleidekabinen in Kaufhäusern beachten!) Im Zimmer knien Sie sich mit geschlossenen Beinen auf den Boden und verbeugen sich, wie zu Anfang des Buches geschildert. Das alles gilt natürlich nur für formelle Besuche.

Das **Mitbringsel,** am besten Essbares, wie man es paketweise in den Geschäften kaufen kann, oder Trinkbares in Form von Kognak oder Whisky (unter Männern) legen Sie vorher vor sich auf den Boden, mit den Worten: *„Kore wa tsumaranai mono desu"* (dies ist eine langweilige Sache). Unausgepackt wird es dann weggesteckt, nicht weil die Gastgeber davon ausgehen, dass das stimmt, sondern weil sie nicht gierig erscheinen und sich sofort auf das Geschenk stürzen wollen. Natürlich hat es auch den Vorteil, dass Ihnen der Anblick von Enttäuschung über ein in der Tat langweiliges Geschenk erspart bleibt: immer das eigene Gesicht wahren und das Gegenüber nicht in Verlegenheit bringen. Natürlich wird Ihnen für das Geschenk herzlich gedankt: *„Domo, osore-irimasu"* ...

Nach dieser Einleitungszeremonie dürfen Sie es sich in der Regel gemütlicher machen. Sie werden eingeladen, sich auf das Sitzkissen zu setzen, meist mit den folgenden Worten: *„o-suwari-kudasai"* (bitte, nehmen Sie Platz), *„raku ni natte kudasai"* (machen Sie es sich bequem) oder: *„go-enryo nakute kudasai"* (sinngemäß: bitte fühlen Sie sich wie zu Hause). Allerdings sollten Sie sich in formellen Situationen zunächst in der steifen Sitzposition *(seiza)* auf das Kissen setzen: also mit geschlossenen Knien und Füßen (wobei sich die großen Zehen berühren), gewissermaßen auf den Fersen sitzend. Diese auf die Dauer sehr anstrengende Position sollten Sie einige Minuten beibehalten.

Ihnen wird sicherlich sofort grüner Tee serviert, das entspräche zumindest der Tradition, vielleicht werden Ihnen auch Erfrischungs- oder alkoholische Getränke angeboten – das hängt von der Situation und dem Zeitpunkt ab. Wenn Sie besonders höflich sein wollen, werden Sie auf die Frage, was Sie trinken möchten, antworten: *„Ah, kekko de gozaimasu"* (sinngemäß: danke, das ist nicht nötig) und dann, weil Ihnen diese Antwort nicht abgenommen wird: *„Nan de mo yoroshii de gozai-masu"* (mir ist alles Recht).

Wenn der Zeitpunkt gekommen ist, es sich etwas bequemer zu machen, setzen sich Männer im Schneidersitz auf das Kissen. Frauen behalten die Beine geschlossen und legen beide Füße nach einer Seite. Wenn Sie Glück haben, gibt es einen *za-isu,* das ist eine Art Lehne mit einer Platte, die unter das Sitzkissen geschoben wird. Auf diese Weise kann man dann beinah so bequem sitzen wie wir auf unseren Stühlen, besonders wenn es so zwanglos zugeht, dass Sie die Beine sogar unter dem niedrigen Tisch ausstrecken können.

Das gilt vor allem für die kalte Jahreszeit, wenn über den Tisch eine dicke Steppdecke und darüber die eigentliche Tischplatte gelegt wird. Dann ist nämlich auch die Heizbirne, die unten am Tisch angebracht wurde, meist in Betrieb. Das bedeutet, unter der Steppdecke ist es gemütlich und sehr warm. Schließlich gehört zu einem japanischen Haus keine **Heizung,** obwohl es im Winter sehr kalt sein kann. In den traditionellen Bauernhäusern befindet sich eine Feuerstelle im Wohnraum, um die herum die Familie sitzt, ansonsten gibt es das System der beheizten Tische und, seit einiger Zeit, Teppiche. In den normalen Wohnhäusern gibt es als zusätzliche Heizung Elektro- und gelegentlich noch Gasöfen. Diese sind oft daran schuld, dass es z. B. in Tokyo so häufig brennt, statistisch war das vor gut zwanzig Jahren noch 70 Mal am Tag, vor allem im trockenen Winter, neue Heizlüfter sind allerdings sicher und lassen sich im heißen Sommer praktischerweise in Klimaanlagen umfunktionieren.

In den Apartmenthäusern neuesten Stils, vor allem aber in denen mit Luxus-Eigentumswohnungen, gibt es allerdings schon lange Klimaanlagen für den feuchtheißen Sommer und Zentralheizungen für den trockenkalten Winter.

Kommen wir zurück zu Ihrem Besuch: Nach der formellen Begrüßung wird Ihnen wahrscheinlich Tee angeboten. Sie pflegen eine Weile „small talk". Natürlich lassen sie Ihren Blick durch das Zimmer schweifen. Äußern Sie sich ruhig lobend über ein schönes **Rollbild in der Nische** *(toko-no-ma),* ein gelungenes Blumenarrangement *(ike-bana)* oder was sich sonst an Kunstgegenständen im Zimmer befindet, das wird von Ihrem Gastgeber sicher sehr geschätzt. Die Nische ist ein besonderer Platz. Der Sitzplatz, der ihr am nächsten ist, gehört der ranghöchsten Person. Ist Ihr Gastgeber ranghöher als Sie, wird er Ihnen diesen Platz von vornherein nicht anbieten. Selbstverständlich ist es tabu, die Nische zu betreten, etwa um einen genauen Blick auf einen bestimmten Kunstgegenstand zu werfen. Auch ist sie niemals als Ablage zu missbrauchen. Ist das Zimmer klassisch japanisch eingerichtet, wird es mit Ausnahme der Nische leer sein. Natürlich gehören die Schiebetüren mit zum Zimmerschmuck, d. h. sie unterstreichen die Eleganz der fast leeren Einfachheit.

Die Realität ist allerdings oft weniger romantisch. Meist reicht der Wohnraum nicht aus für all das, was sich im Laufe der Zeit so ansammelt. Dann sind auch die japanisch eingerichteten Zimmer ziemlich vollgestopft. Das Apartment, in dem wir zu dritt in Zôshigaya lebten, ist typisch selbst für viele vierköpfige Kleinbürgerfamilien in Tokyo: Wir hatten auf 20 qm Grundfläche eine fast komplette 1½-Zimmer-Wohnung mit Toilette, Kochnische im Flur, ein 3-Matten- und ein 4½-Matten-Zimmer. Beide Zimmer hatten einen Wandschrank, in dem das Bettzeug, die Kleidung und alles übrige verstaut wurde. Sonst gab es außer dem Tisch keine Möbel. Aber dabei blieb es nicht. Bücher stapelten sich unter dem Schiebefenster. Ein Fernseher stand bald in der Ecke. Heute gehören in Japan natürlich ein DVD-Player, eine Stereoanlage und immer häufiger ein Computer dazu. An den Holzleisten, die an den Wänden befestigt sind, hängt Kleidung an Bügeln. Wenn es Platz gibt, steht im Zimmer noch ein Schrank, darauf eine Puppe im Glaskasten oder ähnlicher Schmuck. Handelt es sich um einen halbhohen dunklen Schrank mit Schubladen, ist es der traditionelle Schrank für die zusammengefalteten Kimonos. Andere Schränke mögen gutes Porzellan, Fotoalben, Schallplatten usw. enthalten. Auch Klaviere sind in Japan sehr beliebt. Man sieht sie in Mittelklassefamilien heute fast häufiger als bei uns. Typischerweise liegt auf ihnen ein Spitzendeckchen und auf diesem steht das Metronom. Hat das Zimmer keine traditionelle Nische, steht das Blumenarrangement auf irgendeinem passenden Möbel, und das Rollbild oder ein anderes Bild hängt wie andere Bilder dort, wo Platz ist.

Zum Wohnzimmer gehört oft auch der Hausaltar: entweder *butsu-dana* (buddhistisch) oder *kami-dana* (shintoistisch). Beiden müssen Sie keine besondere Aufmerksamkeit schenken. Mit den *butsudana* werden letztlich die Ahnen verehrt, also die verstorbenen Familienangehörigen. So widmen denn auch praktisch nur Verwandte der Gastgeber diesen Hausaltaren ein wenig Aufmerksamkeit. Sie werden dort die Ahnentafeln sehen (meist lackiert oder vergoldet), auf denen die den Verstorbenen verliehenen buddhistischen Namen stehen. Als tägliche Opfergaben werden eine Schale Reis und grüner Tee vor den Hausaltar hingestellt; dazu werden Räucherstäbchen entzündet und ein kurzes Gebet gesprochen. Enge Freunde verrichten diesen Dienst schon mal, von Ihnen wird das keinesfalls erwartet.

In traditionellen Häusern lässt sich die Außenwand – halb Tür, halb Fenster – zur Seite schieben. Der Blick öffnet sich dann im idealen Fall auf einen gepflegten Landschaftsgarten. Am Haus entlang läuft eine Art Veranda, auf die man sich in Betrachtung des Gartens hinknien oder setzen kann, womöglich mit einer Schale Tee in den Händen.

Japanische Gärten sind weltberühmt. Nirgendwo sonst hat sich Vergleichbares in der Gartenkunst entwickelt. Natürlich gibt es eine gewisse Verwandtschaft zu chinesischen Gärten, aber die Japaner entwickelten ein etwas anderes Konzept der Gestaltung, das die typischen japanischen Gärten deutlich von den chinesischen unterscheidet.

Nach japanischer Auffassung sollen Gärten ein treues Abbild der Natur sein, in ihnen soll möglichst das Wesen der Natur sichtbar werden. Außerdem gilt das Prinzip der Schönheit in Schlichtheit, das japanische Gärten so deutlich etwa von französischen abhebt. Die drei wesentlichen japanischen Gartenstile sind:

- *tsuki-yama:* Der Garten bildet eine Landschaft „en miniature" nach mit kleinen Wasserläufen, Teichen, die zugleich Meere symbolisieren, Inseln und Hügeln.
- *kare-san-sui:* Wasser wird durch geharkte Kiesflächen dargestellt, Inseln oder Berggipfel durch dort hineingestellte Steine und Felsen. Diese abstrakten Gärten sind ganz vom Geist des Zen geprägt. In ihrer Einfachheit und Abstraktheit sind sie sehr eindrucksvoll.
- *cha-niwa:* Wie der Name (*cha* = Tee; *niwa* = Garten) besagt, liegt er neben einem Teehaus und soll entsprechend den Regeln der Teezeremonie möglichst schlicht und natürlich wirken. Dennoch gibt es ein paar Elemente, die ihn von anderen Gärten unterscheiden: Bambusrohre als Wasserleitung, Steinbassins, aus denen sich die Teilnehmer der Teezeremonie mit dem Bambus-Schöpfer Wasser zum Spülen von Mund und Händen nehmen, Steinlaternen, Steinstufen ...

Überall in Japan gibt es herrliche Gärten, die berühmtesten aber finden Sie in Kyoto. Glücklich kann sich jeder schätzen, der (falls die Gruppe nicht mehr als 4 Personen zählt) vom Kaiserlichen Hofamt in Kyoto (Imperial Household Agency) einen Besuch der berühmten Katsura-Villa mit dem wunderbaren Garten oder den Shugakuin-Palast mit seinem nicht minder bekannten, hoch gerühmten, doch natürlicher belassenen Garten, genehmigt bekommt, was für Ausländer kein Problem ist (bei vorheriger Anmeldung). Ein japanischer Garten soll zwar vollkommen natürlich wirken, doch alles ist sorgsam arrangiert, um diese Wirkung noch zu verstärken. Absolut nichts bleibt dem Zufall überlassen. Darauf beruht die großartige Wirkung auf den Betrachter.

Zurück zum Haus: Normalerweise wird man Sie nicht durch die Wohnung oder das Haus führen. Das könnte als Angeberei ausgelegt werden. Männern wird man sicher nicht die Küche zeigen, während Frauen schon mal mit hineingenommen werden, vielleicht sogar eingeladen werden, das Essen gemeinsam vorzubereiten o. Ä.

Die **Toilette** (*o-te-arai,* wörtlich: Händewasch-Ort) wird man Ihnen jedoch sicher zeigen.

Für die Wohnungs-Pantoffeln gilt, dass sie nie in die Toilette hineindürfen. An der Toilettentür heißt es also: „raus aus den (Wohnungs-)Pantoffeln, rein in die (Klo-)Pantoffeln". Man sollte die Toiletten-Pantoffeln beim Herausgehen so hinstellen, dass der nachfolgende Besucher wieder bequem hineinschlüpfen kann, also gehen Sie rückwärts aus der Toilette hinaus und streifen die Pantoffeln in der Weise ab, dass sie wohlausgerichtet ins Innere der Toilette zeigen.

Heute haben viele Eigenheime westliche Sitzklosetts, immer häufiger mit allen möglichen Hightech-Schikanen, aber typischer sind die zum Hinhocken, wobei man sich logischerweise in Richtung auf die halbkugelförmige Abschirmung hockt. Mit dem Hebel dahinter wird gespült. Oft gibt es heute zwei – einen für groß, einen für klein. Papier sollte immer vorrätig sein. Es darf – wie bei uns – ins Klo geworfen und hinuntergespült werden. Toiletten ohne Spülung gibt es heute aber selbst in und um Tokyo noch massenhaft. Den Abtransport besorgen die *bakyu-umu-kā* (vacuum-car = Entleerungswagen).

In diesem Zusammenhang sollte ich gleich schon das **Bad** *(o-furo)* vorstellen. Sie werden es bei einem Höflichkeitsbesuch nicht sehen, wohl aber im Falle einer Übernachtung. Japaner baden grundsätzlich jeden Tag. Ich habe hierzulande diese Angewohnheit nie entwickelt, in Japan wurde sie mir bald zum Bedürfnis, so dass ich einen Tag ohne Bad als unvollständig erlebte.

Als Gast wird man Sie als Erste(n) bitten, ins Bad zu gehen. Normalerweise kommt dieses Privileg dem Hausherrn zu. Japaner baden, wenn sie sich richtig entspannen wollen, gern noch vor dem Abendessen. Natürlich werden Sie gefragt, ob Sie lieber vor oder nach dem Essen baden wollen. Normalerweise bekommen Sie von der Hausfrau eine *yukata,* oder diese liegt im Bad für Sie bereit. Beim Betreten des Bades wechseln Sie wieder die Pantoffeln. Sie legen Ihre Kleidung ab, z. B. in einen Korb, dann waschen Sie sich gründlich außerhalb des Beckens mittels der Wasserhähne für „heiß" und „kalt" oder der Dusche, die es heute in vielen Bädern gibt.

141jp Foto: sa

Sie können das Wasser auch aus dem Becken schöpfen, allerdings darf dabei nie Seifenschaum hineingelangen! Das nehmen die Japaner sehr ernst. Denn nach ihrer Logik ist Seife unrein, weil sie mit dem Schmutz in Berührung gekommen ist und ihn an sich bindet, also muss sie vollkommen weggespült werden.

Wenn Sie sich auf diese Weise vollkommen gereinigt und gründlich abgespült haben, steigen Sie vorsichtig in das Becken hinein. Es wird mit Gas beheizt. Die Temperatur sollte zwischen 40 und 45 °C betragen. Ist es Ihnen zu heiß, können Sie kaltes Wasser zugießen. Bedenken Sie jedoch, dass die Japaner es so heiß gern mögen. Anfangs mag es etwas hart sein, aber sind Sie erst einmal drinnen, entspannt es herrlich. Das Ganze wiederholen Sie noch ein- oder zweimal, einschließlich Einseifen und Spülen. Nach dem heißen Hockbad werden Sie sich sicher gern kalt abspülen, bevor es wieder ans Einseifen geht. Letztlich ist nur wichtig zu wissen, dass das Wasser im Becken nur im sauberen Zustand betreten werden darf, weil es von allen benutzt und bisweilen mehrere Tage nicht gewechselt wird. Nach dem Benutzen wird das Becken wieder abgedeckt. So hält sich die Wärme dort länger, und man muss nicht soviel nachheizen. Nach dem Bad spülen Sie auch auf dem Boden alle Seifenreste weg.

Mit der *yukata* bekleidet kommen Sie dann aus dem Badezimmer, lassen an der Tür die entsprechenden Pantoffeln zurück und schlüpfen wieder in Ihre Hauspantoffeln. Die Kleidung nehmen Sie mit in Ihr Zimmer, wenn Sie ein eigenes Gastzimmer zur Verfügung haben. Dort wird in der Zwischenzeit sicher schon Ihr Bett hergerichtet worden sein. Dann machen Sie es sich im Wohnzimmer bequem. Wenn Sie Alkoholisches möchten, wird Ihnen wohl ein kühles Bier u. Ä. serviert. Vielleicht sehen Sie etwas fern, machen es sich also häuslich gemütlich.

Das **öffentliche Bad** *(sentô):* Ein Bad ist durchaus nicht in jeder japanischen Wohnung vorhanden. Ich hatte ja schon angedeutet, dass viele Familien in sehr beengten Verhältnissen leben. Sie sollten sich in Japan die Gelegenheit nicht entgehen lassen, auch einmal in ein solches Bad zu gehen, es ist nämlich ein besonderes Erlebnis. Ich habe auf meinen Reisen in verschiedenen Ländern immer gern öffentliche Bäder aufgesucht. Sie vermitteln viel vom Alltagsleben eines Volkes – da, wo sie noch zum Alltag gehören. In Japan gehören sie auch heute noch in jede kleinbürgerliche und ländliche Wohnsiedlung, wenngleich ihre Zahl verständlicherweise mit dem Wohlstand im Abnehmen begriffen ist.

Man geht sehr anspruchslos gekleidet ins Bad, lässt die Wertsachen daheim und nimmt nur soviel Geld mit, wie für den Eintritt und vielleicht ein Erfrischungsgetränk nötig ist. Viele gehen in *yukata* oder gar im Schlafanzug ins Bad. Es ist ja in gewisser Weise eine Erweiterung des eigenen Heimes. Zur Ausstattung gehört die Plastikschüssel, Seife, Handtuch, evtl. Shampoo, Rasierzeug u. Ä. Am Eingang befindet sich ein Schrank oder Gestell für die Schuhe, meist zum Abschließen. Dann geht man nach Geschlecht getrennt hinein (auf dem Lande besteht diese Trennung nicht überall). Zunächst gelangt man in den Vorraum, in dem man sich entkleidet. Für die Kleidung stehen Schließfächer bereit. Die hölzernen Schlüssel zieht man ab und trägt sie mit einem Gummiband o. Ä. am Handgelenk. Vor dem Umkleiden, gleich nach dem Betreten, wird dem/der Badeaufseher(in) der zu entrichtende Betrag gezahlt. Es handelt sich meist um ältere Damen und Herren, die auf ihrem erhöhten Platz genau in der Mitte zwi-

143jp Foto: kk

schen den Abteilungen für Männer und Frauen sitzen und die beiden Umkleideräume überblicken, meist schauen sie jedoch in ihren kleinen Fernseher, den viele vor sich stehen haben. Die Baderäume schließen sich an die Umkleideräume an. Wegen der ¾ hohen Trennwände sind Unterhaltungen zwischen beiden Abteilungen möglich. Ausländer erwartet man im *sentô* nicht. Sollten Sie sich dort hineinwagen, rechnen Sie also mit erstaunten Blicken. Man hat ja immer etwas Angst, dass wir nicht wissen, wie man sich richtig im Bad benimmt. Im Zweifelsfall gilt immer: das nachahmen, was die Einheimischen tun. Mit dem Wissen über das richtige Verhalten im *sentô* können Sie sich dann auch in die Bäder der *ryokan* und *onsen* (Thermalbäder) wagen. Beachten Sie die vielseitige Verwendung der (oft winzigen) Handtücher: zum Verdecken der Scham, als Waschlappen und zum Abtrocknen.

Das Bad in Japan – das werden Sie überall bestätigt finden – ist mehr als nur Säuberung, es ist immer auch ein Stück Reinigung im religiös-rituellen Sinn, wie sie im Shinto wesentlich ist, dazu herrliche körperliche und geistige Entspannung.

Abendessen: In Japan ist das Abendessen die Hauptmahlzeit des Tages. Anders als bei uns wird man nur selten nach Hause eingeladen, und bei Höflichkeitsbesuchen sollte man die Essenszeiten meiden. In Japan gehört es nicht zum Stil der Frau des Hauses, Gästen voller Stolz ihre Kochkünste zu präsentieren. Essen zu Hause ist eine familiäre Angelegenheit. Unter guten Bekannten und Freunden kommt es heutzutage aber durchaus vor, dass man einander zum Essen einlädt.

Zwei Redewendungen brauchen Sie mindestens beim Essen: *itadaki-masu* (ich nehme) am Anfang und *go-chisô-sama deshita* (es war ein köstliches Essen) am Ende. Weitere Ausdrücke finden Sie im Abschnitt über Essen und Trinken.

Wenn Sie sich schließlich in Ihr Zimmer zurückziehen und die Gelegenheit haben, **in einem traditionellen Bett (futon)** zu schlafen, werden Sie schnell dessen Annehmlichkeiten zu schätzen wissen. Im Grunde ist das Bett dem unseren sehr ähnlich. Tagsüber wird es im Wandschrank verwahrt. Auf diese Weise lässt sich ein Wohnzimmer in nur wenigen Minuten in ein Schlafzimmer verwandeln. Eine dünne Matratze wird auf dem Tatami-Boden ausgerollt und mit einem Laken bedeckt. Darauf wird meistens eine Wolldecke gelegt, im Winter oftmals sogar beheizt, und schließlich kommt noch die dicke Steppdecke darüber, die im Sommer durch eine Art Badetuch ersetzt wird. Ungewohnt ist höchstens das kleine, harte, mit Buchweizenstreu gefüllte Kissen. Aber wie das Liegen auf dem relativ harten Tatami-Boden ist auch dieses Kissen letztlich gesünder als ein allzu weiches großes Federkissen.

Es gibt also manch gesunde Aspekte in einer japanischen Wohnung: Alles ist sehr sauber, da die Straßenschuhe draußen bleiben. Die Toilette ist so konstruiert dass kein Körperteil mit dem eigentlichen Klosett in Berührung kommt, abgesehen davon, dass die Hockstellung bekanntlich ohnehin natürlicher und wirksamer ist – wenn auch für uns, die wir das Hocken verlernt haben, nicht sehr bequem; das tägliche Bad sorgt nicht nur für einen sauberen Körper, sondern auch für äußerst angenehme Entspannung; und das Schlafen auf dem Boden ist für das Kreuz nicht nur gesund, es ist auch sehr gemütlich. Heute finden wir in vielen modernen Häusern zunehmend normale Betten, die nicht – wie Futons – oft gelüftet und täglich weggeräumt werden müssen.

Bleiben Sie nur für die Dauer eines kurzen Höflichkeitsbesuches, wird Ihnen natürlich nicht signalisiert, wann es Zeit ist zu gehen. Ein kleiner Hinweis kann einige Zeit nach dem ersten Einschenken des grünen Tees das erneute Einschenken sein. Da aber die große Thermoskanne und das Teegeschirr im Wohnzimmer stets zum Aufgießen von grünem Tee bereitstehen, könnte es sein, dass Ihnen öfter nachgeschenkt wird. Eine zweite Tasse Tee besagt also noch nichts. Der Zeitpunkt wird sich einfach aus der Situation ergeben und durch Ihre Intuition: Sie wissen ja, die Japaner schätzen es nicht sehr, auf ihre Absichten immer deutlich hinweisen zu müssen. So werden Sie irgendwann sagen, dass Sie nun leider gehen müssen *(„soro-soro-shitsurei-shi-masu“),* worauf die Gastgeber Sie stets bitten werden, doch noch zu bleiben (*motto go-yukkuri* = lassen Sie sich bitte noch Zeit). Sie bleiben also noch etwas und wiederholen dann Ihre Absicht erneut. Dann wird Ihnen sicher „nachgegeben“ werden (*domo o-kamae mo shi-masen deshita* = es tut mir Leid, dass ich nicht mehr für Sie getan habe).

Natürlich werden Sie gebeten, wieder einmal vorbeizukommen. Sie werden zu diesem Zeitpunkt selbst wissen, ob das nur eine Höflichkeitsformel war oder wirklich so gemeint ist. Unter Dankesbezeugungen und guten Wünschen verabschieden Sie sich schließlich endgültig. Es versteht sich von selbst, dass all die Höflichkeitsrituale unter Freunden und Bekannten unüblich sind: Je vertrauter man miteinander ist, desto weniger Wert wird auf Formalitäten gelegt. Bei uns ist das ja nicht anders. Einige Tage nach einem Besuch sollten Sie sich nochmals telefonisch oder mit einigen netten Zeilen bedanken.

FAMILIENLEBEN

Das japanische Volk, selbst in Städten, ist einer zahlreichen, wohlerzogenen, gehorsamen Familie vergleichbar.

Philipp Franz von Seibold, 1826

147jp Foto: ml

Die Großfamilie, in der mehrere Generationen unter einem Dach leben, ist für Japaner das Ideal einer Familie. Früher bildete sie die wichtigste Bezugsgruppe des einzelnen innerhalb der Gesellschaft. Heute findet man sie fast nur noch auf dem Land. Schon in den 1950er Jahren beklagte der bekannte Filmklassiker „*Tokyo Monogatari*" den Zerfall dieser uralten Institution. Waren die Kleinfamilien *(kaku-kazoku)* nach dem Krieg noch kinderreich, sind heute ein bis zwei Kinder der Durchschnitt.

Alle diese **Kleinfamilien** träumen vom Eigenheim. Die endlosen Vororte um Tokyo herum legen davon Zeugnis ab. Dennoch müssen sich viele Familien mit winzigen Wohnungen begnügen, die ein hoher EG-Beamter einmal unhöflich als „Kaninchen-Ställe" bezeichnete, woraufhin sie von den Japanern heute selbst des Öfteren so genannt werden: *usagi-goya.* Wer in einem der großen Konzerne arbeitet, kann sich in firmeneigenen Siedlungen *(sha-taku)* einmieten, wobei dies je nach Position Mietwohnungen oder Häuser sind, oder er nimmt ein Darlehen bei der firmeneigenen Bank auf und erfüllt sich – auch ohne viel Eigenkapital – den Traum vom Eigenheim. Die Darlehen werden deshalb gewährt, weil die Angestellten ja praktisch unkündbar sind und der Firma bis zum Ruhestand erhalten bleiben – das bedeutet genügend Sicherheit für beide Seiten, wenigstens solange es der Firma wirtschaftlich gut genug geht.

Beginnen wir mit einem typischen japanischen Lebenslauf. Die Frauen praktizieren seit langem **Geburtenkontrolle,** aber anders als bei uns. Die Pille wurde in Japan erst kürzlich zugelassen. Die Ärzteschaft verdiene besser an Abtreibungen, wurde mir auf meine Fragen nach dem Warum manchmal geantwortet. Das klingt zwar zynisch, aber vielleicht ist doch etwas Wahres dran. Der Seelchen der abgetriebenen Föten wird durch die kleinen Jizo-Figuren mit den roten Lätzchen gedacht, oft mit Windrädchen als „Spielzeug", die wir in vielen Tempeln sehen (besonders im Hasedera-Tempel in Kamakura). Wie auch immer, Japaner begnügen sich heute mit ein, **höchstens zwei Kindern.** Der Verzicht auf eine große Kinderschar ist auch in Japan eine logische Konsequenz des wachsenden Wohlstandes. Immerhin zählen sich mehr als 50 % der Bevölkerung zur Mittelschicht, auch wenn die Wohnverhältnisse von vielen dieser 50 % den Begriff „Mittelschicht" mehr als schmeichelhaft erscheinen lassen.

Wenn nun das Wunschkind geboren ist, hat es die paradiesischen **ersten Lebensjahre** vor sich. Damit sind nicht unbedingt die äußeren Umstände gemeint, die z. B. in einer großstädtischen Betonwüste nun wirklich nicht als paradiesisch bezeichnet werden können. Es ist vielmehr die Haltung der Mitmenschen zum Kleinkind. Das darf sich nämlich allseits geborgen und geliebt wissen. Äußerer Ausdruck dieser Geborgenheit ist die Gewohnheit der Mütter, es den ganzen Tag im Tragegurt auf dem Rücken mit sich herumzutragen. Es ist ein entzückender Anblick, hinter dem Kopf der Mutter aus ihrem Mantel oder ihrer extra weiter geschnittenen Jacke noch ein winziges Köpfchen hervorschauen zu sehen.

In den ersten Jahren genießt das Kind also zunächst alle erdenklichen Freiheiten. Kleinkinder werden vollkommen verwöhnt, dürfen alles. Zugleich werden sie jedoch auf liebevolle und geduldige Art schon frühzeitig zum Miteinander erzogen. Normalerweise schimpfen Mütter nie mit ihren Kleinen, weder zu Hause noch in der Öffentlichkeit, wenn das Kleine sich etwa nicht normgerecht verhält – sicher kennen Sie die peinlichen Szenen bei uns, wenn Mütter in Supermärkten, im Restaurant oder auf der Straße auf ihre Kinder einschimpfen, sie mit sich zerren oder gar Ohrfeigen austeilen. Japanische Kinder sind brav und angepasst, wenn es die Situation verlangt, beispielsweise, wenn sie mit ihren Eltern im *kabuki*-Theater sitzen und dort ein oder zwei Stunden ruhig und ohne Quengeln aushalten. Zu Hause dagegen albern sie wie wild herum. Da auch Erwachsene miteinander möglichst unaggressiv umgehen, sich jedenfalls vor Dritten nicht streiten oder im Straßenverkehr beschimpfen, dienen sie den Kindern von klein auf als natürliches Vorbild.

In der eigenen Bezugsgruppe fühlen sich Japaner, wie ich an anderer Stelle schon mehrfach erwähnt habe, immer am wohlsten. Die Bezugsgruppe des Kleinkindes ist natürlich die Familie. Das bedeutet nicht, dass heute, wo die Hälfte aller Ehefrauen zur Aufbesserung des Familieneinkommens außer Haus einer Tätigkeit nachgeht, Kleinkinder ausschließlich zu Hause bleiben. Es gibt wie bei uns auch Kinderkrippen *(hoiku-en):* ihre Zahl nimmt laufend zu, weil viele junge verheiratete Frauen aus finanziellen Gründen auch nach der Entbindung noch weiter arbeiten wollen. Im Allgemeinen gehen die Kleinen jedoch erst mit drei Jahren in den Kindergarten. Dort beginnt dann schon der Wettlauf um einen der begehrten Plätze an den wenigen Elite-Universitäten des Landes.

Schulsystem: Es gibt staatliche und private, konfessionelle und freie **Kindergärten** – wie bei uns. Mit vier Jahren lernen dort sehr viele Kinder schon lesen und schreiben. Wenn sie mit sechs Jahren in die Schule kommen, können sie im Allgemeinen bereits die beiden Silbensysteme *hiragana* und *katakana,* immerhin rund hundert Schriftzeichen. So können sie viele Bücher, die nur mit diesen Silbenzeichen gedruckt werden, bereits schon vor Schulbeginn lesen. Schließlich gibt es ab der ersten Klasse Grundschule eine Menge sino-japanischer Schriftzeichen zu lernen, pro Jahr rund 300. Bis zum Ende der Pflichtschulzeit von 9 Jahren sollen alle Schüler die geforderten knapp 2000 Schriftzeichen lesen und schreiben können. Sie reichen für den Normalbedarf, machen aber nur einen klei-

150jp Foto: sa

nen Teil des Gesamtvorrates an Schriftzeichen aus. Es gibt davon mehr als 15.000, aber heute sind viele nicht mehr gebräuchlich. Das sei nur am Rande erwähnt, um aufzuzeigen, welcher Stoff neben dem üblichen Schulwissen auf die Kinder zukommt.

Zurück zum Kindergarten: Es gibt Kindergärten, die einen besonders guten Ruf haben, weil ihre Absolventen mit größerer Wahrscheinlichkeit zu einer bestimmten Grundschule zugelassen werden. In solche Kindergärten kommt man allerdings nicht ohne vorherige Aufnahmeprüfung. Natürlich kann man sich auf Prüfungen vorbereiten. Dafür gibt es Paukschulen. Um zu den renommiertesten dieser Schulen zugelassen zu werden, muss man eine Prüfung absolvieren. Auch dafür kann man sich in Vorbereitungskursen drillen. Das mutet zwar kafkaesk an, ist aber die Realität. Es gibt aber auch „Escalator-Schulen", wo nur der Einstieg in den Kindergarten oder die Grundschule so hart ist, danach geht es von Stufe zu Stufe weiter. Im Extremfall verläuft so der Weg zur begehrten Elite-Universität. Für Kreativität und Originalität bleibt da wenig Spielraum. In der Tat wird in die jungen Köpfe hauptsächlich Paukwissen hineingestopft. Es überlebt der Schüler mit der besten Fähigkeit zum Ansammeln, Speichern und Wiedergeben solchen Wissens, das freilich nur bis zum Examen halten muss.

Die **Grundschule** umfasst analog zum amerikanischen Schulsystem, das den Japanern nach dem verlorenen Krieg von den Amerikanern aufgezwungen wurde (vorher war das deutsche Schulsystem Vorbild), sechs Jahre. Sprachunterricht ist dort noch nicht vorgesehen. Die Fächer sind: Japanisch, Mathematik, Kalligraphie, Sozialkunde, Geschichte, Naturwissenschaft, Geographie, Musik und Sport. Der Unterricht findet von 9 bis 15 Uhr statt, danach folgen noch Aktivitäten in Schulclubs und freiwilliger Zusatzunterricht, z. B. Klavierstunden. Bis die Schulaufgaben erledigt sind, kann es leicht 18–19 Uhr werden.

Die **Mittelschule** entspricht der amerikanischen Junior Highschool. Englisch- und Ethikunterricht kommen beispielsweise als neue Fächer hinzu. Da die wenigsten Englischlehrer Englisch sprechen können, und weil es lediglich um Grammatik und schriftliche Ausdrucksfähigkeit geht, lernen die Schüler in der Regel nur, Englisch zu schreiben – was ihre Hilflosigkeit im Umgang mit Ausländern erklärt, die jedenfalls bisher typisch für ältere Japaner ist.

In der **Oberschule,** die der amerikanischen Senior Highschool entspricht, erfolgt der Schlussspurt; er stellt die Vorbereitung auf das Eintrittsexamen der Universitäten ganz vornean. Für die Prüfung unwichtige Fächer werden hemmungslos vernachlässigt. Den Schülern passiert nichts, denn – ein Lichtblick im System – Sitzenbleiben ist an Japans Schulen nicht üblich! Das liegt daran, dass alle gemeinsam das Klassenziel zu erreichen bestrebt sind. Wenn ein Kind nicht durch Krankheit oder ähnliche Gründe längere Zeit von der Schule fernbleibt, wird es beinahe garantiert die nächste Klasse erreichen. Für schwache Fächer gibt es Ferienkurse oder notfalls den Abstieg in eine weniger prestigereiche Schule.

Das Eintrittsexamen ist deshalb so wichtig, weil mit der **Aufnahme auf eine bestimmte Universität** die berufliche Karriere bereits sehr deutlich vorgezeichnet ist. Das Abschlussexamen einer Uni ist eher Nebensache. Denn die japanische Logik lautet: Wenn die Uni einen bestimmten Kandidaten für fähig befunden haben, dort zu studieren, dann kann sie sich unmöglich täuschen.

Die ersten zwei Jahre der Studentenzeit sind für viele nach der Kleinkindzeit die angenehmste Phase des Heranwachsens. Der Stress des Eintrittsexamens ist vorbei, die Anforderungen des Uni-Alltags sind denen an unseren Unis vergleichbar, aber diese empfinden die Studenten als vergleichsweise harmlos. Wer die berühmtesten staatlichen Universitäten Todai oder Kyoto Daigaku absolviert hat, findet leicht den Weg in die Ministerien und große Konzerne. Aber auch die berühmten Privat-Universitäten wie Waseda, Keiô und Sophia haben einen guten Ruf und schaffen gute Karriere-Voraussetzungen. Für eine japanische Familie ist es nun einmal sehr beruhigend, dass so früh schon der Weg zu prestigereichen Positionen geebnet werden kann. Wehe denen jedoch, die die Hürde der schwierigen Prüfungen zu einer begehrten Uni nicht schaffen. Viele bewerben sich ohnehin zugleich an mehreren. Und nicht wenige nehmen ein Jahr Urlaub in Kauf, um im zweiten Anlauf ans Ziel zu kommen. Man nennt sie *rô-nin,* wie die herrenlosen Samurai der Feudalzeit, die auf der Suche nach einem neuen Dienstherren waren. Allerdings kommt Schulverweigerung recht häufig vor und viele Schüler fallen schon zuvor aus dem Bildungswettlauf heraus. Es gab seinerzeit die Theorie, dass nicht wenige Terroristen Ende der 1960er, Anfang der 1970er Jahre sich aus dem Heer der am Eintrittsexamen zu einer Elite-Uni gescheiterten Studenten rekrutierten, denn der Absturz an eine zweit- oder drittklassige Universität begrenzt ja bereits die Berufschancen zu einem Zeitpunkt, da der Beruf

Japanische Jugendliche in schriller Aufmachung

153jp Foto: mr

noch gar nicht ergriffen wurde. In Japan fragt man deshalb immer: wo hast du studiert – nie: was hast du studiert. Das ist Nebensache.

Die Sehnsucht nach dem sicheren Job für's Leben treibt da manche Blüten: In Osaka z. B. bewarben sich vor kurzem junge Männer mit Uniabschluss um einen der begehrten Posten bei der Städtischen Müllabfuhr und verschwiegen ihren akademischen Grad, weil sie sonst nicht angenommen worden wären. Angesichts des perfektionistischen japanischen Müllsystems ist der Job übrigens bei weitem nicht so schmutzig wie anderswo.

Das **Studium** ist teuer. Ein Jahr an einer staatlichen Elite-Uni kostet (inkl. Lebensunterhalt) über 5000 Euro, die privaten sind noch erheblich teurer: 8000–10.000 Euro. Dazu kommen die für jede Schule obligatorischen Aufnahmegebühren. Bereits Mitte der 1970er Jahre las ich, dass für manche medizinischen Hochschulen bis zu 80.000 Euro Aufnahmegebühr bezahlt werden mussten.

Wenn sich dann die Absolventen einer Universität (immerhin 40 % aller jungen Japaner) auf die Suche nach einem Arbeitsplatz begeben, müssen sie noch ein letztes Mal durch das Nadelöhr einer Aufnahmeprüfung. Die großen Konzerne haben natürlich die begehrtesten Arbeitsplätze, denn sie bieten beamtenähnliche Sicherheit: Man ist praktisch unkündbar, das Einkommen liegt teilweise doppelt so hoch wie bei kleineren Firmen. Und da stets mehr Bewerber da sind als Arbeitsplätze frei, wird wieder geprüft. Eine erste Prüfung trennt grob die Spreu vom Weizen, eine zweite siebt den Rest aus. Erst dann wird man zu einem Vorstellungsgespräch eingeladen. Erwartet werden von den Bewerbern unbedingte Loyalität gegenüber den Belangen der Firma und völlige Einordnung in die neue Gruppe – verbunden mit engagiertem Einsatz für das Unternehmen.

Die *kyoiku-mama,* die erziehungsbesessene Mutter, wartet während der Prüfungen mit den andern Müttern draußen vor dem Tor – getragen von der bangen Hoffnung, dass der Sohn oder die Tochter es schaffen möge. So etwas wäre bei uns undenkbar. Japanern erscheint es dagegen überhaupt nicht ungewöhnlich, dass **Mütter** ihre „Kinder" so lange begleiten, bis sie in eine Firma aufgenommen werden. Erst mit diesem Schritt endet nämlich in gewisser Weise ihre Erziehungspflicht. Da die Mütter die Verantwortung und Last der Erziehung – auch gerade der schulbegleitenden – tragen und da in Japan ungeheuer Wert auf bestmögliche schulische Karriere gelegt wird, sind viele Mütter jahrelang durch die Organisation des schulischen und außerschulischen Lernens ihrer Kinder voll gefordert. Kein Wunder, dass die Mütter und Lehrer nicht selten zur Zielscheibe brutaler sadistischer Phantasien der Kinder werden – wenn es dabei bleibt. Denn Gewalttätigkeiten Jugendlicher gegen Lehrer und Eltern, insbesondere die Mütter, nehmen seit einigen Jahren deutlich zu, aber auch Gewalt und

Mobbing gegen Mitschüler/innen *(ijime)*. Die Zahl der Selbstmorde von Schüler/innen als Folge von *ijime* hat in den letzten Jahren stark zugenommen. Das Problem wird gegenwärtig häufig diskutiert.

Große Teile der japanischen Kinder und Jugendlichen sind jedoch an dem geschilderten Bildungswettlauf nur am Rande beteiligt. Auf dem Land führen die Kinder auch heute noch ein beschaulicheres Leben. Wenn Sie die Riesenstädte Tokyo und Osaka verlassen und beispielsweise nach Nord-Japan, in den Süden nach Kyushu oder erst recht Shikoku fahren, werden Sie den Unterschied deutlich wahrnehmen können. Im ganzen Land gibt es außer den riesigen Konzernen und mittelgroßen Firmen gut eine Million Familienbetriebe. Für die Familienangehörigen steht zumeist fest, dass wenigstens eine(r) von ihnen den elterlichen Betrieb übernehmen wird – falls der nicht pleite geht. Dafür müssen sich die Kinder jedoch nicht dem Bildungsterror ausliefern. Meine Frau schwärmt heute noch von ihrer Schulzeit, von den vielen gemeinsamen Unternehmungen, den vielseitigen Clubs und dem angstfreien Schülerdasein überhaupt. Allerdings hatte sie sich erst gar nicht in die Examenshölle begeben, sondern stattdessen nach München an die Uni – ohne Eintrittsexamen, ohne Stress. Und bis zum Schulabschluss zitterte sie, wenn unser Sohn schlechte Noten in Mathe mitbrachte, weil sie unter dem immer wiederkehrenden Damoklesschwert „Sitzenbleiben" litt. Es kommt eben auf den Blickwinkel an!

Unbestritten ist aber, dass zumindest in den Großstädten die Schüler Arbeitstage absolvieren, die jedem Erwachsenen zur Ehre gereichen würden. So spielen die jungen Menschen weniger draußen als ihre Altersgenossen in anderen Ländern. Viele von ihnen versäumen über allem Pauken das Einüben lebenspraktischer Dinge. Sie vernachlässigen dabei nicht nur ihre eigene körperliche und seelische Entwicklung, sie bleiben auch unselbstständig. Es liegt jedoch auch in der japanischen Mentalität, Selbstständigkeit nicht so frühzeitig zu fördern, wie wir es tun.

Diese Mentalität spiegelt sich auch im **Sexualverhalten** der jungen Japaner wieder. Im Allgemeinen kommt es bei den meisten erst um die 20 zum ersten Händchenhalten – von Sex noch ganz zu schweigen. Man tauscht in Japan bekanntlich in der Öffentlichkeit keine Zärtlichkeiten aus. Händchenhalten, Küsse, Umarmungen – all das gehört in den Intimbereich. Ein Kuss, das ist normalerweise sogar erst ab der Verlobung drin. Er hat also tiefere Bedeutung. Überhaupt berühren Erwachsene einander weniger als bei uns, auch zwischen Eltern und älteren Kindern sind Küsse und Umarmungen kaum üblich, ohne dass die Beziehung deswegen weniger gefühlsintensiv wäre. Gefühle muss man eben in Japan nicht deutlich zeigen – die anderen nehmen sie auch so wahr. Im Gegensatz zu der

156jb Foto: rb

üblichen Zurückhaltung stehen die Teenager, die Sex gegen Geld anbieten, um sich damit Konsumwünsche zu erfüllen.

Japaner sind im Grunde Romantiker. Deshalb besuchen sie übrigens – falls sie nach Deutschland kommen – auch so leidenschaftlich gern die Romantische Straße, die Burgen am Rhein, Schloss Neuschwanstein usw. Erst zur Studentenzeit, also Anfang zwanzig, beginnen sie sich konsequenter für das andere Geschlecht zu interessieren. Vorher gehen die jungen Leute eher in Grüppchen aus, schon gemischt, aber nicht paarweise. Da geht es dann recht munter zu. Man trinkt und scherzt und singt vielleicht auch, aber alles bleibt im Rahmen. Allerdings kristallisieren sich dabei schon Partnerschaften für's Leben heraus. Beliebt sind derzeit arrangierte Rendez-vous in kleinen Gruppen nach Art von „blind dates", sie werden *gokon* genannt. Das Zögern bei der Absolvierung der sexuellen Reifeprüfung hat mehrere Gründe. Die gesellschaftlichen Normen sind nun einmal konservativ. Das soziale Gefüge und die seit altersher überlieferten Werte haben sich auch in den Großstädten noch erhalten, erst recht in der Provinz.

Die öffentliche **Moral** ist durch den Einfluss der amerikanischen Besatzungsmacht in den Jahren nach dem verlorenen Krieg sogar noch prüder geworden. So ist Prostitution offiziell verboten, Pornographie ebenfalls.

Selbst im harmlosen Playboy wurde bis vor einigen Jahren geschwärzt – ein Job, den oftmals Schüler erledigten. Im Fernsehen oder im Kino mussten die verbotenen Stellen ebenfalls verborgen werden. Das besorgte ein verschwommener Fleck. Andererseits neigen zumindest die japanischen Männer durchaus nicht zur Prüderie. Wenn Sie ihren Gesprächen, insbesondere auf Parties, lauschen könnten, würden sie eine Fülle von Anzüglichkeiten bemerken. Und wenn Sie einen Blick in die Comics für Erwachsene werfen, werden Ihnen sofort die sexuell gefärbten Abbildungen, oft sadomasochistischer Tendenz, auffallen. Mit Ausnahme der nicht gestatteten Abbildung von Genitalien bieten diese Comics so ziemlich alles, was man sich denken kann – allerdings nach Geschlechtern getrennt; SM-brutal für Männer, romantisch-verspielte Comics für Mädchen und Frauen.

Offenheit in der Darstellung von Liebesszenen ist charakteristisch für viele nicht-christliche Kulturen. In Japan waren die Abbildungen des Geschlechtsakts in den Holzschnitten der alten Meister realistisch und detailgetreu. Nie zuvor wurden Genitalien anatomisch so genau – und oft sogar vergrößert – dargestellt wie in diesen Drucken. In Tokyo räumten erst die puritanisch prüden Amerikaner mit dem berühmten Freudenviertel von Yoshiwara (im heutigen Asakusa) auf. Es war zu einer Zeit entstanden, als Japan geeint war und aufgrund der selbstgewählten Isolation der Tokugawa-Zeit keine Kriege mehr auszufechten hatte. So entwickelten seit dem 17. Jahrhundert vor allem die wohlhabenden Kaufleute von Edo (alter Name für Tokyo bis ins 19. Jahrhundert hinein) die Kunst des fleischlichen Vergnügens bis zur Vollendung, wobei Kunst wörtlich zu nehmen ist. Denn das nach außen abgeschlossene Yoshiwara war voll von Theatern, Teehäusern, Esstempeln und Liebespalästen, in denen die Männer blieben, solange das Geld reichte, nicht selten länger als eine Woche. Die Stars unter den Kurtisanen traten so selbstbewusst auf wie heutige Filmstars. Sie wurden auf unzähligen Holzschnitten verewigt. Heute geht es weniger kunstsinnig zu. Die Bars sind mit Hostessen bevölkert, die anspruchslose Konversation mit dem Ziel bieten, das Selbstvertrauen der männlichen Kunden zu stärken. Sowohl in den Bars, mehr aber noch im Sex-Business arbeiten heute viele Ausländerinnen, vor allem aus den Philippinen, China und Thailand. Japaner machen sie gern für die Verbreitung des AIDS-Virus im Land verantwortlich; nicht wenige japanische Männer bringen ihn jedoch auch von Übersee mit heim. In manche Massagesalons *(soap lands)* werden wegen der angenommenen AIDS-Bedrohung durch *gai-jin* solche gar nicht mehr eingelassen. Muss ja auch nicht sein.

Junge Japaner feiern unter blühenden Kirschbäumen

DIE ROLLE DER GESCHLECHTER

Der Trend geht dahin, das Leben zu genießen. Office Ladies werden sich in gewisser Weise den salarymen annähern, und umgekehrt, junge Frauen entdecken das Vergnügen, nach getaner Arbeit noch ein wenig zu trinken und Karaoke zu singen, während salarymen lernen, Spaß zu haben und ihren gesamten Urlaub zu nehmen.

Jane Condon, A Half Step Behind, 1991

159jp Foto: rb

Welche Assoziationen haben Sie beim Gedanken an die japanischen Frauen? Sehen Sie eine freundlich lächelnde **Geisha** (wörtlich: Kunst-Person) in farbenprächtigem Kimono umhertrippeln, die den Männern stets geduldig zu Diensten ist? Dann liegen Sie so falsch nicht. Denn Geishas verkörpern in der Tat das traditionelle japanische Frauenideal, obwohl dieses Ideal, das zugleich die Wünsche der meisten Männer repräsentiert, und die Realität heute ein gutes Stück auseinanderklaffen.

Noch bis zu Beginn des 12. Jahrhunderts war die Stellung der Frau der des Mannes beinah ebenbürtig. Das spiegelt sich auch in der Mode jener Zeit, den weiten Kimonos und den langen, teils offen getragenen Haaren wider. Frauen entwickelten die Silbenschrift *hiragana,* es war auch eine Frau (*Murasaki Shikibu,* eine Hofdame im Kaiserpalast von Kyoto), die den ersten psychologischen Roman der Weltliteratur geschrieben hat: „Die Erzählungen des Prinzen Genji“. Das war zu Beginn des 11. Jahrhunderts. Erst durch das Aufkommen des Ritterstandes – der Samurai – und durch die zahlreichen innerjapanischen Kriege im Mittelalter verschlechterte sich die Position der Frau. Äußerliches Zeichen dafür war wiederum der Kimono: Er wurde nun eng gebunden, und die Frauen konnten nur noch kleine Schritte machen. Das Haar wurde kunstvoll mit Öl geformt und mit großen Haarnadeln zusammengehalten; der Bewegungsspielraum der Frauen war also auch äußerlich eingeschränkt, ihr Anblick nichtsdestoweniger reizvoll.

Die veränderte Rolle der japanischen Frau zeigte sich auch in der konfuzianischen Moral. Die Frau sollte den Eltern eine gehorsame Tochter, den eigenen Kindern eine liebevolle Mutter und dem Ehemann eine treue Gattin sein. Auch heute noch wird der eigentliche Platz der Frau in der Familie gesehen, im Haus. Nicht umsonst spricht man von einer Ehefrau als *kanai* (wenn es sich um die eigene Frau handelt), und als *oku-san* (wenn es sich um die Frau eines anderen handelt, bzw. bei der Anrede), beides bedeutet: die Person im Haus, die Person drinnen. Die Frauen verwalten den Haushalt, kümmern sich – wie erwähnt – um die Erziehung der Kinder und tragen mehr und mehr auch noch zum Haushaltseinkommen der Familie bei.

Auch wenn sie heute vor der **Ehe** fast durchweg eine Zeit lang berufstätig sind, hören japanische Frauen normalerweise auf zu arbeiten, sobald das erste Kind geboren ist.

Männer und Frauen haben großenteils getrennte Lebensbereiche. Der Platz der Frau ist das eigene Heim, der des Mannes die Firma. Daran ist nichts Außergewöhnliches, aber das Ausmaß, mit dem der Mann – vor allem in den großen Konzernen – im Grunde mit seiner Firma verheiratet ist, würde bei uns weit mehr Ehen zum Scheitern bringen als in Japan.

Sie müssen bedenken, dass der Mann im Regelfall unter der Woche nicht vor 22 Uhr, manchmal später, nach Hause kommt. Auch samstags arbeitet er – wenigstens in kleinen Firmen – oft bis in den Nachmittag hinein. Der Sonntag dient dann erst einmal dem Ausschlafen und dem Spiel mit den Kindern. Die partnerorientierte Ehe, in der beide Partner – ob Kinder da sind oder nicht – einen großen Teil ihrer Freizeit gemeinsam verbringen, wird zwar in den japanischen Medien propagiert, aber den gesellschaftlichen Zwängen können sich die wenigsten entziehen.

So ist es kein Wunder, dass die Frauen heute schneller ehemüde werden als die Männer: Sie reichen mehr als doppelt so häufig Scheidungen ein, und lediglich 5 % der geschiedenen Frauen heiraten erneut. In diesem Zusammenhang muss man allerdings berücksichtigen, dass noch annähernd die Hälfte aller Ehen durch Vermittlung geschlossen wird. Das bedeutet für beide Partner, dass sie nicht selten keine besonders intensive Gefühlsbeziehung zueinander entwickeln, da eine solche Ehe meist als Vernunftehe arrangiert wird.

Liebe als Heiratsgrund spielt bei den durch Vermittlung zustandegekommenen Ehen eine untergeordnete Rolle. Die Tatsache der arrangierten Ehe wurde mir oftmals als Begründung für Gleichgültigkeit und als Legitimation für Seitensprünge genannt.

Offiziell haben Frauen heute dieselben Rechte wie Männer. Doch in Wirklichkeit ist Japan nach außen eine ausgeprägte Männergesellschaft geblieben. Gesellschaftlich spielt die Frau hauptsächlich als Mutter eines oder mehrerer Kinder eine Rolle. Im Berufsleben sind höhere Positionen für sie grundsätzlich nicht vorgesehen, da sie spätestens mit 24 Jahren verheiratet sein sollte.

Schon sprachlich wird im beruflichen Alltag die untergeordnete Rolle der japanischen Frau deutlich: Der Angestellte einer Firma ist der *salariman,* die Angestellte ist das *ofisu garu* (office girl, abgekürzt OG), das sich selbst aber lieber als *ofisu rêdi* (office lady, abgekürzt OL) bezeichnet. Der *salariman* bekommt in der Regel für dasselbe Aufgabengebiet rund doppelt so viel Gehalt (salary), vorausgesetzt er arbeitet in einer der großen angesehenen Firmen während sie in einem kleineren Betrieb tätig ist, der – wie erwähnt – nicht mit den Gehältern und Sozialleistungen der Großen mithalten kann. Der Vergleich mag unfair erscheinen, aber da drei Viertel der Firmen Universitätsabsolventinnen erst gar nicht einstellen, bleiben für Frauen meistens nur die kleineren, weniger attraktiven Firmen übrig. Die Firmen, die bereit sind, Frauen auch für qualifiziertere Arbeiten einstellen, setzen zumeist das Alter von 25 Jahren als obere Altersgrenze fest, andere entlassen ihre OLs mit der Heirat oder spätestens mit der ersten Schwangerschaft.

Da die jungen Frauen mit Abschluss der Universität bereits zwischen 22 und 23 Jahre alt sind (wobei die meisten allerdings nur ein 2-jähriges Kurzstudium absolvieren), von allen Frauen jedoch erwartet wird, dass sie mit 25 Jahren unter der Haube sind, bleiben nur wenige Jahre, in denen die Frau in der Firma eingesetzt werden kann. Denn – so die japanische Logik – wenn sie erst einmal verheiratet ist, wird sie bald Kinder haben und sich ganz auf ihre Familie konzentrieren wollen. Hier ist jedoch in den letzten Jahren ein Wandel eingetreten. Weil immer mehr junge Frauen aus finanziellen Gründen auch nach der Hochzeit weiter arbeiten wollen bzw. müssen, haben manche Firmen schon Kinderkrippen eingerichtet. Außerdem sind immer öfter auch Frauen an einer beruflichen Karriere interessiert.

Die jungen Frauen sind so zwar in ihrer beruflichen Karriere beschränkt, aber viele machen das Beste aus Tätigkeiten wie Kunden begrüßen, Tee einschenken, fotokopieren, für die sie die lange Ausbildung nicht gebraucht hätten, während ihre früheren männlichen Klassenkameraden die Karriereleiter emporzusteigen versuchen: sie zählen sich zum *dokushin-kizoku,* dem Junggesellinnenadel, verfügen, da sie zu Hause bei den Eltern leben, über ihr gesamtes Einkommen, das sie für Äußeres, Schmuck, Reisen u. Ä. ausgeben.

Sie sind auf der Suche nach einem Partner, der die *san-kô* (drei-hoch) bieten kann: er sollte hohe Universitätsausbildung und hohes Gehalt haben sowie hoch gewachsen sein. Bis die wahre Liebe auftaucht *(honmei-kun)* begnügen sie sich mit *asshi-kun* (hat ein Auto zum Herumchauffieren), *meshi-kun* (lädt zum teuren Essen ein), *narabi-kun* (stellt sich für sie für Karten u. Ä. an), *mitsugu-kun* (kauft ihr teuren Schmuck und Klamotten), *kiipu-kun* (eignet sich zum Heiraten, falls der Mann der Träume vergeben ist).

Die *salarimen* sind es, die das Bild der japanischen Männer bei uns geprägt haben:

- in der kalten Jahreszeit dunkler Anzug mit Krawatte, oft Weste, weißes langes Hemd, einheitlicher Allwettermantel;
- in der warmen, bzw. heißen Jahreszeit eher heller, ungefütterter Sommeranzug, Krawatte, kurzes weißes Hemd (Zum Energiesparen wurde in den letzten Jahren angeregt, im Büro das Jackett auszuziehen und dafür die Klimaanlage auf weniger kalt zu stellen. Politiker und viele Firmen machen mit);

Vater mit Kindern in Ninja-Tracht

163jp Foto: rb

- kurzer, korrekter Haarschnitt mit Seitenscheitel (links), häufig Brille (früher typischerweise Hornbrillen, heute eher Metallfassungen);
- zum Gepäck gehört eine Tageszeitung und das „Diplomatenköfferchen", in diesem Fall richtiger: der *salariman*-Koffer, der die üblichen Utensilien enthält: Handy, Terminkalender, Taschenrechner, Diktiergerät, Schreibgeräte, Scheckkarten, Visitenkarten, den persönlichen Stempel, der in Japan die Unterschrift ersetzt (Unterschriften sind in Japan nicht gültig) und wahrscheinlich noch Lesestoff, z. B. Comics.

Natürlich gibt es auch das große Heer der **Arbeiter,** die jegliche Art von Arbeit, sei sie auch noch so anstrengend oder dreckig, erledigen müssen. In Japan hat man noch bis vor wenigen Jahren keine Gastarbeiter ins Land geholt, von den koreanischen Zwangsarbeitern vor und im zweiten Weltkrieg abgesehen; nun gibt es Hunderttausende legaler und illegaler Gastarbeiter (siehe S. 38).

Nicht vergessen dürfen wir auch die **Bauern und Fischer.** Sie machen zwar nur noch 10 % der Arbeitskräfte aus, aber für Japan sind sie von großer Bedeutung: Das Land will in Notzeiten autark sein. Deshalb wird der Reisanbau subventioniert. Würden Sie dem Bauern Reis direkt vom Feld abkaufen, müssten Sie mehr dafür bezahlen als in den staatlichen Reisläden. Die riesige Fischfangflotte versorgt das Land aus aller Welt mit Fisch.

Leider zwingt der Appetit von über 100 Millionen Fischessern die Fischer zur Jagd auf alles Essbare aus dem Meer, dazu gehören auch einige geschützte Walarten, von deren Jagd die Japaner bisher ebenso wenig abgesehen haben wie die Russen. Die Japaner begründen ihre Haltung damit, dass sie eben hauptsächlich Fischesser sind. Damit stoßen sie beim Rest der Welt natürlich auf wenig Verständnis.

Neben den Firmenangestellten, den Arbeitern, Bauern und Fischern dürfen wir natürlich nicht die **Angehörigen der Dienstleistungsberufe** vergessen, die schließlich – in einem Land wie Japan auch kein Wunder – gut die Hälfte der Beschäftigten stellen. In dieser Berufssparte findet man auch viele Frauen. Und das hängt wiederum mit der Rolle der Männer zusammen. Denn ihnen zu Diensten zu sein, ihnen das Leben zu so angenehm wie möglich zu machen, darauf wurden japanische Frauen spätestens seit Beginn der Samuraizeit vorbereitet.

Auch im Japan von heute sind noch die Werte lebendig, die für das Land in den vergangenen Jahrhunderten charakteristisch waren, so der auf die Wirtschaft und im Lernen angewandte Geist der Samurai, *bushi-dō* (der Weg des Kriegers) genannt, der Zen-Buddhismus, der die Kultur auf vielen Gebieten geprägt hat, oder die noch ältere Ethik des Konfuzius, die ja indirekt mit dafür verantwortlich ist, dass die Männer heute in Japan beruflich und gesellschaftlich die besseren Chancen haben.

Aber ob sie damit auch immer glücklich und zufrieden sind, bleibt dahingestellt. Ich denke dabei nicht an die Bauern. Auf dem Land sind Männer und Frauen sowieso – auch in unserem Sinne – ziemlich gleichberechtigt, denn sie verrichten schon seit Urzeiten dieselbe Arbeit. Ich denke vielmehr an die *salarimen.* Wenn sie in ihre Firma aufgenommen werden, beginnt für sie ein grundlegend neuer Lebensabschnitt. Denn sie werden Angehörige einer neuen Gruppe, die an Bedeutung sogar die der eigenen Familie übertreffen kann, besonders dann, wenn die Ehe nicht durch eine Liebesbeziehung geprägt ist. Die Männer verbringen mit der neuen „Familie" Firma den weitaus größten Teil des Tages, da sie nach Feierabend ja oft – wenn auch nicht regelmäßig – noch mit Kollegen zusammensitzen und nicht sofort nach Hause fahren.

Die **„vaterlose Gesellschaft"** ist in Japan noch deutlichere Wirklichkeit als in unseren Breitengraden. Dazu trägt letztendlich auch das Schulsystem bei: Da die großen Firmen ihre Angestellten oftmals an andere Orte, natürlich auch nach Übersee, abkommandieren, wo sie dann teilweise mehrere Jahre leben müssen, bis sie wieder nach Hause zurückkehren können, wird man um der ungestörten Schulkarriere willen nicht selten den Rest der Familie daheimlassen. Es kommt sogar vor, dass sich Eltern pro forma scheiden lassen, damit ein Elternteil in der Nähe der begehrten

Schule wohnen kann. In Düsseldorf, das sich viele japanische Unternehmen als Ausgangspunkt und Zentrum für ihre Europa-Aktivitäten gewählt haben, leben über 3000 Japaner. Da gibt es dann auch eine japanische Schule, d. h. die Kinder verlieren nicht total den Anschluss an das Pensum, das die Gleichaltrigen daheim zu bewältigen haben.

Auch die Väter übernehmen häufig den Arbeitsrhythmus aus Japan, während sie in Deutschland für ihre Firma tätig sind: Der Mann einer uns befreundeten Familie kommt unter der Woche regelmäßig zwischen 22 Uhr und Mitternacht nach Hause. Dieser ungeheure Einsatz für die Firma wird aber nicht etwa besonders honoriert. Er ist die Konsequenz der fast bedingungslosen Loyalität für die „Familie Firma". Diese setzt sich ja auch im Verzicht auf ausstehende Urlaubstage fort. Zwei Wochen stehen jedem Angestellten zu. Diese auch wirklich zu nehmen, wäre unloyal. So begnügen sich die meisten mit 5–10 Tagen Urlaub, meist über das Jahr verteilt im Zusammenhang mit nationalen Feiertagen, die zu einem Mini-Urlaub verlängert werden.

FAMILIENFEIERN

Jede Stunde wird den Besuchern aus dem Schattenreich frischer Tee kredenzt, und alles wird für wirkliche Gäste zierlich auf Schüsselchen, Tassen und Tellern serviert, und kleine Essstäbchen liegen daneben. So bewirtet man drei Tage lang die Toten.

Lafcardio Hearn, Lotos, 1906

167jp Foto: rb

Die verschiedenen Lebensphasen werden in Japan durch eine Reihe von Zeremonien und Feiern markiert. Manche von ihnen finden ein einziges Mal statt, andere werden mehrmals gefeiert, wieder andere wiederholen sich jährlich.

Eine der nur einmalig stattfindenden Zeremonien ist der Brauch, am 30. Tag nach der Geburt eines Kindes mit dem Baby zum Schrein zu gehen und es dort vom Priester – gegen eine Spende – „reinigen" zu lassen. Das geschieht, indem der Priester einen Papierwedel vor dem Kind hin- und herschwenkt und damit böse Geister o. Ä. hinwegfegt. Anschließend erhalten die Eltern ein schriftliches Gebet mit auf den Weg.

Am 15. November eines jeden Jahres findet das *shichi-go-san* (7-5-3)-Fest statt (wobei die eigentliche Feier für viele erst am darauffolgenden Wochenende möglich ist, wenn nämlich der 15. auf einen Werktag fällt). Dreijährige Jungen und Mädchen, fünfjährige Buben und siebenjährige Mädchen gehen im schönsten Festtagsgewand, bzw. im Kimono mit ihren Eltern zum Schrein, wo um Gesundheit und Wohlergehen für das weitere Leben der Kinder gebetet wird. Sie danken zuvor für das bisherige gesunde Heranwachsen. Die Kinder erhalten bei dieser Gelegenheit glücksbringende rot-weiße Zuckerstangen, die denen, die sie empfangen, tausend Jahre Glück versprechen sollen.

Hochzeit: Die eigentliche Feier ist eine formelle und damit ziemlich langweilige Angelegenheit. Es gibt zahlreiche spezialisierte „Wedding-Halls", in denen sich auch ein Schrein für den Shinto-Ritus befindet. Das gleiche Angebot halten auch die großen Hotels bereit. Eine Feier, die umgerechnet weniger als 5000 Euro kostet, gehört noch zu den kleineren, das Doppelte ist üblich.

Wie geht solch eine Feier nun vonstatten? Zunächst werden an alle Verwandten, Freunde, Vorgesetzten, Kollegen und andere dem Brautpaar nahestehende Personen Einladungen verschickt. Falls Sie selbst eine Einladung erhalten, sollten Sie möglichst umgehend antworten (bei schriftlichen Einladungen liegt in der Regel die Antwortkarte bei). Haben Sie Ihr Kommen zugesagt, müssen allerdings ganz kurzfristig wieder absagen, sollten Sie unbedingt die Brautleute davon in Kenntnis setzen, notfalls telefonisch. Können Sie sowieso nicht teilnehmen, werden ein paar Glückwunschzeilen gern gesehen.

Die meisten Paare heiraten nach dem Shinto-Ritus. Meist sind zu dieser Feier nur die nächsten Verwandten zugegen. Normalerweise ist es eine ganz einfache Zeremonie, bei der das Paar aufgerufen und vom Priester mit dem Wedel „gereinigt" wird, bevor es das Ehegelübde spricht und – in den meisten Fällen – Ringe austauscht. Schließlich bekommen beide Partner je drei Schalen Reiswein serviert. Diese stehen übereinander, nach oben zu kleiner werdend. Man beginnt mit der obersten, kleinsten Schale. Beide trinken zugleich aus ihrer Schale drei Schluck, dann folgt die zweite, schließlich die dritte Schale. Mit diesen 3 x 3 Schluck ist das tausend Jahre alte Zeremoniell der Eheschließung vollzogen. Allerdings tauschen viele Paare heute als Zugeständnis an die westliche Lebensform - wie erwähnt - auch noch Ringe aus.

Als Kleidung ist für die Gäste ein formeller schwarzer Anzug, der sich notfalls ausleihen lässt, bzw. irgendein elegantes Kleid, soweit es nicht weiß ist (das kommt ja nur der Braut zu), angemessen. Man gibt in der Regel keine Geschenke, sondern Geld. Den üblichen Betrag sollten Sie vorher bei Bekannten, die ebenfalls eingeladen sind, erfragen (nicht unter 5000 Yen, möglichst ab 10.000 Yen aufwärts - Studenten natürlich weniger). Den Betrag stecken Sie in einen Doppelumschlag. In den inneren kommt das Geld, außen schreiben Sie ihren Namen und den Betrag drauf. Den inneren stecken Sie dann in den elegant dekorierten äußeren Umschlag *noshi-* bzw. *shugi-bukuro,* den man überall in Schreibwarenhandlungen oder Bahnhofsgeschäften bekommen kann. Die miteinander verwobenen Fäden auf dem Umschlag haben natürlich eine symbolische Bedeutung: Sie gelten als unentwirrbar - wie sie soll auch die Ehe ewig halten, zugleich symbolisieren sie Hoffnung auf Nachwuchs. Auf den Umschlag schreiben Sie ebenfalls Ihren Namen, geben ihn am Eingang des Festsaales ab und tragen sich daraufhin in die Gästeliste ein.

Direkt am Eingang steht das Brautpaar, das Sie persönlich begrüßt. Sie beglückwünschen das Paar *(o-medetô-gozai-masu),* woraufhin Ihnen mit: *„hai, arigatô-gozai-masu“* geantwortet wird. Natürlich geht es unter Freunden und guten Bekannten legerer zu, da ruft man beiden schon mal gern: *„Gambare“* - Alles Gute! zu.

Dann werden Sie an den für Sie reservierten Platz geführt. Ja näher Sie am Tisch des Hochzeitspaares sitzen, desto wichtiger sind sie dem Paar. Die Eltern der Brautleute sitzen übrigens dem Brautpaartisch gegenüber am Saaleingang. Wenn alle Gäste Platz genommen haben, darf sich auch das Brautpaar vorn am Quertisch hinsetzen. Der Vermittler der Heirat spricht die ersten Worte.

Zwischen 30 und 50 % der Ehen (je nachdem ob Stadt oder Dorf) werden heute noch arrangiert, das ist eine sehr genau geregelte Angelegenheit: Der Vermittler lädt zu einem Treffen der beiden Parteien ein. Vorher hat man beide potentiellen Partner nach sozialem Status, Bildung und Hobbies ausgewählt. Bevor sie sich erstmals bei einem *o-miai* begegnen, tauschen sie ihre Fotos und Selbstdarstellungen miteinander aus. Falls sie einander nicht mögen, haben sie ein Veto-Recht. Wenn sie einander mögen, ergibt sich alles weitere wie von selbst. Wenn sie sich nicht binden wollen, sagen sie ab und reagieren vielleicht auf das nächste Angebot. Kommt eine Verlobung zustande, werden nach altem Brauch fünf, sieben oder neun separate Briefumschläge (einer davon enthält Geld für die Hochzeitsausgaben, die anderen beinhalten Symbole für ein langes Eheleben, Glück, Wohlstand und Hoffnung auf Kinder) von der Familie des Bräutigams an die der Braut übergeben. Diese Briefumschläge heißen *yuino*. Sie sind eine Gegenleistung dafür, dass die Braut von ihrer ursprünglichen zur Familie des Bräutigams – mit allen damit verbundenen Rechten und Pflichten – überwechselt.

Zurück zur Hochzeitsfeier: Nach dem Vermittler kommen die wichtigsten Gäste mit ihren Reden an die Reihe. Erst wenn dieser offizielle Teil vorbei ist, darf das Essen, das meist schon von Beginn an bereitsteht, angerührt werden. Vorher hat man aufmerksam zu lauschen.

Nun übernimmt der „Zeremonienmeister" das weitere Programm. Der überdimensionale Hochzeitskuchen wird angeschnitten. Freunde des Brautpaares halten Reden oder singen ein Lied. Während dieses zwangloseren Teils darf gegessen und leise geredet werden. Rauchen ist allerdings unerwünscht. Wenn Sie mal aus dem Saal herausmüssen, tun Sie das am besten, wenn gerade keine Rede gehalten wird oder wenn das Brautpaar zum Umziehen hinausgegangen ist (dreimaliges Kleiderwechseln ist heute üblich: erst Hochzeitskimono, dann normaler Kimono oder Hochzeitskleid, schließlich Cocktail- oder Abendkleid).

Nach der Feier steht das Brautpaar am Ausgang und verabschiedet die Gäste. Jeder bekommt bei dieser Gelegenheit ein Geschenk *(hikide-mono)* überreicht (wenn es nicht schon vorher an seinen Platz gestellt wurde) und kann es dann im farbenfrohen *furoshiki* (Einwickeltuch) nach Hause tragen.

Heutzutage machen es sich manche junge Paare einfacher: Sie heiraten im Ausland oder engsten Familien- und Freundeskreis. Manche veranstalten auch einfach eine lustige Party – das kostet weniger und bedeutet für alle Beteiligten mehr Spaß. Insgesamt nimmt mit wachsendem Wohlstand dennoch der Trend zu immer luxuriöseren Hochzeitsfeiern zu.

Wie bei der Hochzeit gibt es auch bei **Trauerfeiern** einige Regeln, die man als Gast beachten sollte. So tragen Frauen keinen Schmuck, höchstens Perlen sind gestattet. Kleidung und Accessoires (Handtasche, Regenschirm usw.) sollten schwarz sein. Wie bei der Hochzeit ist es auch bei

171jp Foto: ml

Trauerfeiern üblich, in einem besonderen Umschlag Geld zu überreichen. Über die Höhe informieren Sie sich am besten vorher, denn so etwas ist immer eine heikle Angelegenheit. Der Geldbetrag ist schließlich Ausdruck der Kondolenz für die trauernde Familie.

Trauerfeiern ziehen sich meist über zwei Tage hin. Der erste Abend und die Nacht werden *tsuya* (Totenwache) genannt und der zweite Tag *koku-betsu-shiki* (Abschied nehmen). Wer am zweiten Tag kommt, muss pünktlich sein, denn die Zeremonie am zweiten Tag ist schnell vorbei.

Man wartet nach dem Weihrauch-Verbrennen draußen vor dem Haus, bis der Sarg herausgetragen und in den Leichenwagen mit seinem schreinähnlichen Aufbau geschoben wird. Der Wagen (bei dessen Anblick Japaner übrigens Ihre Daumen verstecken, weil sie *oya-yubi* = Elternfinger heißen), fährt mit dem Sarg zum Krematorium. Verbrennung ist in Japan nicht nur üblich, sondern vorgeschrieben. Erdbestattungen sind nicht erlaubt.

Am Eingang des Hauses, in dem die Trauerfeier stattfindet, verbeugen Sie sich einmal, übergeben dann Ihr Kondolenzgeld und tragen sich schließlich mit leserlicher Adresse in die bereitliegende Gästeliste ein, denn die Hinterbliebenen wollen ja allen Gästen für die Anteilnahme danken.

So erweisen Sie der Familie und dem Verstorbenen Ihren Respekt: Sie knien sich hin, verbeugen sich einmal vor den Hinterbliebenen, betrachten kurz das Foto und die Erinnerungstafel mit dem posthumen Namen des Toten, dann heben Sie die Hände und legen sie zum Gebet zusammen. Schließlich nehmen Sie mit der rechten Hand etwas Weihrauch aus dem Behälter, heben die Hand und legen den Weihrauch in die Schale, in der er verbrannt wird. Das gleiche Ritual wiederholen Sie noch zweimal. Dann beten Sie wieder, verbeugen sich abschließend und gehen.

Wenn Sie zu den engen Freunden oder Verwandten des Toten gehören und am ersten Tag der zweitägigen Trauerzeremonie zu Ihrem Kondolenzbesuch kommen, werden Sie noch in ein Nebenzimmer gebeten, um dort gemeinsam etwas zu essen und zu trinken und sich dabei über den Verstorbenen zu unterhalten. Diese Sitte ist ja auch bei uns bekannt. Wenn Sie nicht zum engeren Verwandten- und Freudeskreis gehören, aber aus Höflichkeit dennoch eingeladen werden, sollten Sie besser dankend ablehnen.

Man gedenkt der Verstorbenen 7 und 49 Tage nach ihrem Tod erneut und führt am 1., 2., 7. und 13. Jahrestag des Todes buddhistische Zeremonien unter Anleitung eines Priesters durch. Solche Treffen mit den Verwandten sind ein guter Grund zum Wiedersehen und zum gemeinsamen Essen und Trinken.

FESTE IM JAHRESABLAUF

Plötzlich erhebt sich ein Mädchen von seinem Sitz und schlägt einmal auf die große Trommel. Das ist das Signal für den Tanz der Seelen. Aus dem Schatten des Tempels gleitet ein Zug Tanzender in das Mondlicht und macht plötzlich Halt, - lauter junge Frauen und Mädchen in ihren erlesendsten Gewändern.

Lafcadio Hearn, Lotos, 1906

173jp Foto: ml

Shôgatsu (1.–3. Januar): Den Anfang bildet das Neujahrsfest *shogatsu*, das vom 1. bis 3. Januar dauert. Wie in China, wo es heute noch nach dem Mondkalender erst an der Schwelle zum Frühling unter dem Namen Frühlingsfest gefeiert wird, ist das japanische Neujahr das wichtigste Fest des Jahres, das in seiner Bedeutung für die Familie unserem Weihnachtsfest ähnelt. Beliebt sind Schreinbesuche, am 2. Januar öffnet der Kaiserpalast seine Pforten. Für viele Ladenbesitzer, die tagein, tagaus hinter ihrem Verkaufstresen stehen, ohne jemals Urlaub zu machen, sind die drei Neujahrstage die einzige Zeit, an denen sie mal wegfahren, z. B. in eines der vielen Thermalbäder *(onsen)*.

Seijin-no-hi (2. Montag im Januar): An diesem Tag werden die Bürger gefeiert, die offiziell mit 20 erwachsen werden. In Gemeindesälen finden entsprechende Feiern statt. Was den Tag für uns attraktiv macht, sind die vielen herrlichen, farbenfrohen Kimonos der jungen Damen (mit langem Ärmel, wenn unverheiratet, mit kurzem, wenn verheiratet), die bei dieser Gelegenheit gern getragen werden. Es ist ein offizieller Feiertag.

Hina-matsuri (3. März): Dieser Tag wird auch Mädchen-Tag genannt. Auf einem rot drapierten Treppengestell werden Puppen aufgebaut, die den kaiserlichen Hofstaat repräsentieren. Damit soll gewissermaßen für das Glück der Mädchen gebetet werden. In einigen Gegenden gibt es die Sitte, an diesem Tag die eigenen Sorgen auf eine Papierpuppe zu übertragen, die man dann einen Bach oder Fluss hinabtreiben lässt.

Higan (Frühlingsanfang): Während eines 7-tägigen Zeitraumes, dessen mittlerer Tag die Frühjahrs-Tag-und-Nachtgleiche ist, werden die Familiengräber besucht, wo man für die Seelen der Verstorbenen betet, Räucherstäbchen an die Grabsteine stellt und die Gräber zur „Reinigung" mit Wasser übergießt. Auf den Hausaltar werden an diesem Tag *o-hagi* (Klebreiskugeln in süßer Bohnenpaste) gestellt.

Hanami (Blüten sehen) bzw. **Sakura Matsuri (Kirschblütenfest):** Ende März bis Anfang April (in Hokkaido erst Anfang Mai) finden zu Füßen der voll erblühten Sakura-Bäume Picknicks und Trinkgelage statt, am intensivsten im Ueno-Park in Tokyo, wo bis zu 250.000 Menschen pro Tag feiern.

Golden Week: In der Woche vom **29. April bis zum 5. Mai** liegen vier nationale Feiertage so nah beieinander, dass viele Japaner in einen Kurzurlaub starten, weshalb es zu dieser Zeit schwierig ist, in den Eisenbahnzügen einen Platz zu bekommen.

Der erste Feiertag ist der **Showa-Tag** *(Showa no hi)* am 29. April (ursprünglich war das der Geburtstag von Kaiser *Hirohito*, dem *Showa Tennô*, der 1989 gestorben ist), der zweite ist am 3. Mai der **Verfassungstag** (*Kenpo kinenbi* – an diesem Tag trat 1947 die Nachkriegsverfassung in Kraft), gefolgt vom **Tag des Grünen** am 4. Mai *(Midori no hi)*, der bis 2006 am 29. April gefeiert wurde, und schließlich der **Kindertag** *(Kodomo no hi)* am 5. Mai, genau genommen der Jungen-Tag, weil an diesem Tag in Familien, zu denen ein oder mehrere Jungen gehören, Stoffkarpfen gehisst werden. Karpfen schwimmen kraftvoll gegen den Strom, überwinden selbst Wasserfälle – so sollen auch Jungen Schwierigkeiten meistern und Stärke beim Überwinden von Hindernissen zeigen. Daneben ist der Karpfen auch Symbol für „männliche Tugenden" wie Ehrgeiz, Energie, Kraft, Ausdauer und starken Willen. Werden mehrere Karpfen gehisst, haben sie folgende Bedeutung: schwarz für den Vater des Hauses, rot für die Mutter und für jeden Sohn ein kleinerer Karpfen, der unterste natürlich für den jüngsten.

Als Gegenstück zum Puppengestell des Mädchen-Tages wird zum Jungen-Tag ein Gestell mit (einem) gepanzerten Samurai-Krieger(n) samt Miniaturtrommel, -fächer, -karpfen usw. aufgestellt.

O-Bon (15. August): An diesem Tag kehren die Seelen der Verstorbenen nach traditioneller Auffassung in die Welt zurück. Mit einem besonderen Tanz *(bon-odori)*, werden sie willkommen geheißen, auch mit großen Feuerwerken. Natürlich besucht man die Gräber. Vor allem der *bon-odori* ist eine sehr sympathische Einrichtung, die bekannte und unbekannte Menschen aus der Nachbarschaft oder sonstwoher zusammenführt. Die Tänze finden allerorts statt, nicht nur Mitte August – das geht bis in den September hinein.

Herbst-Tag-und-Nacht-Gleiche *(Shûbun-no-hi)* am **23.9.**, offizieller Feiertag, Besuch der Familiengräber (in manchen Jahren findet das Fest am 21. oder 24. September statt)

Shichi-go-san (7-5-3) am **15.11.** (bzw. am darauffolgenden Wochenende): 3-, 5- und 7-jährige Kinder gehen in bunten Kimonos bzw. Sonntagskleidern oder -anzügen zu den bedeutendsten Schreinen: die Eltern danken für das Gedeihen bis dahin, und Priester bitten in ihrem Auftrag um weitere Gesundheit und Erfolg im Leben. Für die Kinder gibt es Zuckerstangen, auch dürfen sie die Schreinglocke läuten.

Tag des Dankes an die Arbeiter *(Kinro-kansha-no-hi)* am **23.November,** offizieller Feiertag

Geburtstag des Tenno am **23. Dezember,** offizieller Feiertag

Weihnachten spielt nur als Konsumfest eine Rolle, Kinder feiern Parties, seit ein paar Jahren gibt es vor allem in Tokyo einen neuen Brauch: junge Paare mieten sich für einen „romantischen" Abend ein teures Hotelzimmer, essen gut zu Abend und wenigstens die Dame erhält ein nicht geringfügiges Geschenk.

Jahreswende: Zum Jahresende finden überall in Japan Parties zum „Vergessen des alten Jahres" *(bônen-kai)* statt. Meist handelt es sich um Zusammenkünfte von Arbeitskollegen, Universitäts-Seminaren, Vereinigungen usw. Die Parties laufen anders als bei uns:

- Eine Person *(kanji)* wird bestimmt, die Party zu organisieren: es gibt für solche Zwecke Nebenräume in Lokalen oder besondere Bankettsäle. Der *kanji* muss sich um alles kümmern: Gästeliste, Ort, Zeit, Ausgaben, Essensbestellung, Unterhaltung usw.
- Man trifft sich zum vereinbarten Zeitpunkt im Saal, der nicht selten einen Tatami-Boden hat. Der *kanji* spricht ein paar einleitende Worte, der Ehrengast – etwa der Vorgesetzte oder Professor – hält eine kurze formelle Rede. Alles geht höflich und formell zu, so wie man sich eben Parties in Japan vorstellt. Schließlich trinkt man auf das gemeinsame Wohl.
- Nach einiger Zeit kommt Bewegung in die Versammlung: Man geht zu anderen, schenkt sich gegenseitig ein, trinkt sich zu, wechselt ein paar unverbindliche Worte. Es dauert nicht lange – keine halbe Stunde –, da hat jeder in einer, sagen wir, zwanzigköpfigen Gruppe mit jedem andern ein paar Worte ausgetauscht.
- Schließlich kommen die verborgenen Talente zum Vorschein: Da führt jemand einen anzüglichen Tanz vor, ein anderer singt, wieder ein anderer erzählt Witze ... (ich musste jedes Mal singen). Die Party dauert rund zwei Stunden, dann verabschiedet man sich in angeheiterter Stimmung.

So wie das Jahr mit bestimmten Traditionen beginnt, endet es auch mit charakteristischen Bräuchen. Die Reiskugeln *(o-mochi)* für das Neujahrsfest kann man kaufen oder selber machen. In einen hölzernen Mörser wird besonderer gekochter Klebreis gegeben und zu einer festen Masse gestampft, aus denen dann die *mochi* geformt werden. Das Stampfen ist eine lustige, wenn auch ganz schön anstrengende Angelegenheit. Einer haut mit dem Stampfer auf die Reismasse, ein anderer formt zwischen den

Schlägen den Reis zu einer Kugel. Da kann es schon mal passieren, dass der eine im falschen Augenblick zuhaut. Das typische Essen am letzten Abend des alten Jahres – möglichst kurz vor Mitternacht zu essen – sind die *toshi-koshi-soba* (wörtlich: das alte Jahr verabschieden, das neue willkommen heißen): die dünnen, langen Buchweizennudeln symbolisieren ein langes Leben. Ähnlich wie die Glocken, die das neue Jahr bei uns einleiten, werden alle Tempelglocken im ganzen Land 108 Mal geschlagen (nach buddhistischer Auffassung verleiden den Menschen ebenso viele Begierden das Leben).

Bereits kurz nach Mitternacht absolvieren viele ihren traditionellen Schreinbesuch zum neuen Jahr *(hatsu-mode).* In Tokyo pilgert man bevorzugt zum Meiji-Schrein und kauft sich einen Zierpfeil, der einen das neue Jahr hindurch beschützen soll ... Als ich selbst einmal dorthinging, war ich einer unter zehntausend.

FREIZEITVERGNÜGEN

Bei Nacht verströmt Tokyo seine Milde und öffnet sich. Im Dunkeln bietet nicht die Spitze eines Wolkenkratzers das beste Panorama, sondern das dichte Gestrüpp von Bars und Kneipen, wo Japaner ihre Wunden lecken und nach den Härten des Tages jammern. In Shinjuku reichen die Bars bis zum sechsten, siebten Stock.

Jonathan Rauch, Das Ausnahmeland, 1993

179jp Foto: mo

Wolfgang hatte einen anstrengenden, aber interessanten Tag hinter sich. Er war mit Miura zwei Stunden nach Norden gefahren bis zu einer kleineren Stadt, in der ein Werk von „Sanei Electronics" stand. Sie wurden ausführlich durch alle Abteilungen auch dieses Zweigwerks geführt und besprachen anschließend ausführlich alle möglichen Einzelheiten der erhofften Geschäftsverbindung. Da sie am Ort übernachteten, war es Miuras Aufgabe, den Abend für seinen Gast zu gestalten.

Gleich nach Verlassen des Werks gingen sie zu einer Art Snack-Bar, wo sie gegrillte Hühnerspieße zu Bier und Reiswein aßen. Wolfgang war noch immer fleißig am Diskutieren. Miura jedoch versuchte ihn abzulenken. Er hatte offenbar keine rechte Lust mehr, noch Geschäftliches zu besprechen. War man bei Sanei etwa nicht wirklich am Geschäft mit seiner Firma interessiert?

„Da heißt es, dass die japanischen Angestellten für ihr Unternehmen immer im Dienst sind, und da geht dieser Miura kaum auf das ein, was ich sage", wunderte sich Wolfgang.

„Kampai", prostete Miura ihm zu. Der genossene Alkohol begann schon die erste Wirkung zu zeigen, sein salariman-Äußeres lockerte sich zusehends auf. „Let's go to a karaoke-Bar." Mit diesen Worten erhob er sich und zahlte.

Wolfgang hatte keine Ahnung, was karaoke war. Kurze Zeit später wusste er es. Äußerlich unterschied sich die Bar, die sie betreten hatten, nicht von anderen Lokalen. Nur darin, wie die Schlager, die gespielt wurden, zustande kamen: Die wurden nämlich von den ausschließlich männlichen Gästen ins Mikrofon gehaucht. Den Text brauchte man nur am Bildschirm des karaoke-Videos abzulesen. Es waren ganz normale Video-Clips, jedoch ohne die Stimme des Sängers oder der Sängerin. An die Stelle des Stars durfte nun der unbekannte Gast treten, wobei die guten karaoke-Anlagen dessen Stimme so verschönerten, dass sie beinahe professionell klang.

Es dauerte nicht lange und Wolfgang wurde ans Mikrofon gerufen. Man war neugierig, was der einzige Ausländer in der Runde zu bieten hatte. Was sollte er singen? Japanische Schlager kannte er nicht. Wollten die vielleicht was Deutsches hören? Da fiel ihm aber kein Lied ein, von dem er den Text kannte. Er wollte abwinken, aber man hielt das für Bescheidenheit und drängte umso mehr. Es half nichts. Er wurde nach vorn geschoben, nahm widerstrebend das Mikrofon in die Hand und sang das Lied von Madagaskar, das ihm als erstes einfiel. Aber die bar-Mama-san, die Chefin, hatte für ihn schon irgendein ausländisches Lied ausgesucht, von dem sie annahm, dass er es ganz bestimmt kenne. Aber dem war nicht so. Eifrig suchte sie nach weiteren amerikanischen Songs. Doch Wolfgang musste passen.

Da schlug einer der Gäste das Loreley-Lied vor: „Ich weiß nicht, was soll es bedeuten". Wolfgang erinnerte sich wohl an die Melodie, kannte aber den Text nur bruchstückweise. Zwei, drei andere Gäste kamen zum Mikrofon und halfen ihm in gespreiztem Japan-Deutsch. Wolfgang war es sehr peinlich, dass er ein paarmal nur mitsummen konnte. Aber angesichts der ausgelassenen Stimmung fiel das nicht weiter auf. Herr Miura sang anschließend natürlich auch noch. Er hatte eine angenehm weiche Simme, im Gegensatz zu seiner sonst eher abgehackten Sprechweise.

Nach einiger Zeit zogen sie weiter zum nächsten Ziel, einer Hostessen-Bar. Dort tranken sie ein paar Gläser mizuwari: Whisky mit Soda und Eis. Hostessen nahmen links und rechts von den beiden Platz. Sie waren hübsch, wirkten aber recht dumm. Sie kicherten die ganze Zeit und gaben ihre paar Englisch-Kenntnisse zum besten. Nach einer Weile fasste eine der beiden Hostessen Wolfgang am Arm und schleppte ihn mit auf die kleine Tanzfläche.

„Do you want to sleep with her?" fragte Miura schon hübsch angeheitert.

„No, thank you", antwortete Wolfgang.

Wer so hart arbeitet wie die *salarimen,* möchte natürlich auch mal ausspannen. Beides gehört bekanntlich zusammen. Eine der größten und entspannendsten Freuden für Japaner wie für uns ist zweifellos das Essen und Trinken. Aber damit ist ein Abend nach der Arbeit noch nicht unbedingt komplett. Man schätzt, dass in Japan keine Industrie größer ist als die Vergnügungsindustrie, die Millionen von Frauen und Mädchen, aber auch Hunderttausenden von Männern Arbeit gibt. Ein schneller Rundgang durch die Ginza oder – besser noch – Shinjuku liefert die eindrucksvolle Bestätigung dafür. Die Japaner waren schon immer sinnenfroh und lebenslustig, der Bedarf an Amüsierbetrieben, seien es Lokale, Bars, Kabaretts oder was auch immer, ist immens.

Die Qual der Wahl ist groß. Beginnen wir mit den eher harmlosen Vergnügungen: Überall künden die Hinweise auf **karaoke-Bars** davon, dass es noch anderes zu tun gibt als sich nur den leiblichen Genüssen hinzugeben: *karaoke* heißt „leeres Orchester". Das bedeutete ursprünglich, dass Bänder mit populären Liedern, die lediglich die Orchesterbegleitung enthielten, abgespielt wurden, während einer der Gäste das eigentliche Lied ins Mikrofon sang. Heute ist das Vergnügen perfekter geworden: Videoclips auf Laserdisks oder – einfacher – Video-CDs werden von der Orchesterbegleitung untermalt. Der Liedtext wandert über den unteren Bildschirmrand, das Wort, das gerade an der Reihe ist, färbt sich rot, während der übrige Text weiß erscheint. So wird man spielend durch das Lied geführt – vorausgesetzt, man kennt die Melodie und kann lesen. Diese Voraussetzung ist für uns *gai-jin* alles andere als selbstverständlich. Es versteht sich, dass die Musik in Hi-Fi und mit diversen Effekten ankommt, so wird jeder Sänger zum verhinderten Schlagerstar. Daheim vergnügt man sich mit Fernseher, DVD-Spieler und Mikrofon.

Sollten Sie einmal in eine *karaoke*-Bar eingeladen werden, was wenigstens für Geschäftsleute ziemlich wahrscheinlich ist, wird es ungeheuren Eindruck machen, wenn Sie dann sogar ein oder zwei gerade beliebte japanische Lieder auf Lager haben oder englische Evergreens wie „Yesterday" oder „My way". Wie immer die eigene Vorstellung ist, der höfliche oder echte Applaus ist einem sicher. Darin liegt ja nicht zuletzt der Erfolg dieser typisch japanischen Institution. Nach der Anspannung tagsüber dürfen die *salarimen* abends endlich mal im Mittelpunkt stehen und sich bewundern lassen. Tatsächlich singen viele Gäste recht gut, nach zu viel Alkoholgenuss aber doch mehr laut als schön. Es gibt auch Bars, in denen man zu Klavierbegleitung singen kann – auch das habe ich schon hinter mir – oder zur Begleitung durch eine Band.

Mehr für die „reiferen" Jahrgänge sind die **Nightclubs** und „Dinner Shows" im amerikanischen Stil. Wer es deftiger mag, kann den „pink cabarets" oder „peep theatres" einen Besuch abstatten, das sind die Striptease- und Sex-Shows, die einen sehr teuer zu stehen kommen, wenn man in das falsche Lokal gerät. Wie überall empfiehlt sich zum Abendvergnügen der Besuch in Begleitung von „Kennern" – besonders in Japan, wo Geschäftsleute zwar nicht mehr so viel wie früher, aber nach unseren Maßstäben immer noch Unsummen für die Kundenbetreuung nach Feierabend ausgeben dürfen. Diese Vorsicht gilt für alle Bereiche: vornehme Lokale, Clubs, Bars und jede Art von Sex-Business, das wie das *mizu-shobai* (Wasser-Business = Badebetrieb in den Badeorten samt Amüsement), in der Regel von den *yakuza* (japanische Gangsterorganisationen) kontrolliert wird.

Spätestens an dieser Stelle muss ich nochmals die so berühmten **Geishas** erwähnen, gelten sie doch als die klassischen Freudenmädchen und Kurtisanen – allerdings nur außerhalb Japans. Denn die Japaner wissen erstens, dass *gei-sha* wörtlich übersetzt „Kunst-person" heißt, und zweitens, dass deren Aufgabe lediglich in perfekter Unterhaltung der zumeist älteren männlichen Gäste besteht, wobei mit „Unterhaltung" in der Regel Tänze, Lieder, Blumenstecken *(ike-bana)*, Kalligraphie, Gedichtrezitation, kurz, das ganze Repertoire klassischer Künste verstanden wird. Darüber hinaus sind lediglich harmlose Partyspiele üblich.

Die Ausbildung zur Geisha erfolgt über einen Zeitraum von vielen Jahren, ihre Kimonos sind ungeheuer kostbar. Mädchen aus armen Familien wurden früher oft an ein Geisha-Haus „verkauft". Sie blieben dort ein Leben lang, erst als Geisha-Lehrling, in Kyoto heißen sie *maiko,* dann als Geisha bis ins reife Alter, später vielleicht selbst als Lehrerin für die traditionellen Künste. Es kam natürlich vor, dass eine Geisha freigekauft wurde, und es war und ist einer Geisha immer gestattet, mit einem Mann „das Kopfkissen zu teilen" – ihr Einverständnis vorausgesetzt. Der betreffende Mann muss dann ein „Kopfkissengeld" zahlen.

Die Geishas verkörperten im alten Japan auf vollkommene Weise das Frauenideal. Heute wirken sie wie ein Relikt aus vergangenen Zeiten. Es finden sich nur noch wenige Mädchen, die sich für die lange Ausbildung aufopfern. Im heutigen Japan herrscht kaum noch materielle Not, die Eltern dazu brächte, ihre Tochter in ein Geisha-Haus zu geben. Aber auch die Unterhaltungskunst der Geishas hat nicht mehr den Stellenwert wie in den vergangenen Jahrhunderten. Andererseits gibt es auch heute noch viele traditionsbewusste ältere Männer, die an dieser Art der Unterhaltung festhalten und ihr ungebrochenes Vergnügen daran finden – vorausgesetzt, sie haben genug Geld. Denn unter 500 Euro gab es schon vor einem Jahrzehnt keinen Geisha-Abend. Wenn Sie als Normalverbraucher mal Geishas erleben wollen, können Sie dies bei einer der „Tokyo-by-night"-Touren oder – schöner – beim traditionellen „Miyako Odori" in Kyoto (im April), falls Sie nicht sowieso von Geschäftspartnern dazu eingeladen werden. Es gibt heute noch etwa 75.000 Geishas.

Die Damen, die die Männer heute zu unterhalten pflegen, brauchen keine lange Ausbildung, sie nennen sich **Hostessen** *(hosutesu),* schenken ihren Kunden Drinks ein, geben ihnen Feuer, betreiben „small talk" und flirten unverbindlich, mit unverfänglichem Körperkontakt, käuflich im Sinne von Prostituierten sind auch sie nicht. Sogar viele Mütter arbeiten zur Aufbesserung ihres Haushalts- oder Taschengeldes als Hostessen – oder auch, weil sie sich zu Hause langweilen. Eine japanische Frau sieht ihren berufstätigen Mann ja kaum. Und mancher verheirateten jungen Frau ist das Leben als „grüne Witwe" einfach zu fad, da hat manche gegen das eine oder andere kleine Liebesabenteuer nichts einzuwenden, und die sind beim Job als Hostess natürlich keine Seltenheit. Es gibt viele Arten von Hostessen: klassische, die Berufsstolz entwickeln, halbprofessionelle, die mit dieser Tätigkeit ihre Haupteinkünfte beziehen, aber auch Gelegenheits-Hostessen, Teenager, Studentinnen. Für die Damen gibt es auch Host Clubs.

Normal ist es für *salarimen,* gemeinsam mit Kollegen die Orte des sinnlichen Vergnügens aufzusuchen, aber es gibt natürlich auch Vergnügungsmöglichkeiten für Einzelne. Unübersehbar sind die *pachinko*-Spielhallen. Man muss nicht lange danach suchen, überall in den Städten sind sie zu finden: die langen Reihen gleichartiger **Spielautomaten,** in denen Metallkugeln ihren Weg zwischen Nägeln hindurch nach unten suchen (eine Erfindung aus der Nachkriegszeit) und – viel zu selten – in den Auffangvorrichtungen landen. Die öffnen dann nämlich ihre *tulips* genannten Klappen, was automatisch zur Ausschüttung vieler weiterer Kugeln führt. Und nur darum geht es. Man kauft sich am Eingang eine Plastikschachtel mit einer Portion Kugeln, geht zu einem freien Automaten und schüttet Kugel für Kugel in die obere Rinne (in die untere quellen – hoffentlich – die Zugabekugeln). Heute findet man nur noch die automatisch zu bedienenden Apparate. Mir waren die altmodischen Hebelgeräte lieber. Hat man – mit Glück – einen Automaten geleert, muss man zum nächsten Automaten gehen oder vorn am Eingang die Kugeln abgeben, die in einer Zählmaschine blitzschnell gezählt werden. Je nachdem, wie viel Kugeln man sich „erarbeitet" hat, erhält man dafür billige Waren, manchmal auch Ess- und Trinkbares: Laut Gesetz dürfen weder Geld noch wertvolle Ware abgegeben werden. Die gewonnene Ware kann in Geschäften neben der *pachinko*-Halle verkauft und der Gewinn somit doch versilbert werden. Für manche ist *pachinko*-Spielen eine Möglichkeit zum Abschalten, vielleicht gar eine Art Meditation, für viele sicher aber eine Form von Spielsucht.

Automatenspiele sind natürlich im technik-vernarrten Japan auch beliebt. Aber außer den Cafés, in denen man am Tisch ein eingebautes Computerspiel hat, gibt es in dieser Beziehung nur wenig Unterschiede zu unseren Breiten. Derzeit beliebt sind Musikcomputer (Tanzen, DJ, Gitarre).

Freizeitvergnügen muss sich in Japan nicht unbedingt im Dunstkreis von Bars abspielen. Abgesehen davon, dass es auch noch Kinos, Theateraufführungen und Konzerte (die besonders beliebt sind) gibt, kann man sich auch ausgiebig wenigstens als Zuschauer sportlich engagieren: **Baseball** *(yakyu)* ist neben *sumo* der Nationalsport Nr. 1. Zunächst ist es – wie bei uns Fußball – ein Zuschauersport.

Fast jeder (Mann) hat sein Lieblingsteam. Die Spieler sind häufiger im Einsatz als unsere Fußballspieler, allerdings ist die körperliche Anforderung auch nicht vergleichbar. Außer im Winter gibt es fast täglich Spiele zu sehen. Die Stadien sind voll. Die Flutlichtspiele *(naita)* beginnen meist um 18.00 oder 18.30 Uhr und dauern zwei bis drei Stunden. Die Meisterschaftsspiele der Profi-Liga finden zwischen Firmenmannschaften statt.

185jp Foto: rb

Stärker beachtet als diese Spiele wird das zweimal jährlich stattfindende „All Japan High-School Baseball Tournament" im Koshi-en-Stadion in der Präfektur Hyogo: denn hier sorgt das K.O.-System und der Amateurgeist der Spieler für spannende, faire und hochklassige Spiele. Dank der J-League hat **Profifußball** (s. u.) in Japan viele Anhänger gefunden, gerade auch Frauen, wie die 2002 in Japan und Korea erstmals in Asien ausgetragene Fußball-WM bewiesen hat.

Sumo: Der traditionelle japanische Ringkampf erfreut sich bis heute ungebrochener Beliebtheit. Während Japaner normalerweise schlank und nicht gerade groß gewachsen sind, kann man *sumo*-Kämpfer geradezu als Kolosse bezeichnen. Nicht selten stammen sie aus kleinen Fischerdörfern in Nord-Japan, aber die Aussicht, als *sumo*-Kämpfer berühmt zu werden, treibt sie von überall her, selbst aus Hawaii, Polynesien, der Mongolei oder Georgien, in die „*sumo*-Ställe" *(heya),* in denen sie gemeinsam leben, trainieren und kämpfen. Es ist eine reine Männer-Gesellschaft. Die Kämpfer mästen sich geradezu (mit dem sehr nahrhaften *chanko-nabe,* einem Eintopf aus Gemüse und mehreren Fleischsorten und nicht zuletzt auch mit Bier), aber da sie nicht zu viel Fett ansetzen wollen, müssen sie zugleich

sehr viel trainieren. Es geht darum, ein Riesengewicht anzusetzen, aber dabei zugleich ungeheuer schnell und beweglich zu bleiben. Gäbe es im *sumo* – wie beim westlichen Ringkampf – Gewichtsklassen, würden vielleicht nur wenige Schwergewichtsringer so dick sein. Aber darin liegt gerade auch ein wesentlicher Reiz des *sumo*.

Der Kampf wird noch heute ganz von traditionellen Regeln und Gebräuchen bestimmt. Ursprünglich kämpften die *sumo-tori* zur Unterhaltung der Götter. Sie traten während bestimmter Shinto-Zeremonien auf. Dieser religiöse Hintergrund ist heute noch sichtbar. Das Dach über dem Ring, einer aus Lehm festgestampften, viereckigen Plattform, ähnelt einem Schrein-Dach. Das Gewand des Schiedsrichters gleicht beinahe dem des

Shinto-Priesters. Vor dem Kampf werfen beide Kontrahenten eine Prise Salz in den Ring, um ihn damit zu reinigen (auf diese Weise werden an einem Turniertag etwa 30 kg Salz verbraucht). Ebenfalls der Reinigung dient das Spülen des Mundes – wie vor dem Gebet im Schrein.

Wenn die Kämpfer das Salz verstreut und ihren Mund ausgespült haben, beginnt das Vorbereitungsspektakel, das jedoch länger dauert als der eigentliche Kampf: Sie hocken sich mit breiten Beinen gegenüber (als Ausdruck des Respekts gegenüber den großen Kämpfern vergangener Tage), heben ihre Beine kerzengerade in die Höhe, um sie gleich darauf fest auf den Boden stampfen zu lassen (damit zerschmettern sie evtl. noch vorhandene böse Geister), sie klatschen in die Hände und strecken jeweils einen Arm seitlich aus, mit der Handfläche nach oben (womit sie beweisen, dass sie keine versteckten Waffen tragen), und dann hocken sie sich – wie Sprinter in den Startlöchern – mit den Fäusten an den Markierungslinien einander gegenüber und versuchen, sich gegenseitig mit Blicken zu verunsichern. Diese psychologische „Kriegsführung", die von keinerlei Worten begleitet wird, dient auch den Zuschauern als richtige Einstimmung. Meist wird das Zeremoniell dreimal wiederholt, bis der eigentliche Kampf beginnt.

Mancher Kampf ist so schnell vorbei, dass man ihn kaum mitbekommt, denn es geht einfach darum, den Gegner entweder aus dem Ring zu bugsieren oder ihn dazu zu bringen, dass ein Körperteil außer den Fußsohlen den Boden berührt. Die Kämpfer versuchen entweder, den Gegner mit den Händen aus dem Ring zu schieben oder ihn durch Hebeltechniken mit Hilfe des Gürtels „umzulegen". Beide fallen manchmal fast gleichzeitig. Da muss der Schiedsrichter dann erst die an jeder Seite sitzenden Juroren befragen und – wenn diese ebenso wenig zur Entscheidung beitragen können – Zeitlupenwiederholungen des Fernsehens studieren. Das ist wieder typisch japanisch; wenn man schon solche Hilfsmittel zur Wahrheitsfindung hat, warum sollte man sie nicht einsetzen?

Nach dem Kampf verbeugen sich die Kämpfer, und der Sieger erhält einen Umschlag mit Preisgeldern oder Gutscheinen für Sachpreise. Vor jedem Kampf gehen Hilfskräfte mit Fahnen um den Ring und zeigen, wer was gespendet hat.

Prächtig ist das Zeremoniell beim Einzug der besten Kämpfer der beiden Kämpfergruppen „Ost" und „West", dem Oberhaus *(maku-uchi)*, wenn sie mit ihren reich bestickten Schürzen den Ring betreten. Noch spektakulärer ist die Vorstellung des Großmeisters – *yokozuna* – mit seiner noch wertvolleren Zeremonieschürzen und dem dicken geflochtenen Hanfseil. Der *yokozuna* demonstriert dann auf zeremonielle Weise seine Stärke – ähnlich wie zum Beginn eines Kampfes, nur noch ausgefeilter. Wenn Sie keinen

Platz nahe am Ring haben, können Sie u. U. zum Umkleideraum des *yokozuna* gehen und warten, bis er herauskommt. Beim „Einzug der Gladiatoren" können Sie von den Oberhaus-Kämpfern einen guten Blick erhaschen, wenn Sie am Gang zum Ring stehen.

Am Schluss wird von einem Kämpfer des Unterhauses *(maku-shita)* der Bogentanz vorgeführt. Erstmals war er einmal aus Freude über einen als Siegesgeschenk erhaltenen Bogen vorgeführt worden, heute dient er wieder der symbolischen Reinigung des Ringes.

Es gibt eine Riesen-Hierarchie. Am interessantesten sind natürlich die Oberhauskämpfe, die allein über den Turniersieg entscheiden. Wer mehr als 8 der 15 Kämpfe gewinnt *(kachi-koshi),* wird befördert, wer mehr als 8 verliert *(make-koshi),* entsprechend herabgestuft, mit Ausnahme des Zweithöchsten, des *ozeki,* der erst nach zweimaligem *make-koshi* seinen Rang verliert. Der *yokozuna* selbst kann nicht mehr heruntergestuft werden, allerdings wird von ihm erwartet, dass er in den Ruhestand tritt, wenn seine Leistungen denen eines Großmeisters nicht mehr würdig sind. Die Rangfolge ist: *yokozuna – ozeki – sekiwake – komusubi – maegashira 1–6 und juryo.*

Sechs große Turniere finden jedes Jahr statt: drei im Januar, Mai und September in Tokyo, eines im März in Osaka, eines im Juli in Nagoya und das letzte im November in Kyushu. Ein Turnier dauert zwei Wochen, also sind drei Monate im Jahr Turnierzeit. *Sumo* ist Nationalsport wie Baseball und gleichermaßen beliebt. Man kann die Kämpfe am Fernseher mitverfolgen, aber ein persönlicher Besuch eines der großen *sumo*-Stadien ist ein besonderes Erlebnis. In den Boxen nahe am Ring sitzt man übrigens nach wie vor auf Tatami-Matten. Es wird dort fleißig gegessen und gebechert. Ein Fest ist es für alle Beteiligten. Es ist nicht leicht, Karten zu bekommen, am wenigsten für die guten Plätze. Aber mit einem Fernglas bewaffnet kann man auch von weiter hinten sehr gut zuschauen. Außerdem kann es so nicht passieren, dass einem plötzlich einer der Riesenbrocken auf dem Schoß landet. Es ist einfach die ganze Atmosphäre, die den Besuch so lohnend macht. Der letzte Tag des 15-Tage-Turniers ist natürlich am spannendsten, geht es dann doch um den Gesamtsieg. Die Kämpfe gehen von morgens bis abends, aber am interessantesten sind die am Spätnachmittag.

Golf: Erstaunlich beliebt ist in Japan das Golfspiel, wenn man bedenkt, welchen Luxus Golfplätze angesichts der beengten Lebensverhältnisse darstellen. Mehr als zehn Millionen Japaner spielen Golf. Ungefähr 1000 Plätze stehen zur Verfügung, das ist statistisch also einer für 10.000 Spieler. Kein Wunder also, wenn die Mitgliedschaft in einem Club sehr teuer ist und auf den wenigen öffentlichen Plätzen die Warterei sehr aufreibend sein kann. Aber Golf ist ja nicht zuletzt eine Art dienstlicher Verpflichtung für die *salarimen.* Geübt wird in den großen Käfigen der „Driving Ranges", die selbst auf den Dächern von Geschäftshäusern zu finden sind. Durch die anhaltende Wirtschaftskrise haben jedoch eine Reihe selbst renommierter Clubs Pleite gemacht.

Fußball: In kurzer Zeit hat die Profi-Liga, *J-League* genannt, mit Hilfe von altgedienten Fußballstars aus aller Welt und mit modernem Marketing eine große Zahl begeisterter Anhänger gewonnen. Die Stimmung der Fans ist ausgelassen, die Erkennungsmelodie ist: Olé, olé, olé, olé, we are the champs, we are the champs ...

TRADITIONELLE KÜNSTE

Jeder Künstler tritt ein geisterhaftes Erbe an. Die Errungenschaften der Vergangenheit sind auf ihn übergegangen, seine Kunst ist ein Vermächtnis; seine Finger werden von den Toten geführt, ob er nun die Umrisse eines fliegenden Vogels zeichnet, oder den Hauch der Berge, die Farben des Morgen- und Abendrots, die Formen der Zweige und der Frühlingsblüten.

Lafcadio Hearn, Lotos, 1890

191jp Foto: rb

Es dürfte nur wenige Länder geben, deren bloße Nennung schon die Erinnerung an die eine oder andere für dieses Land charakteristische Kunstform wachruft. Bei Japan aber werden den meisten Menschen gleich mehrere einfallen. Wie kommt das? Der wesentliche Grund liegt wohl in der langen Isolierung Japans von der Außenwelt. In dieser fast 300 Jahre währenden Zeit konnten sich die Künste bis zu einem Grad an Vollkommenheit entwickeln, der eigentlich nicht mehr zu steigern war. Aber jede Vollkommenheit ist Stillstand, ja eine Art Tod. Vielleicht war Japan deshalb so begierig, vom Westen zu lernen, als der US-Admiral Perry 1854 mit seinem „Schwarzen Schiff" die Öffnung der Häfen für den Handel erzwang.

Der Hauptgrund für den Eifer war natürlich die Einsicht, dass das Land nur durch schnelles Einverleiben des damaligen weltweiten Wissensstandes der Gefahr, in die Abhängigkeit der westlichen Großmächte zu geraten, entgehen konnte. Aber Japan war zu jener Zeit auch längst reif für Veränderungen. So kamen auch neue Einflüsse in die Welt der Künste. Dieser Prozess ist heute noch in vollem Gange. Auf allen Ebenen erleben wir, wie japanische Künstler traditionelle und moderne westliche Elemente zu Neuem vereinigen und dabei immer wieder zu ungewöhnlich kreativen Ergebnissen kommen, wenn wir z. B. an das radikale, absurde Tanztheater *butô* denken, an Mode, Architektur u. a. Aber die alten Künste sind deswegen nicht tot, sie werden auch heute noch gepflegt, manche haben an Popularität verloren, andere sogar gewonnen. Von allen Prominenten, Politikern, erfolgreichen Managern wird erwartet, dass sie irgend eine Kunst ausüben: Tuschemalerei, *haiku* schreiben, Kalligraphie ...

Theater in Japan ist immer eine Vereinigung von schauspielerischer Darstellung durch Mimik, Gestik, Maske und Tanz, mit Begleitung von Gesang und einem kleinen, auf wenige Instrumente beschränkten Orchester. Auf die Darstellung wird dabei mehr Wert gelegt als auf die Handlung, die sich zumeist auf Legenden, berühmte geschichtliche Ereignisse, klassische Literatur u. a. stützt.

Die älteste japanische Theaterform, die im 8. Jahrhundert aus China übernommen und bis zum 14. Jahrhundert zum heutigen Stand entwickelt wurde, ist Noh **(nô).** Waren Handlung und Darstellung ursprünglich eher realistisch, wurden beide im Laufe der Zeit mehr und mehr stilisiert. Früher wurde *nô* immer im Freien aufgeführt. Deshalb war die Bühne überdacht. Heute, wo sich die Bühnen in Schauspielhäusern befinden, sind sie immer noch überdacht: Nichts im *nô* wurde seit dem 14. Jahrhundert verändert. Die Rückwand der aus naturbelassenem Holz gebauten Bühne ziert eine stilisierte Kiefer. Von links führt eine überdachte Brücke zur Bühne. Über sie treten die Schauspieler auf und schließlich wieder ab.

Normalerweise gehören nur zwei Rollen zum *nô:* der maskentragende Hauptdarsteller *(shite)* und der Nebendarsteller *(waki). Nô* wird nur von Männern gespielt, sie übernehmen wie im *kabuki* auch die Frauenrollen. Sehr typisch sind buddhistisch geprägte Stücke: Ein Geist, der nach dem Tod keine Ruhe finden kann, weil er unglücklich gestorben oder noch immer in irdische Leidenschaften verstrickt ist, bittet einen Wandermönch um Erlösung, woraufhin er endlich ins Nirvana eingehen kann. Großartig und eindrucksvoll sind stets die Auftritte der Geister und Dämonen. Es gibt übrigens fünf Arten von Masken: Götter, Menschen und Helden, (schöne) Frauen, geistesgestörte Frauen und Teufel, Geister und Dämonen. Die Masken sind unbeweglich, dennoch sind sie sehr ausdrucksstark. Je nach Haltung der Maske und je nach dem Augenblick der Handlung ändert sich der Ausdruck – wenn man fähig und bereit ist, darauf zu achten.

Den Text versteht heute wohl kaum noch jemand. Aber das tut dem tiefen Eindruck, den dieses Gesamtkunstwerk auch auf uns auszuüben vermag, keinen Abbruch. Wer ein wenig von der Symbolik des nô versteht, hat zusätzlichen Gewinn:

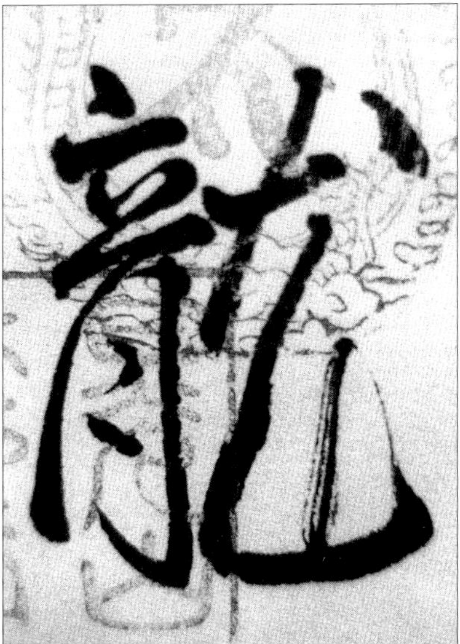

Tempel-Kalligraphie

- hohe Stimmlage weist auf Jugendliche, Frauen und Adlige hin, tiefe Stimmlage auf alte Leute, Verzweifelte oder Leute von niedrigem gesellschaftlichem Rang.
- der Bambusfächer kann vieles ausdrücken: Bogen, Schwert, Trinkgefäß, Wasser (wenn waagerecht nach unten gehalten) oder Freude und Erregung (wenn vor die Brust gehalten und ruckartig nach rechts oben bewegt).
- die Farbe des Untergewandes symbolisiert Würde und hohen Rang (weiß), Jugend und Glück (rot) oder Stärke (blau).
- auch der Einsatz der drei Trommeln und der Bambusflöte hat seine Bedeutung. So wird die Schlagtrommel in der Regel nur als Tanzbegleitung geschlagen, oder wenn Götter, Geister und Dämonen auftreten.
- *nô*-Aufführungen werden meist durch ein humorvolles Zwischenstück, *kyogen*, aufgelockert. Meist handelt es sich um lustige Dialoge, in denen der Fächer wieder alle möglichen Gegenstände repräsentiert. Masken gehören nicht unbedingt dazu, wenn, dann grotesk-lustige Tölpelmasken.

Wenn Sie eine *nô*-Aufführung sehen wollen, können Sie sich in Tokyo telefonisch an folgende Büros wenden:
- Kokuritsu-gekijô-nô-gakudo; Sendagaya, Shibuya-ku, (03) 3423-1331
- Kanze-nô-gakudô: Shoto, Shibuya-ku, (03) 3469-5241
- Ginza-nô-gakudô: Ginza, Chuo-ku, (03) 3571-0197
- Kongo-nô-gakudô: Nakagyo-ku, Kyoto-shi, (075) 221-3049

Das **kabuki-**Theater entstand offiziell 1604 in Kyoto durch die Shinto-Tänzerin *Izumo-no-Okuni*, die durch ihre Nachahmung männlichen Darstellergehabes und durch ihre hohe erotische Ausstrahlung so großen Erfolg hatte, dass sich *kabuki* – gespielt von Frauen oder Freudenmädchen – bald überall im Land verbreitete. Der große Erfolg beschränkte sich nicht etwa nur auf die niederen Stände (Kaufleute, Handwerker und Bauern), auch Samurai waren derart davon angetan, dass sozusagen eine Demokratisierung des Theaters eintrat. Die Tokugawa-Regierung verbot deswegen im Jahre 1629 das Frauen-*kabuki.* Nun übernahmen 12- bis 16-jährige Knaben deren Rollen, was zu erneuten Konflikten und Skandalen führte, so dass auch diese Variante 22 Jahre später verboten wurde. Schließlich durften nur noch Männer auf die Bühne.

Die Genroku-Zeit (1688–1703) brachte einen künstlerischen Höhepunkt in der Geschichte des *kabuki.* Die ursprünglich vom *nô* übernommene Bühne wurde verändert. Statt der von links zur Bühne führenden

Brücke entstand der mitten durch den Zuschauerraum führende sog. „Blumensteg" *(hana-michi)*. Heute blicken wir auf eine breite Bühne, die, der jeweiligen Szene angepasst, mit reizvollen Kuissen bestückt ist. Japan gebührt übrigens die Erfindung der Drehbühne, mit der der Handlungsort sehr schnell gewechselt werden kann.

Im *kabuki* geht es vor allem um virtuose Darstellungskunst, ob es sich nun um die wild agierenden *aragoto*, um die höfisch weichen Liebhabertypen *wagoto* oder um die *oyama*, die durch Männer dargestellten Frauen, handelt. *Kabuki*-Schauspieler sind in der Regel auf bestimmte Rollen spezialisiert, so auch auf Frauen-Rollen, und entwickeln darin eine solche Meisterschaft, dass – so heißt es – selbst Geishas deren Bewegung, Mimik und Sprache studieren. Die Frauendarsteller führen das perfekte weibliche Rollenideal des alten Japan vor.

Da den Zuschauern die Handlung meist bekannt ist, können sie sich ganz dem Genuss der Schauspielkunst hingeben, ob es sich dabei um wütende Auftritte Verstorbener handelt, die zu den Lebenden zurückgekehrt sind, um sich für Unrecht zu rächen, oder um trauernde Geliebte, Dämonen oder einen jungen Beau. Da es englisch gedruckte Programmhefte gibt, kann man auch ohne Sprachkenntnisse (selbst die Japaner tun sich mit der ziemlich altertümlichen Sprache schwer) den Verlauf der Handlung recht gut verfolgen, oder man mietet sich einen Kopfhörer für die Übersetzung.

195jp Foto: bh

Die Vorstellungen sind oft drei-, meist aber zweigeteilt; ab 11 und ab 17 Uhr. Die meisten begnügen sich mit einem Abschnitt, der gut drei, vier Stunden dauert – mit Pause. Man kann sich aber auch einzelne Akte ansehen – sozusagen schnell mal zwischendurch während eines Ginza-Bummels ins *kabuki-za* gehen jenes in westlich-japanischem Mischstil erbaute *kabuki*-Theater in der Ginza-Hauptstraße.

Die Zuschauer verfolgen die Handlung zwar aufmerksam, aber nicht immer in feierlicher Stille. Begeisterte Zwischenrufe (meist die Familiennamen der bevorzugten Schauspieler) sind immer wieder zu hören. Sie verraten den Kenner. Das richtige Timing eines solchen Rufes steigert den beabsichtigten Darstellungseffekt, weil sich darin auch die Erregung der anderen Zuschauer mitentlädt. Auf Effekte ist überhaupt vieles im *kabuki* ausgerichtet; wenn etwa Schauspieler ihre Bewegungen übertreiben und mitten in der Bewegung innehalten oder beim Schwertkampf, der mehr Tanz als Kampf ist. Das Innehalten, also zur Maske Erstarren verrät übrigens eine der Quellen des *kabuki:* Viele populäre Stücke waren ursprünglich für Puppen, *bunraku,* geschrieben worden.

Wenn Sie nur mal kurz hineinschnuppern wollen oder können, wählen Sie möglichst eine Szene aus, in der mindestens ein Tanz vorkommt, am besten ein Dämonentanz. In Tokyo und Kyoto gibt es je ein *kabuki-za.* Telefonisch kann man in Tokyo unter der Nummer (03) 3541-3131 anfragen. Der Preis für eine Vorstellung beträgt zwischen 2000 und 13.500 Yen, einzelne Akte 500 bis 1200 Yen. Spielpläne finden Sie in den Touristenzeitungen.

Das japanische **Puppenspiel** *bunraku* ist älter als *kabuki.* Manche der berühmten *kabuki*-Stücke wurden in der Tat vom *bunraku* übernommen. Heimat und Zentrum der Puppenspieler ist Osaka. *Bunraku* ist unter den Puppenspielformen der Welt die menschenähnlichste, nicht nur, weil die Puppen schon die halbe Größe von Menschen haben, sie werden auch mit einer solchen Vollkommenheit bewegt, dass die Zuschauer häufig vergessen, dass es Puppen sind: kein Wunder, denn die Ausbildung zum Meister des *bunraku* dauert dreißig Jahre!

Eine Puppe wird gewöhnlich von drei Spielern bewegt, der Anfänger ist zuständig für die Füße (*ashizukai; ashi* = Fuß); zehn Jahre lang bleibt dies sein Job. Die nächsten zehn Jahre wird er als *hidari-zukai* (*hidari* = links) für den linken Arm, die linke Hand und alles, was die Hände tragen, zuständig sein. Der *hidari-zukai* ist also der zweite Mann. Hauptakteur ist jedoch der *omo-zukai* (*omo* = Haupt-): Er bewegt den Kopf und sorgt für den Gesichtsausdruck, außerdem betreut er den rechten Arm samt Hand und den Oberkörper. Das sind nochmals zehn Jahre. Ich habe auch schon gehört, dass die Ausbildung jeweils fünfzehn Jahre dauert. Wie dem auch sei, das sind ostasiatische Dimensionen ...

Die Seele des *omo-zukai,* der mit seinen Assistenten vollkommen harmonisiert, lebt in seiner Puppe. Und die hinter der Puppe stehenden drei Akteure werden fast nicht wahrgenommen. Die beiden Assistenten tragen jeweils ein schwarzes Kostüm mit schwarzer „Tarnkappe", der Hauptakteur trägt manchmal jedoch - seiner Bedeutung entsprechend - einen üblichen Kimono. Er darf also sichtbar sein. Aber wenn alle drei ganz in schwarz gekleidet sind und die Zuschauer sich voll auf die Handlung konzentrieren, sind die Puppenspieler für sie so gut wie unsichtbar. In Japan gelten sie jedenfalls als unsichtbar und werden daher einfach ignoriert. Hände, Augen, Augenbrauen und Mund der Figuren werden durch kleine Hebel, die durch Fäden mit den entsprechenden Körperteilen verbunden sind, bewegt. Weibliche Puppen haben in der Regel keine Beine (brauchen dann also auch keinen *ashi-zukai*) durch geschickte Bewegung des Kimono-Saumes wird die Bewegung der Füße vorgetäuscht. Wie beim *nô* und *kabuki* gibt es bestimmte Typen: Samurai, junger Mann, Prostituierte, schöne Frau (die sich meist blitzschnell in einen Dämon verwandeln kann) ...

Wer nicht gerade in der Gegend von Osaka ist, wird vielleicht Schwierigkeiten haben, eine Live-Vorstellung zu erleben. Aber im Fernsehen sieht man immer wieder *bunraku*-Stücke, wie auch alle anderen klassischen Theaterformen.

Musik: Die japanische Musik kennt keine Konzerte. Aber es gibt eine Art Orchestermusik, die alte höfische Musik *(gagaku).* Sie stammt ursprünglich aus China, ist sehr getragen und für unsere Ohren höchst ungewohnt - ganz im Gegensatz zur heutigen chinesischen Orchestermusik, die zwar uns fremde Instrumente einsetzt, aber doch nach unserer Auffassung sehr melodische und virtuose Musik hervorbringt.

Die *gagaku* können Sie zum Anlass der verschiedenen Shinto-Zeremonien hören:

Sie wird von Querflöten, Bambusorgeln, Lauten und Trommeln erzeugt. Die Musik klingt in unseren Ohren manchmal wie „Katzenmusik", ist jedoch sehr eindringlich, nach traditioneller Auffasung ist sie die Musik der Götter, des Universums.

Es gibt einige japanische Instrumente, mit denen auch für unsere Harmoniebegriffe wunderbare Musik gespielt werden kann:

- *koto:* die in ganz Ostasien verbreitete Zither. Das Brett besteht aus Paulownia-Holz, die 13 Saiten sind aus Seide gefertigt, sie werden durch Brücken gespannt. Die Saiten werden rechts gezupft, links wird der Ton variiert.

- *shakuhachi:* eine große, leicht gebogene Bambusflöte ohne Mundstück. Sie erzeugt einen weichen, warmen Ton.
- *shamisen:* eine Art Banjo mit drei Saiten, einem langen Hals und einem mit Katzenhaut bespannten Korpus. Die Saiten werden mit Plektrum gespielt.
- *biwa:* die 5-saitige Laute, mit tropfen- bzw. birnenförmigem Korpus.

Malerei: Tuschemalerei (*sumi-e* bzw. *suiboku-ga*): Der Tintenstift *(sumi)* wird mit etwas Wasser auf dem Tintenstein *(suzuri)* solange hin- und hergerieben, bis blauschwarze Tinte entsteht. Tintensteine können übrigens leicht Hunderte von Euro und mehr kosten, sie sind oft echte Liebhaberstücke. Die Tuschemalerei stammt aus China. Hauptsächlich wird Natur dargestellt: Bambus, Kiefern-, Pflaumen- und Kirschblütenzweige, Berge und Wasser. Der Mensch ist meist nur klein und nebensächlich in die Natur eingebettet. Es gibt keinen Fluchtpunkt im Bildaufbau, Perspektive wird durch Schattierungen und leere Flächen dargestellt, überhaupt ist Weglassen ein bewusstes Stilmittel.

Kalligraphie gehört zu den einzigartigen Kunstformen, die es in dieser Ausprägung nur in Ostasien gibt. Chinesische Schriftzeichen mit edler Bedeutung werden so auf das Papier gemalt, dass der Eindruck eines abstrakten Gemäldes entsteht, das die Schönheit der Schriftzeichen, die Meisterschaft im Schattieren und die Konzentration beim kraftvollen Schwung des Pinsels vermittelt – ganz abgesehen vom Sinn. Die Kalligraphie-Meister sind hoch angesehen, und ihre in Sekunden entstandenen Rollbilder sind teurer als detailreiche Landschaftsbilder.

Holzschnitt: Was heute ein kleines Vermögen kostet, wurde früher als preiswerte Massenware hergestellt. Die Holzschnitte (*ukiyo-e* = Bilder aus der fließenden Welt) waren nicht als elitäre Kunstwerke gedacht, sie zeigten vielmehr populäre Motive: schöne Kurtisanen, berühmte *kabuki*-Schauspieler und schöne Landschaften. Dennoch sind sie im Bildaufbau und in ihrer Farbkomposition so originell, dass sich große europäische Maler wie *van Gogh* von ihnen haben inspirieren lassen.

Das Druckverfahren ist kompliziert. Für ein Bild müssen verschiedene Blöcke geschnitzt werden: für jede Farbe ein entsprechendes Teilstück des Gesamtbildes. Die Technik wurde so weit entwickelt, dass sogar Farbschattierungen möglich wurden. Die großen Meister sind *Utamaro* (schöne Frauen), *Sharaku* (Schauspieler), *Hokusai* (z. B. die 36 Ansichten des Fuji) und *Hiroshige* (z. B. die 53 Stationen des Tokaido). Im Antiquariatsviertel von Kanda gibt es z. B. bei *„Ohta"* viele *ukiyo-e* zu kaufen, aber billig sind sie längst nicht mehr. Manchmal gibt es neue Drucke, die jedoch von alten Druckstöckeri angefertigt wurden: Sie sind preiswerter. Das billigste Souvenir sind für mich die alten schwarz-weiß illustrierten Bücher, deren Druckstöcke ja ebenfalls aus Holz geschnitzt wurden. Sie sind schon ab 1000 Yen zu haben, so lange es sie noch gibt.

Literatur: Japanische Literatur wird bei uns nur langsam bekannt. Natürlich sind da die Nobelpreisträger *Kenzaburo Oë* und davor *Yasunari Kawabata* zu nennen, der für seine Erzählung Schneeland *(yuki-guni)* den begehrten Preis erhielt, aber er war eigentlich als Senior der damaligen japanischen Literatur stellvertretend für die Literatur des ganzen Landes geehrt worden. Derjenige, dem der Nobelpreis wohl eher zugestanden hätte, war *Yukio Mishima*. Beide Autoren begingen übrigens Selbstmord, *Kawabata* – im Alter verbittert – durch Gas, *Mishima* auf sehr spektakuläre Weise nach Art der Samurai durch Harakiri, also durch rituelles Bauchaufschlitzen (*hara* = Bauch; *kiri* = schneiden). Romane haben in Japan eine sehr lange Tradition. Bekannter sind bei uns jedoch nicht die Romane, gleich ob alt oder neu, sondern die für Japan so charakteristischen **Kurzgedichte** *(haiku)*.

Haiku bestehen aus drei Zeilen zu 5, 7 und wieder 5 Silben. Um *haiku* zu schreiben, muss man kein Dichter sein, irgendwann schreibt wohl jeder Japaner mal eines. Aber gute *haiku* sind selten. Tiefste Gefühle und Lebenserfahrungen werden gleichnishaft durch jahreszeitliche Stimmungen und Bilder ausgedrückt. Es gibt Tausende von Jahreszeitenwörtern *(kigo)*, die gewissermaßen einen Code für Symbol, Jahreszeit, Bild und Klang darstellen. Die Wahl eines bestimmten *kigo* hängt mit der persönlichen Beziehung und Stimmung im Moment des Dichtens zusammen. Dabei wird nur angedeutet. Es bedarf also eigentlich der Kenntnis der Literatur, der Traditionen, der Kultur und natürlich der Sprache, um *haiku* verstehen zu können. Aber mehrdeutig, wie *haiku* nun einmal sind, ist es nicht allein die bildhafte Sprache, die Assoziationen weckt, sondern auch der Klang der Silben. Und darin liegt nicht zuletzt der Reiz für die Leser. Für uns ist ein *haiku* oft nichtssagend, dem Kenner kann es eine ganze Lebensphilosophie enthüllen.

Ike-bana: Die Kunst des Blumensteckens wurde unter dem Einfluss des Zen in der zweiten Hälfte des 16. Jahrhunderts durch *Sen-no-Rikyu*, der auch die Teezeremonie entwickelt hat, zu ihrer Blüte (im wahrsten Sinne des Wortes) gebracht. Ihre Geschichte geht aber schon auf das achte Jahrhundert zurück. Heute gibt es etwa dreitausend *ike-bana*-Schulen, von denen die Ikenobo-, Sogetsu-, Ohara- und Adachi-Schulen die bekanntesten sind. Rund zwanzig Millionen Japaner praktizieren *ike-bana* als Hobby – oder als Beruf. Je nach Blumengefäß unterscheidet man zwischen *nage-ire-bana* (= Bambusvase) und *mori-bana* (= Keramikschale) als die beiden Haupt-*ike-bana*-Arten. Bei *mori-bana* werden die Stengel und Zweige in den „Igel" bzw. in den in fünf „Kammern" unterteilten Metallring gesteckt, wobei deren Anordnung große Bedeutung zukommt.

Die Arrangements folgen bestimmten Stilen, sie sind in der Regel entweder waagerecht, senkrecht, kaskadenartig, schräg oder auseinanderstrebend. Meist gibt es eine Dreiecksbeziehung zwischen einem kurzen, mittleren und langen Stiel oder Zweig. Sie symbolisiert Menschheit, Erde und Himmel.

Ike-bana bedeutet „lebendige Blumen" (*ikeru* = lebendig sein; *hana/bana* = Blume). Der Frische kommt also besondere Bedeutung zu. Damit die Blumen länger frisch bleiben, gibt es folgende Methoden: Die Stengel werden in kaltem Wasser geschnitten – das ist die gebräuchlichste Vorgehensweise. Man kann sie aber auch über einer Flamme ansengen oder in heißes Wasser stecken. Ursprünglich durften nur natürliche Materialien verwendet werden, heute gibt es avangardistische Formen, die auch künstliches Material verwenden.

Bonsai: Auch das Kultivieren von zwergenhaften Bäumen ist eine seit dem 8. Jh. praktizierte Kunst, denn die so natürlich aussehenden, oft alten Bäume in den flachen Keramikschalen (= *bon*) sind das Werk wiederholten Beschneidens von Wurzeln und Zweigen und Zurechtbiegens der Äste gemäß dem ästhetischen Empfinden des jeweiligen *bonsai*-Liebhabers. Alte Pflanzen müssen von Generation zu Generation weitergegeben werden, denn die großartigsten Bäume sind weitaus älter als 50 Jahre. Die Bäume gedeihen ursprünglich ganz normal. Erst durch das Beschneiden und den begrenzten Raum für die Wurzeln verlangsamen sie ihr Wachstum und bleiben klein, obwohl sie das Aussehen wirklich alter Bäume erlangen können.

Die Bäume sollen eine kraftvolle Gestalt bekommen. Die Zahl der Zweige wird verringert, wenn dies die Schönheit des Baumes steigert. Die Äste sollen unterschiedliche Länge haben. Auch werden sie mit Draht in die gewünschte Lage gebracht. Häufig sollen sie einem Baum am Rand einer Klippe ähneln oder überhaupt einem einzeln stehenden, den Witterungsverhältnissen ausgesetzten Baum. Es gibt auch Miniaturlandschaften in Keramikschalen.

Apropos **Keramik:** Japan ist seit jeher berühmt für seine Keramik- und Porzellanherstellung. Da gibt es ganz eigenwillige Brenn- und Glasurmetho-

201jp Foto: bh

den und je nach Region unterschiedliche Stile. Berühmt sind Arita, Kutani, Kiyomizu, Satsuma, Bizen usw. Es ist erstaunlich, wie teuer eine ganz einfach aussehende Teeschale sein kann: weit über tausend Euro. Japaner sind stets bereit, für kunstvolle Gebrauchsgegenstände, seien es Kimonos, Teeschalen, aber auch Zierkarpfen, Unsummen auszugeben.

Teezeremonie: Sie gehört zu den Dingen, die der Fremde automatisch mit Japan verbindet, obwohl sie zusammen mit dem Tee um 700 n. Chr. aus China kam. Damals bedienten sich hauptsächlich die Zen-Mönche des Tees, um während ihrer Meditationen leichter wachzubleiben. Aufschwung erhielt der Teekonsum in Japan durch ein im 14. Jahrhundert ebenfalls aus China „importiertes" Spiel *(to-cha)*, bei dem es darum ging, aus mehreren Tees den besten oder berühmtesten herauszuschmecken. Seit der Zeit wird verstärkt Tee angebaut, am berühmtesten ist der von Uji bei Kyoto. Aus dem Spiel wurde ein Anlass zum geselligen Beisammensein, wobei es um das Genießen der Atmosphäre selbst ging.

Von dort bis zur ersten Teezeremonie war es nur noch ein kleiner Schritt. Diesen vollzog *Murata Juko* im 15. Jahrhundert. Die Tee-Zeremonie *(cha-no-yu)* wurde dann unter dem Einfluss des Zen durch *Sen-no-Rikyu* im 16. Jahrhundert zu ihrer heutigen Ausprägung weiterentwickelt. Sie findet in der Regel in eigenen kleinen Pavillons *(suki-ya)* statt, die aus natürlichen Materialien wie Holz, Bambus, Papier und Schilfdach bestehen und inmitten eines natürlich gehaltenen, doch sehr gepflegten Gartens liegen. Solche Teehäuser findet man in vielen Tempelbezirken. Man schreitet in erlesene Kimonos gekleidet zu fünft (so viele werden eingeladen) vom Wartezimmer sechs Meter auf schmalem Weg durch den Garten und reinigt sich damit schon in gewisser Weise vom Alltag. Konkret reinigt man Hände und Mund mit frischem Quellwasser aus einem am Wegrand stehenden Steingefäß. Den Pavillon betritt man durch eine niedrige Tür, um sich selbst zu erniedrigen und zur Bescheidenheit zu kommen, übrigens ein indirekt christlicher Einfluss. Alle knien, einen Fächer vor sich, auf den Tatami-Matten. Zunächst bewundert man das in der Nische hängende und zur Jahreszeit passende Rollbild sowie den nahebei stehenden Behälter mit Räucherkerzen. Natürlich gilt auch den Gerätschaften für die Teezubereitung mit Worten der Bewunderung verbundene Aufmerksamkeit. Dann setzen sich alle in einer Linie gegenüber dem/der Gastgeber(in) hin. Der Ehrengast sitzt vor der Nische, genau in der Höhe des Gastgebers, alle anderen in vorher vereinbarter Reihenfolge. Nun erst begrüßt man sich gegenseitig. Normalerweise beendet man den ersten Teil der Zeremonie mit einem leichten Mahl und geht dann nach einer Andeutung des Gastgebers hinaus in den Garten. Währenddessen räumt der/die Gastgeber/in auf.

Nachdem die Gäste durch einen Gong mit 5–7 Schlägen zurückgerufen worden sind und wieder im Zimmer Platz genommen haben, beginnt die

Die perfekte Teezeremonie will gelernt sein ...

199jp Foto: ml

eigentliche Zeremonie. Das Rollbild ist abgehängt und durch ein Blumenarrangement ersetzt, der Blick in den Garten hinaus ist im Gegensatz zu vorher ungehindert frei. Der Gastgeber betritt mit Teeschale, Bambusteebesen und -löffel den Raum. Nun bewundert man in dessen Anwesenheit die Blumen und den Wasserkessel. Der Gastgeber geht noch einmal hinaus und holt aus dem Servierzimmer weitere Utensilien. Vor den Ehrengast wird ein Teller mit Süßigkeiten hingestellt. Nun wird die Teedose mit dem pulverisierten Tee *matcha* mit einem Tuch abgewischt, anschließend werden Teebesen und -löffel in einem gesonderten Gefäß abgespült und abgetrocknet. Auf einem Holzkohleherd wird Wasser in einem Bronzekessel gekocht. Das Wasser dafür wird aus einem Krug entnommen. Auch werden mit dessen Wasser die Teeschalen gewaschen.

Aus einer lackierten Teedose werden drei Löffel *matcha,* der bitter aber vitaminreich ist, entnommen und in die Schale gegeben. Mit dem Bambusschöpfer wird Wasser aus dem Kessel entnommen und zu zwei Dritteln in die Teeschale gegeben, der Rest kommt zurück in den Kessel. Mit dem Bambuspinsel wird nun die Flüssigkeit so lange gerührt, bis ein dickflüssiger „gift"-grüner Tee daraus entstanden ist. Dies ist der *koi-cha,* für den junge Blätter von alten Teesträuchern (über 20, bis zu 70 Jahre alt) verwendet werden.

Der Ehrengast rutscht auf Knien dem Gastgeber entgegen und nimmt von diesem die Teeschale samt Seidentuch in Empfang. Er stellt sie in die linke Handfläche und hält sie mit der rechten an der Außenseite fest. Er dreht die Schale mit zwei Drehungen im Uhrzeigersinn, nimmt einen Schluck, lobt den Tee und trinkt dann noch etwa zweimal, stellt die Schale auf den Boden und wischt zum Schluss den Rand mit einer der mitgebrachten kleinen Papierservietten ab; dann reicht er die Schale weiter, wobei sie so gedreht wird, dass das Muster wieder nach vorn zeigt. Das setzt sich fort, bis der letzte Gast getrunken hat, dieser reicht die Schale dem Gastgeber zurück, der sie zum Betrachten erneut in „Umlauf" bringt, dazu auch Teebesen und -löffel.

Zum Schluss wird nochmals Tee getrunken, der allerdings dünner ist, denn seine Blätter sind von weniger als 15 Jahre alten Sträuchern. Bei dieser Zeremonie wird der Tee aus etwa zwei Löffeln *matcha* für jeden Gast gesondert, und zwar schaumig, angerührt und der Tee von jedem ganz ausgetrunken. Wichtig ist, dass keine überflüssigen Bewegungen gemacht werden. Die Zeremonie ist genau vorgeschrieben, sie soll aber nicht wie auswendig gelernt ablaufen, sondern voller ruhiger Konzentration und Grazie. Das gilt auch für die Bewegungen der „Gäste".

Am Schluss trägt der Gastgeber die Gerätschaften hinaus, verbeugt sich tief und gibt damit das Zeichen zum Ende der Zeremonie. Man geht wieder in den Garten hinaus und wird dort vom Gastgeber verabschiedet.

Oft werden vorher noch traditionelle Süßigkeiten gereicht. Die nehmen dem Tee die Bitterkeit. Man unterhält sich während des Trinkens gar nicht, daran anschließend im wesentlichen wieder über die Schönheit des Teegeräts, des Gartens, der Nische oder einfach der Gegenstände im Raum. Es geht wie beim vornehmen Essen um *wabi* und *sabi* den Zustand geistiger Ruhe und Zufriedenheit in Einfachheit, die Ästhetik herber Schönheit und edler Armut, ein Stück Wiedervereinigung mit der Natur – Teezeremonie als Verkörperung des intuitiven Strebens der Japaner nach wahrer Schönheit in Einfachheit.

Mädchen lernen auch heute noch vielfach als ein Stück Hochzeitsvorbereitung die Teezeremonie, die auch *cha-dô* (Weg des Tees) genannt wird. Es gibt etwa 40 verschiedene Schulen. Am bekanntesten sind die Ura- und die Omote-senke-Schule. Die Ura-senke unterhält übrigens im Englischen Garten in München ein Teehaus. Zwischen den Schulen gibt es keine echten Verbindungen. Sie sind wie Sekten, jede Schule und deren Anhänger folgen nur dem jeweils vorgeschriebenen Weg.

REISEN DURCH JAPAN

Auf den Reisen haben sie eine Art Fächer, worauf die Meilen, Herbergen und Preise der Lebensmittel angewiesen und gedruckt stehen ...

Engelbert Kampfer, 1690

205jp Foto: ml

Renate ging das japanische Sprichwort, das Reiko ihr zum Abschied mitgegeben hatte, nicht aus dem Kopf. Vor ihrer Rückreise nach Deutschland wollte sie noch etwas vom Land sehen, mehr als nur die Kaufhäuser und U-Bahnen Tokyos. Wolfgang war am Vorabend von seiner Fabrikbesichtigungstour zurückgekehrt. Gerade fand die abschließende Besprechung in der Zentrale statt, danach waren sie frei – ein paar Tage lang nur, aber immerhin. Es war bereits gegen Mittag. Renate hatte im Hotel längst ausgecheckt, ihr gemeinsames Gepäck stand in der Lobby bereit. Der Blick auf die Uhr verriet, dass die Sitzung wohl länger als geplant dauerte. Nach Wolfgangs Rückkehr wollten sie schnell essen und dann zum nahen Tokyoter Bahnhof hinübergehen, um von dort mit dem Super-Express erst einmal nach Kyoto zu fahren. Der Magen knurrte ihr schon.

Gegen zwei Uhr fuhr das Taxi mit Wolfgang und Herrn Miura vor. Renate zeigte mit leicht vorwurfsvollem Blick auf die beiden Koffer und die Uhr. Herr Miura war erstaunt, das Gepäck in der Hotelhalle stehen zu sehen.

„Are you leaving already?" wandte er sich an Renate.

„Yes, Wolfgang and I will go to Kyoto this afternoon."

Damit hatte Herr Miura nicht gerechnet. Er sagte, das sei sehr schade, weil er sie am Abend noch einmal zum Essen einladen wollte. Wolfgang war gerade im Begriff zu sagen, dass sie ja noch einmal einchecken könnten, aber Renate, die es nicht abwarten konnte, Tokyo endlich zu verlassen, kam ihm zuvor und bedauerte, dass das nicht gehe, weil sie schon die Fahrkarten für den Zug reserviert hätte.

Herr Miura kratzte sich kurz am Hinterkopf und zog die Luft zwischen den Zähnen ein, er dachte offensichtlich nach. Aber schnell hatte er sich wieder gefangen und begann sofort, sich zu verabschieden. Er dankte für den Besuch und drückte seine Hoffnung aus, dass zwischen „Sanei Electronics" und der Münchener Firma eine fruchtbare Zusammenarbeit zustandekommen möge. Noch einmal äußerte er sein Bedauern, dass Wolfgang nicht zu einem Abschiedsessen kommen könne, aber er habe natürlich Verständnis für die Entscheidung, die verbleibenden Tage für eine Kurzreise zu nutzen. Dann verließ er das Hotel, rief ein Taxi herbei und fuhr davon.

„Warum hast du dich vorgedrängt?" fragte Wolfgang etwas unwirsch. „Du kannst doch nicht einfach über meinen Zeitplan bestimmen!"

„Aber du hast selbst heute früh gesagt, dass der geschäftliche Teil nun zu Ende ist", verteidigte sich Renate.

„Schon, aber Dienst ist Dienst. Hoffentlich war das kein Fehler. Na ja, jetzt ist Miura fort. Dann können wir auch gehen. Übrigens, hast du wirklich unsere Plätze für den Zug reserviert?"

„Natürlich nicht, die Züge fahren doch alle paar Minuten. Aber wollen wir nicht vorher etwas essen?" „Wieso, hast du noch nichts gegessen? Wir kommen gerade von daher."

Jetzt war Renate perplex. Und da hatte sie extra so lange gewartet! Aber nun mussten sie zusehen, dass sie hinüber zum Bahnhof kamen. Sie schnappten sich das Gepäck und schleppten es zum Bahnhof. Sie mussten die Straße unterirdisch queren. Lokale und Läden waren in die Passage hineingestopft. Aber jetzt nahmen sie sich keine Zeit dafür. In der modernen Bahnhofshalle suchten sie nach dem nächsten Fahrkartenschalter. Sie redeten jemanden an: „Shinkansen". Der erste lächelte verlegen, murmelte ein paar Entschuldigungsformeln und ging weiter, der nächste wies in die entsprechende Richtung. Sie kauften die Karten und gingen zum Bahnsteig hinauf.

Es dauerte nur wenige Minuten, und ein neuer Zug nach Kyoto und Osaka fuhr heran. Mit ihren sperrigen Koffern war es mühsam, sich in dem engen, flugzeugartigen Innern des Shinkansen zu bewegen. Sie setzten sich auf den erstbesten Platz, freuten sich, dass sie nicht weit zu gehen hatten. Die Koffer stellten sie neben sich in den schmalen Mittelgang.

Der Zug glitt leise aus der Bahnhofshalle. Die beiden sahen zum Fenster hinaus. Plötzlich tippte jemand Wolfgang an die Schulter. Er hatte die junge Frau mit dem Imbisswagen überhaupt nicht kommen hören. Sie fragte ihn, ob das ihre Koffer seien, sie käme mit ihrem Wagen nicht durch. Zugleich zeigte sie auf den Zwischenraum zwischen den Sitzen, wo sich die Koffer leicht unterbringen ließen. Dass er nicht von selbst darauf gekommen war! Der Häuserozean war noch nicht mit dem Pazifik verschmolzen, als sie erneut angesprochen wurden. Ein freundlicher Herr in weißer Uniform bat sie um die Fahrscheine. Die hatte Renate in ihrer Handtasche und zog sie gleich hervor. Dann wollte der Schaffner noch etwas. Er fragte Wolfgang nach irgendetwas, seiner Handbewegung nach ein viereckiges Stück Papier - die Pässe?

„Renate, hol doch mal unsere Pässe." Aber bei deren Anblick schüttelte der Beamte den Kopf. Er überlegte kurz, dann hatte er es: „Your reservation, please." Reservierung? Nein, die hatten sie nicht. Der Schaffner erklärte ihnen nun umständlich, aber freundlich, dass dieser Wagen nur reservierte Plätze habe. Er nannte ihnen zwei Wagen, die frei zugänglich waren.

Nicht gerade glücklich machten sich beide wieder auf den Weg. Sie mühten sich mit ihren Koffern von Wagen zu Wagen, bis sie zu dem freien Wagen an ihrem Zugende gelangten. Dort waren alle Plätze schon besetzt. Sie gingen zum nächsten Wagen zurück, der noch genügend freie Plätze aufwies.

„Hoffentlich kommt der Schaffner nicht gleich wieder!" Tatsächlich hatten sie eine Weile Ruhe. Als der Zug in Odawara hielt, stiegen einige Reisende zu. Zwei Herren näherten sich den Plätzen, auf denen Renate und Wolfgang saßen, und hielten ihnen ihre Reservierungskarten vor die Nase. Da war nichts zu machen. Leicht genervt gaben sie auf. Sie warteten auf anderen freigebliebenen Plätzen, bis

208jp Foto: sa

der Schaffner vorbeikam und ihnen sagte, im Wagen 7 könnten sie sich auch nachträglich noch Reservierungskarten besorgen.

Also auf zum Wagen 7.

„Das nächste Mal reserviere ich aber ganz bestimmt", schwor sich Renate, während sie ihrem Ziel entgegenschlurften.

Endlich konnten sie die vorbeiziehende Landschaft, soweit der Tokaido, der Küstenstreifen zwischen Tokyo und Kyoto, nicht verbaut war, genießen: Fuji-San, Küste, Teepflanzungen, Biwa-See und schließlich, nach über drei Stunden, die alte Kaiserstadt Kyoto.

Frühjahr und Herbst gelten als beste Reisezeit in Japan, aber angesichts der großen Ausdehnung des Inselreiches lassen sich allgemein gültige Angaben nicht machen.

Japan ist bekanntlich eines der teuersten Reiseländer der Welt. Das liegt zum einen am relativ hohen Einkommen der Japaner, gleich ob es sich um Arbeiter oder Angestellte handelt, zum anderen am immer noch vergleichsweise teuren Yen. Aber es gibt auch noch einen anderen Grund: das hohe Niveau der Gastronomie und der Hotels. Einige der Spitzen-Hotels gehören zur Weltspitze. Billige, schäbige Absteigen, selbst preiswerte „guest houses", fehlen fast ganz in Japan, von wenigen, ausgerechnet auch noch *ryokan* genannten, Einfachstunterkünften im japanischen Stil in Bahnhofsnähe einmal abgesehen. Das preiswerteste sind die Jugendherbergen mit ihren bekannten Nachteilen (in der Regel nach Geschlechtern getrennte Mehrbettzimmer, nur in Einzelfällen hotelähnlich), und selbst die kosten immer noch mehr als 15 Euro pro Nacht. Hotels, gleich welcher Kategorie, sind immer sauber, gut eingerichtet, bestenfalls etwas klein ...

Japaner machen in der Regel keine langen, mehrwöchigen Urlaube wie wir, sondern fahren nur jeweils für ein paar Tage in ein Thermalbad im Gebirge oder einen Badeort am Meer. Da schaut man dann nicht auf's Geld und will sich so richtig verwöhnen lassen. Auch hebt es ja das eigene Ansehen, wenn man in einem teuren Hotel absteigt. Aber es geht im Grunde weniger um Angabe und Großmanns-Sucht, denn angesichts ihrer meist engen Wohnungen möchten viele Japaner im Urlaub mal so richtig verschwenderisch mit Platz und Luxus umgehen.

Aber wenn auch Übernachtungen nicht billig sind, das Reisen selbst muss so teuer nicht werden. Da gibt es z. B. einen preiswerten Eisenbahn-Pass (JR-Rail Pass, muss außerhalb Japans gekauft werden). Ausländer können es auch ruhig per Autostopp versuchen.

Japaner machen das im eigenen Land nicht, aber *gai-jin* werden ganz gern mitgenommen: Dabei ergibt sich immer eine rege Unterhaltung. Busse gibt es natürlich auch, aber auf den Schienen tut sich mehr (es gibt ja auch nicht nur die staatlichen Eisenbahnen).

Es gibt unterschiedliche Zugtypen, jeder kennt natürlich den „Shinkansen", den superschnellen Zug zwischen Tokyo und Osaka entlang des alten Tôkaidô-Weges. Heute fährt der Shinkansen weiter bis nach Kyushu im Süden, nordöstlich bis Niigata und nördlich bis Hachinoe, seit den Olympischen Spielen auch nach Nagano. Im Shinkansen gibt es nur wenige unreservierbare Plätze, meist nur ein oder zwei freie Waggons. Da empfiehlt sich immer eine vorherige Reservierung. Man kann aber u. U. auch unterwegs noch einen Platz reservieren, wenn man im freien Wagen keinen bekommen hat. Die „Green Cars" sind übrigens die Erste-Klasse-Wagen. Discount-Möglichkeiten: Ausflugskarten (excursion-tickets) sind billiger als reguläre Karten und lange Strecken sind billiger als kurze. Lohnend sind die Netzkarten für eine Region, z. B. Hokkaidô, Tohoku mit Gültigkeit von einer Woche inklusive Zugfahrt von Tokyo und Osaka. Wer nachts mit einem Langstrecken-Express-Bus fährt, kann sich die Hotelkosten sparen. Für Tokyo, die Region um Kobe, Osaka und Kyoto gibt es Tages-Eisenbahnpässe, die ebenfalls Geld sparen helfen.

Genannt werden müssen auch die zahlreichen **Fährverbindungen** zu den Inseln. Da gibt es Tragflügelboote, große Autofähren, aber auch kleine Fischdampfer. Lustig ist, dass man in den Fähren großenteils auf Tatami-Matten liegt und es sich dort gemütlich macht, anstatt in Sesseln oder Deckstühlen zu sitzen.

Falls Sie in Japan Bekannte, Freunde oder Verwandte haben, machen Sie ihnen sicherlich eine Freude damit, wenn Sie von unterwegs Souvenirs mitbringen. Jede Gegend hat ihre Spezialitäten, es gibt eine Riesen-Auswahl. Irgendetwas finden Sie immer. Solche Mitbringsel *(o-miyage)* haben in Japan eine lange Tradition. Schließlich sind die Japaner immer schon gern gereist – obwohl das Reisen jahrhundertelang während der Abgeschlossenheit Japans sehr erschwert war: Man brauchte akzeptierte Grün-

Das Schloss von Himeji

de für's Reisen, z. B. eine religiöse Pilgerfahrt, um von zu Hause aus mit einer Gruppe Gleichgesinnter aufbrechen zu können. Soetwas war keine alltägliche Angelegenheit, sondern ein sehr seltenes Ereignis. Dass es dabei trotz des religiösen Grundes meist ausgesprochen lustig zuging, ist typisch für Japan, wo man nie allzu viel von absoluten Ansprüchen hielt.

Es gibt ein Sprichwort: „Auf Reisen braucht man sich nicht zu schämen; was immer unterwegs zu Scham Anlass gibt, kann abgeschrieben werden." In den Herbergen ließ man es sich jedenfalls früher gutgehen, alle Reisenden wurden dort vorübergehend zu einer Art Familie. Heute sind an die Stelle der Herbergen vielfach große Hotelkomplexe getreten, in denen dem Vergnügen nicht minder ausgiebig gefrönt werden kann.

Gruppenreisen erfreuen sich in Japan nach wie vor ungebrochener Beliebtheit: Bei großen Sehenswürdigkeiten begegnen Ihnen sicher immer wieder Schulklassen. Aber auch Firmenkollegien oder Dorfgemeinschaften reisen häufig zusammen. Manche kleinen Firmen schließen ihren Betrieb für kurze Zeit, und gemeinsam geht die Belegschaft dann auf Reisen. Solche Reisen zum gemeinsamen Vergnügen sind möglicherweise sogar eine japanische Erfindung.

21jp Foto: rb

Foto: mo177jp

Noch zu Beginn der 1970er Jahre führten Hochzeitsreisen meist nach Kyushu, heute zieht es die Paare nach Mikronesien, Hawaii oder Südostasien. 1970 reisten knapp eine Million Japaner ins Ausland, heute sind es fünf Millionen. Dabei sind die jungen Frauen besonders aktiv, vielleicht weil sich viele im Beruf ohnehin keine guten Chancen ausrechnen und ihre Freiheit bis zur späteren Heirat auf diese Weise voll auskosten möchten.

Schreinwagen

In Kyoto

Da standen sie nun auf dem Bahnhofsvorplatz. Wo sollten sie hingehen? So großstädtisch hatten sie sich Kyoto, die Stadt mit den über tausend Tempeln, nicht vorgestellt.

„Am liebsten würde ich hier in einem ryokan übernachten, schließlich sind wir hier im Zentrum der Tradition", schlug Renate vor.

„Aber wo?"

Im Taxi gaben sie als Ziel lediglich „ryokan" an und ließen sich irgendwo hinfahren. Als sie etwa eine Viertelstunde später ausstiegen, waren die Lichter und der Lärm der Millionenstadt verschwunden. Sie standen auf einer schmalen, abschüssigen Straße. Der Taxifahrer deutete in Richtung auf ein schlichtes, kaum beleuchtetes Haus und fuhr davon.

Das sah nicht nach einem Gasthaus aus. Außen deutete jedenfalls kein Schild darauf hin. Die beiden Neuankömmlinge bezweifelten, dass dies ein ryokan sei und suchten in der Gegend nach einem Haus, das ihren Vorstellungen eher entsprach. Aber überall standen nur Wohnhäuser herum. Das einzige Haus, aus dem etwas Lärm drang, zog sie magisch an. Aber es war nur ein Esslokal. Dort fragten sie nach einem ryokan, und wieder wies man sie zu dem zweigeschossigen stillen Landhaus. Am Tor suchten sie nach einer Klingel, fanden jedoch keine. Also klopften sie an die Tür. Eine Dame mittleren Alters in einem eleganten, jedoch schlichten Kimono schob die Eingangstür zur Seite – und erschrak kaum merklich. Sie verbeugte sich höflich und lud sie mit einem „yokoso irrasshaimase" zum Nähertreten ein. Im Eingang standen Pantoffeln bereit. Wolfgang wollte schon mit seinen Straßenschuhen über die Stufe den Flur betreten, als Renate ihn gerade noch am Ärmel zurückhielt. Sie war ja mit japanischen Häusern schon vertrauter. Als sie oben standen, fragte die Dame nach ihrer Reservierung. Sie sagte, dass sie ein Ehepaar aus Amerika erwarte. Das seien sie wohl, denn nur noch das Zimmer für dieses Paar sei frei.

„No, we are Germans."

Ja, dann hatten sie ja keine Reservierung. Wieder hatten sie es versäumt, vorher ihr Zimmer zu buchen. Es half nichts. Sie mussten sich ein anderes Quartier suchen. Die Wirtin erbot sich, in einem ganz in der Nähe gelegenen Gasthof telefonisch nachzufragen, ob dort noch etwas frei sei. Sie hatten Glück. Die Wirtin schickte ein Zimmermädchen zur Begleitung mit. Auch dieses Haus war ruhig und schlicht. Die dortige Empfangsdame erwartete sie schon am Eingang. Renate und Wolfgang wurden in ihr Zimmer geführt. Dort lagen die Yukatas bereit. Das Zimmermädchen bedeutete, dass das Bad schon gerichtet sei.

Für Wolfgang war das Ritual des Badens und Umziehens neu. Renate erklärte wie eine alte Japan-Kennerin die Geheimnisse kultivierten Badens, wohl verschweigend, was sie erst zwei Tage zuvor alles angestellt hatte. Dann entließ sie

214jp Foto: ml

Wolfgang in die Männerabteilung. Er war nicht allein. So konnte er es einfach den andern nachtun. Als er sah, wie sie ohne Zögern ins Becken stiegen, dachte er, das wird schon nicht so heiß sein. Er ließ sich ebenso ins Wasser gleiten – und erstarrte. Jede Bewegung im Wasser schmerzte, aber er wagte es nicht mehr, sich zu bewegen. Vor Hitze wie erfroren. Aber als er nach einigen Minuten unendlich langsam wieder aus dem Höllenkessel hinausstieg, spürte er, wie entspannend das heiße Bad war. Noch zweimal wagte er sich hinein, ließ jedoch immer etwas kaltes Wasser um die Beine zufließen. So ließ es sich besser aushalten.

Entspannt kehrte er nach über einer halben Stunde in ihr Zimmer zurück. Unterwegs fiel ihm ein, dass er keine Schlüssel bei sich hatte. Die Tür war nicht versperrt. Renate war also offenbar schon zurückgekehrt.

„Schön war's", rief er ihr entgegen, aber niemand antwortete. Wolfgang erschrak: Das Zimmer war ja die ganze Zeit offen gewesen. Gleich warf er einen Blick auf das Gepäck und die Wertsachen, aber nichts fehlte. Er nahm sich gerade vor, das fehlende Türschloss gleich zu reklamieren. Da kam auch schon Renate herein. Er sagte ihr das mit dem Schloss, aber sie hatte sich schon vorher klug gemacht: Verschließbare Türen gehörten nicht zum Stil eines ryokan.

Die Betten waren bereits auf den Tatami-Boden gebreitet, das Zimmermädchen brachte das geschmackvoll arrangierte Essen auf zwei Tabletts herein, dazu servierte sie den allgegenwärtigen grünen Tee.

Nach dem Augen- und Magengenuss gingen sie noch in ihren Yukatas in der Nachbarschaft spazieren und genehmigten sich in dem Lokal von vorher ein, zwei Gläser kühles Bier.

***Rückkehr:** Zwei Tage lang fuhren die beiden von Tempel zu Tempel, stellten sich morgens an zur Besichtigung des Alten Kaiserpalastes, versuchten vergebens, auch noch zur Katsura-Villa zugelassen zu werden, absolvierten eine Instant-Meditation vor dem Steingarten des Ryoan-ji, schlossen sich am dritten Tag einer organisierten Tour nach Nara an und zum Ise-Schrein, dem Allerheiligsten des Shintoismus, und fuhren schließlich so, wie sie gekommen waren, nach Tokyo zurück. Alles verlief ohne Zwischenfälle – bis auf eine Ausnahme: Wolfgang wollte sich in Nagoya bei einem Zwischenstopp auf dem Bahnsteig ein bento kaufen. Dabei überhörte er die Aufforderung zum Einsteigen. Gerade als er wieder zurück zum Zug wollte, schlossen sich die automatischen Türen. Eine entsetzt blickende Renate sah ihn im Anfahren am Bahnhof stehen. Sowas Dummes, und dieses Mal hatten sie reservierte Plätze! Eine halbe Stunde nach Renates Eintreffen in Tokyo konnten sie einander wieder in die Arme schließen.*

Am Morgen danach rief Wolfgang pflichtgemäß bei „Sanei Electronics" an und wollte Herrn Miura sprechen. Doch der war nicht im Büro. So hinterließ er eine Nachricht, dass er am frühen Nachmittag nach Narita fahre. Am Spätnachmittag müsse er zum Rückflug nach Deutschland starten.

Mit Renate fuhr er dann noch schnell zwei Stationen nach Akihabara, wo sie sich mit einigen Elektroartikeln eindecken wollten. Aber die Preise, die ihnen genannt wurden, rissen sie nicht vom Hocker. Auf dem Rückweg zum Bahnhof las Renate im Reiseführer die Passage über Akihabara vor: „ ... dies ist der einzige Ort in Japan, wo Handeln nicht nur erlaubt, sondern die Regel ist ...“

„Du, da hätten wir ja feilschen müssen! Kein Wunder, dass uns die Preise nicht gefielen.“ Aber nun war es zu spät. Sie mussten zurück zum Hotel, auschecken.

Mit dem Taxi fuhren sie auf Rat des Mannes an der Rezeption zum nahegelegenen Nihonbashi, genau gesagt, nach Hakozaki, um dort den direkten Bus nach Narita zu besteigen. Sie fanden den City-Terminal nicht auf Anhieb, fragten noch ein paarmal, wo genau er war. Dabei hatte der Taxi-Fahrer sie in unmittelbarer Nähe abgesetzt.

Zwei Stunden später betraten sie nach der Ausweiskontrolle die Flughafen-Halle. Nach dem Einchecken rief Wolfgang ein letztes Mal bei „Sanei Electronics“ an. Herr Miura war am Apparat und entschuldigte sich dafür, dass er geschäftlich verhindert war und ihn daher nicht selbst zum Flughafen hatte bringen können. Er war erstaunt, dass sie schon von der Reise zurück waren und bedauerte, dass sie so schnell abfliegen müssten. Damit hatte er nicht gerechnet. Wolfgang meinte, das sei überhaupt nicht schlimm. Er wolle abschließend nur noch wissen, ob sich „Sanei“ schon entschieden habe. Er müsse seinem Boss ja Bericht erstatten.

Herr Miura machte Wolfgangs Firma Komplimente. Nun müsse man nochmals sorgfältig das Angebot prüfen. Man müsse noch über dieses und jenes nachdenken, es sei etwas schwierig, jetzt am Telefon über Einzelheiten zu sprechen. Da zupfte auch schon Renate von hinten und drängte zum Gehen. Wolfgang gab ihr den Hörer, damit auch sie sich verabschieden konnte. Sie richtete ihm viele Grüße an seine Frau Reiko aus. Das Ende des Business-Trips nach Japan. Die beiden Deutschen schlenderten zur Passkontrolle.

Nachbemerkung:

Renate und Wolfgang Müller machten - wie ich es angekündigt hatte - keine gerade originelle Reise. Nun ja, sie war ja auch nicht als Vergnügungs-, Studien- oder gar Abenteuerreise geplant - nichts als ein kurzer Geschäftstrip mit Zugabe sollte es sein. Dass diese Kombination bei den Gastgebern nicht auf besondere Gegenliebe stieß, hätten die beiden eigentlich merken müssen. Aber sie fuhren genauso unbekümmert fort, wie sie gekommen waren. Die Rechnung wurde Wolfgang einige Wochen später präsentiert. Sein Chef kam zu ihm ins Büro und hielt ihm einen Brief aus Japan vor die Nase: Herr Sato bedauerte nach einigen höflichen Dankesworten, dass sich „Sanei Electronics" doch für eine Konkurrenzfirma entschieden habe. Weder Wolfgang noch sein Boss konnten sich das erklären.

Reisen in Japan, das kann gut organisiertes Massenvergnügen, Routine und Standardtouristikprogramm sein, bestehend aus Tokyo, Nikko, Hakone, Fuji- San, Kyoto und Nara. Aber so sehenswert all diese Orte sind, das individuelle Japanerlebnis beginnt meist jenseits davon. Doch auf die Schnelle geht da nichts. Hoffentlich haben Sie mehr Zeit als Wolfgang und Renate. Das „wahre" Japan ist nie weit entfernt.

ANHANG

219jp Foto: sa

Literatur

Wer sich eingehender mit Japan befassen möchte, hat unter der reichlich vorhandenen Literatur die Qual der Wahl. Auch im deutschen Sprachraum hat sich die Vielfalt in den letzten Jahren noch einmal deutlich erhöht. An die in englischer Sprache verfasste Literatur über Japan kommt das deutschsprachige Angebot freilich bei weitem nicht heran. Wer bereits in Japan ist, findet eine Riesenauswahl an Titeln in den großen Bücherkaufhäusern wie *Kinokuniya, Maruzen, Sanseido, Yaesu Book Center* in Tokyo und anderen großen Städten. Auch sind die Preise vor Ort niedriger als über den Versandhandel. Büchernarren werden garantiert im Viertel der Secondhand Bookshops von *Kanda/Jimbocho* in Tokyo fündig.

Zum Thema Japan sind die kleinen Bändchen vom Japan Travel Bureau durchweg empfehlenswert:

- **„A Look into Japan"**
- **„Living Japanese style"**
- **„Eating in Japan"**
- **„Festivals of Japan"**
- **„Salaryman in Japan"** und weitere Titel

Eine ganze Menge der dort enthaltenen Informationen finden sich zwar auch in diesem Buch, aber allein die vielen hübschen Zeichnungen lohnen schon den Kauf. Besonders die Bändchen über Essen und Feste - zwei wichtige Aspekte für Japan - sind sehr lesenswert.

Unter den deutschsprachigen Büchern seien hier stellvertretend einige wenige genannt:

- Anhalt, Gerd: **Zeit für Japan.** Reportagen aus einem unbekannten Land, Bucher 2005 (Gut geschriebenes Buch mit ebenso guten Fotos, eine Liebeserklärung an das Land, in dem der Autor als ZDF-Korrespondent lebte.)
- Dambmann, Gerhard: **Gebrauchsanweisung für Japan,** Piper 4. Aufl. 2002 (Klassiker der Japan-Erklärbücher.)
- Fickert, Sebastian: **14 Wochen in Japan,** Königshausen & Neumann 2005 (Unterhaltsam in kurze Kapitel gegliedertes Buch eines Japan-Neulings geschrieben für andere Japan-Neulinge.)
- **GEO Spezial Japan,** Mayr-Dumont 2007 (Neue Ausgabe zu Japan, wie üblich mit sehr guten Fotos und vielen interessanten und kurzweiligen Artikeln.)
- Hoffmann, Oliver u. Ryuno, Kikue: **Japan Reisehandbuch,** Reise Know-How Verlag 2006 (Das Reisehandbuch bietet ausführliche Informationen

für den Urlauber, der fernab von Pauschalreisen und Touristenghettos das Land erforschen möchte.)

- Keller, Guido u. Yamada, Taro: **Bizzaria.** 555 japanische Eigenarten und Mafia-Adressen, Angkor Verlag 2003 (Dieses Büchlein ergötzt sich noch stärker als das von Neumann an den exotischen Eigenheiten, auf die der westliche Besucher stoßen mag. Mehr als Ergänzung denn als Ersatz für allgemein weiterführende Literatur zu empfehlen.)
- Neumann, Christoph: **Darum nerven Japaner.** Der ungeschminkte Wahnsinn des japanischen Alltags, Eichborn 2002 (Mit spitzer Feder nimmt der Autor mehr oder weniger bizarre und ungewohnte japanische Eigenheiten aufs Korn, sein Werk wurde ins Japanische übersetzt und diente sogar als Anregung für eine eigene TV-Sendung.)

Architektur/Design:

- Taschen, Angelika; Guntli, Reto; Kerr, Alex; Sokol, Kathy A.: **Living in Japan,** Taschen 2006 (Tradionelle und daraus entwickelte moderne japanische Architektur werden hier vorgestellt.)

Sprachbücher:

- **Einstieg japanisch für Kurzentschlossene** (incl. CDs), Hueber 2001 (Lehrbuch für Anfänger, die sich (noch) nicht für die Schrift interessieren, unterhaltsame Dialoge, Übungen zum Text und nicht mehr als 400 Vokabeln.)
- Lutterjohann, Martin: **Japanisch – Wort für Wort,** Reise Know-How Verlag, Bielefeld (Dieser Sprechführer ist speziell auf die Bedürnisse des Reisenden ausgerichtet. Er bietet Aussprache, Grammatik und die wichtigsten Redewendungen knapp und leicht verständlich dar, sodass man schnell in die Lage versetzt wird zu sprechen. Separat ist begleitendes Tonmaterial erhältlich.)
- Okamoto, Shin'ichi: **Grundkenntnisse Japanisch 1+2,** Buske 2. Aufl. 2005 (CDs kosten extra, fundierte Einführung in Sprache und Schrift, erfüllt auch gehobene Ansprüche, eher für Kurse als zum Selbststudium gedacht.)

Internetadressen

Fast jede Frage zu Japan können Suchmaschinen wie *google* heute beantworten. Wenn die Eingabe auf deutsch keine Ergebnisse erzielt, sollten Sie es auf Englisch versuchen, da haben Sie weitaus größere Chancen eine Antwort zu finden.

Allgemein

- **www.jnto.go.jp** – Offizielle Seite der Japan National Tourist Organisation, gut geeignet für den schnellen Ein- und Überblick.
- **www.japan-guide.com** – Ebenfalls für den Einstieg geeignet.
- **www.bento.com** – Für alle, die sich für japanische Küche interessieren, sehr viele Restaurantempfehlungen für Tokyo, Osaka, Kyoto.
- **www.thejapanfaq.com/FAQ-Primer.html** – Gute Erklärung japanischer Schlüsselkonzepte und Eigenheiten, incl. Vostellung japanischer Produkte.

Sprichwörter und Handzeichen

- **www.geocities.com/tzezza/japan.html** – Japanische Sprichwörter (nur deutsch).
- **www.geocities.com/Area51/Underworld/1701/sengoku_proverbs.htm** – Japanische Sprichwörter in lateinischer Umschrift (Romaji) und auf Deutsch.
- **www.geocities.com/Tokyo/5623/kotowaza.html** – Japanische Sprichwörter in Schrift, Umschrift (Romaji) und mit Erklärung.
- **http://lov-e.com/RLSArticlesfolder/JBL1.html** – Guter Überblick über die gängigen Handzeichen und Gesten in Wort und Bild.

Bildnachweis

Die Kürzel an den Abbildungen stehen für folgende Personen.
Wir bedanken uns für ihre freundliche Abdruckgenehmigung.

ml	Martin Lutterjohann (und Umschlagfoto)
rb	Robert Baum
sa	Szabolcs Arany
mr	Marc Reimann
mo	Masami Ota
bh	Britt Hoeres

PRAXIS – für jedes Thema der richtige Ratgeber

Wer weiß schon, wie man sich Vulkanen nähert, Höhlen sicher erkundet, sich im Dschungel orientiert, ein Kanu steuert, seine Flugangst überwindet – oder einfach nur Flüge, Unterkunft und Mietwagen am cleversten bucht und mit einer Digitalkamera auf Reisen umgeht?
Die erfahrenen Autoren der Reihe PRAXIS vermitteln in jedem der über 100 Bände eine Fülle nützlicher Informationen und praktischer Tipps für alle Themen rund um Urlaub und Freizeit.

Hier eine kleine Auswahl:

- **Als Frau allein unterwegs**
- **Clever buchen – besser fliegen**
- **Buddhismus in China erleben**
- **Handbuch für Tropenreisen**
- **Essbare Früchte Asiens**
- **Fliegen ohne Angst**
- **Handbuch für Tropenreisen**
- **Handy global**
- **Reisefotografie digital**
- **Respektvoll reisen**
- **Richtig Kartenlesen**
- **Sprachen lernen im Ausland**
- **Trekking Handbuch**
- **Wann wohin reisen?**
- **Was kriecht und krabbelt in den Tropen?**
- **Radreisen Basishandbuch**

Weitere Titel siehe Programmübersicht und unter: www.reise-know-how.de.

Jeder Titel 144-176 Seiten, reich illustriert, handliches Taschenformat 10,5 x 17 cm, Glossar, Register und Griffmarken zur schnellen Orientierung

Reise Know-How Verlag, Bielefeld

WHITE INKJET

Kauderwelsch?

Kauderwelsch!

Die **Sprachführer der Reihe Kauderwelsch** helfen dem Reisenden, wirklich zu sprechen und die Leute zu verstehen. Wie wird das gemacht?

- Die **Grammatik** wird in einfacher Sprache so weit erklärt, dass es möglich wird, ohne viel Paukerei mit dem Sprechen zu beginnen, wenn auch nicht gerade druckreif.
- Alle Beispielsätze werden doppelt ins Deutsche übertragen: zum einen **Wort-für-Wort,** zum anderen in „ordentliches" Hochdeutsch. So wird das fremde Sprachsystem sehr gut durchschaubar. Ohne eine Wort-für-Wort-Übersetzung ist es so gut wie unmöglich, einzelne Wörter in einem Satz auszutauschen.
- Die **Autorinnen und Autoren** der Reihe sind Globetrotter, die die Sprache im Lande gelernt haben. Sie wissen daher genau, wie und was die Leute auf der Straße sprechen. Deren Ausdrucksweise ist häufig viel einfacher und direkter als z.B. die Sprache der Literatur. Außer der Sprache vermitteln die Autoren Verhaltenstipps und erklären Besonderheiten des Landes.
- **Jeder Band** hat 96 bis 160 Seiten. Zu jedem Titel ist ein begleitendes **Tonmaterial** erhältlich.
- **Kauderwelsch-Sprachführer** gibt es für rund 100 Sprachen in **mehr als 200 Bänden,** z. B.:

Japanisch – Wort für Wort

Thai – Wort für Wort

Hochchinesisch – Wort für Wort

Vietnamesisch – Wort für Wort

Reise Know-How Verlag, Bielefeld

JAPAN

Reisen, Jobben, Sprache Lernen

Der Praxis-Ratgeber für Schüler, Studenten, Praktikanten und Arbeitnehmer, die einen längeren Aufenthalt in Japan absolvieren wollen. Das Buch vermittelt alle notwendigen Informationen für die Planung und praktische Vorbereitung der Reise und gibt viele Tipps zum sicheren Bewältigen von Alltagssituationen im Land.

Aus dem Inhalt:

- **Vorüberlegungen:** Warum, wann und wie lange nach Japan? Ferienarbeit, Ausbildung und Studium, Praktikum, Visum und Formalitäten, Kündigung, Freistellung von der Arbeit, Arbeitsagentur, Finanzierung, Lebenshaltungskosten, Versicherungen
- **Reisevorbereitung:** Japanisch lernen, Gesundheitsfragen, Ab- und Ummeldungen, Absicherung zu Hause, Ausweis und Dokumente, Geldfragen, Anreisearten, Reisegepäck, Abschied nehmen
- **Land und Leute:** Geografie, Klima und Jahreszeiten, Sicherheit bei Naturkatastrophen, Umgangsformen und Verhaltenstipps für Ausländer, Der Kalender
- **In Japan leben:** Einreise, Tipps zum Einleben, Unterkunftsarten, Telefon und Post, Im Land reisen, Preiswert essen, Jobsuche und Arbeitsalltag, Wwoofing, Was tun in Notfällen?

Robert Baum
Japan – Reisen, Jobben, Sprache Lernen
160 Seiten,
über 60 Farbfotos,
detaillierte Adressangaben,
ausführliches Register,
handliches Taschenformat,
strapazierfähige Bindung

Reise Know-How Verlag, Bielefeld

Register

A

B

C, D

E

F

G

H

I

J

K

L

M

N

O

P

Der Autor

Jahrgang 1943, geboren in Göttingen, lebt heute, nach sechs Berufsjahren in Südostasien, fünf Jahren in Berlin und drei Jahren in Oberbayern wieder in Asien, dieses Mal in Kambodscha. Er studierte Psychologie und war als Therapeut jahrelang im Suchtbereich tätig. Er geht leidenschaftlich gern in die Berge und auf Reisen, war bisher in rund 100 Ländern, allein, zu zweit oder als Reiseleiter unterwegs. Die längsten Auslandsaufenthalte verbrachte er in Thailand und Japan, das er seit 1970 ein Dutzend Mal besucht hat und wo er dank eines Forschungsstipendiums des Japanischen Erziehungsministeriums insgesamt zwei Jahre lebte.

Vorher schon heiratete er *Sakae*, die er im gemeinsamen Studentenheim in München kennen gelernt hatte. Das waren auch die Gründe für die langen Japanaufenthalte und den intensiven Einstieg in die japanische Sprache.

Im Reise Know-How Verlag erschienen von Martin Lutterjohann außerdem die Sprachführer „Japanisch - Wort für Wort", „Malaiisch - Wort für Wort", „Thai - Wort für Wort" und die Reisehandbücher „Malaysia" und „Tokyo mit Kyôto und Yokohama".

240jp Foto: ml